非洲各国教育证书评估研究

魏建华 陶 健 编著

Study on Credential Evaluation in African Countries

教育
EDUCATION

上海交通大学出版社
SHANGHAI JIAO TONG UNIVERSITY PRESS

内容提要

世界各地来华留学生的教育证书纷繁复杂,各国的成绩评价制度五花八门,给中国高校来华留学生招生部门带来诸多困惑。本书主要从国家概况、教育概况、教育体系、考试升级与证书制度、成绩评价制度等维度对非洲50多个国家教育概况与教育证书进行评估研究,并对这些国家的常见证书进行系统梳理。本书可以作为来华留学生教育的工作参考用书,以解决教育工作者对非洲留学生证书识别和鉴定的困惑。

图书在版编目(C I P)数据

非洲各国教育证书评估研究 / 魏建华,陶健编著. — 上海:
上海交通大学出版社,2020

ISBN 978 - 7 - 313 - 23805 - 4

Ⅰ.①非… Ⅱ.①魏… ②陶… Ⅲ.①学历教育-资格认证-评估-研究-非洲 Ⅳ.①G540.2

中国版本图书馆 CIP 数据核字(2020)第 177483 号

非洲各国教育证书评估研究

FEIZHOU GEGUO JIAOYU ZHENGSHU PINGGU YANJIU

- -

编　　著:魏建华　陶　健

出版发行:上海交通大学出版社　　　　地　　址:上海市番禺路 951 号

邮政编码:200030　　　　　　　　　　　电　　话:021 - 64071208

印　　刷:苏州市古得堡数码印刷有限公司　经　　销:全国新华书店

开　　本:710mm×1000mm　1/16　　　印　　张:19.5

字　　数:338 千字

版　　次:2020 年 5 月第 1 版　　　　　印　　次:2020 年 5 月第 1 次印刷

书　　号:ISBN 978 - 7 - 313 - 23805 - 4

定　　价:78.00 元

前　言

　　1950年，中华人民共和国接收了首批来自社会主义国家的30余名留学生，这对刚刚成立的中华人民共和国打破西方的封锁，逐步摆脱外交孤立的状况有着极其重大的意义。随着国际形势的变化，我国外交形势逐渐好转，留学生招生范围也逐步扩大到亚洲、非洲以及与中国建立外交关系的国家。1963年8月召开的第一次全国外国留学生工作会议，明确了接收外国留学生工作要为中国政治与外交工作大局服务，为各国文化交流及增进中国与世界各国的了解和友谊服务的方针。进入21世纪后，来华留学成为新时期公共外交和人文交流的重要内容，成为国家整体外交工作的有机组成部分。2010年，中国教育部发布《留学中国计划》，制定了到2020年全年外国留学人员达到50万人次的目标。随着《留学中国计划》的发布与改革开放的不断深入，来华留学工作快速发展，来华留学规模不断创历史新高。2018年有来自196个国家和地区的492 185名各类外国留学人员在全国31个省（自治区、直辖市）的1 004所高等院校学习。

　　虽然来华留学教育事业快速蓬勃发展，但我国对世界各国教育证书的评估研究相对滞后，至今未见中国学者公开发表过对世界各国教育证书进行系统性评估的研究成果。目前，绝大多数高校把高中成绩和高中毕业证书考试成绩作为本科招生的主要依据。然而世界各国教育体系、教育证书考试的成绩评价制度与中国教育体系和教育证书考试的成绩评价制度存在较大差异。2018年招收来华留学生的1 004所高校及机构中，人数超过500人的仅为200余所。这就意味着，国内很大一部分高等院校和机构的来华留学教育工作仍处于起步阶段，招收的来华留学生生源国并不广泛，对世界各国的教育证书认知有限。与此同时，高校行政系列员工换岗频繁，面对非洲各国五花八门的教育证书以及形式各异的成绩评价制度，

中国高校来华留学生教育招生部门面临着诸多挑战。因此,加强世界各国教育证书评估研究,深入了解世界各国成绩评价制度等对来华留学教育事业的健康发展具有重要的现实指导意义。

基于此,作者于2015年就着手世界各国教育证书的评估研究工作,希望出版一套系列丛书,供国内同行及教育工作者参考。本次出版的教育证书评估研究为非洲国家专辑,在研究过程中,由于非洲国家众多,中国对其研究文献较少,加之部分非洲国家网络信息不够发达,给查询资料带来诸多不便。但幸运的是,随着来华留学生教育的发展,浙江科技学院非洲来华留学生数量不断增长,国别也不断增加,在校的非洲各国优秀留学生也积极参与了课题研究。在研究过程中,留学生充分发挥其地域优势和语言优势,积极与各国驻中国使领馆教育处、各国的教育主管部门工作人员及自己本国老师等取得联系,不厌其烦地确认各种细节,为本书的顺利出版付出了大量的时间和精力。在此特别感谢津巴布韦 MUPONA TUNGAMIRAI ERIC、尼日利亚 OKAFOR FRANCIS EMEKA、埃塞俄比亚 HAGOS FANA MULUGETA、布隆迪 NGABIRANO NELSON、BIGIRIMANA GENTIL、安哥拉 VIEIRA YANICK SULENO、毛里求斯 AH−FAT WONG HA LIN、科特迪瓦 KOUASSI JOSHUA CALEB MICAH、赤道几内亚 ASUMU NGOMO LUXIMILA OYANA、马里 ATSOU KOMLA HERVE、摩洛哥 BEZZAZI FADWA、刚果(金)MWENDANGA MUGARUKA CEDRIC、喀麦隆 TAMBOMINYI ELIASU、贝宁 HOUNGNEME ANICET、多哥 SEIBOU ABDEL OKASH、乌干达 JAMES TUSUBIRA、莱索托 LINEO RAMOQOPO、纳米比亚 NATANGWE SIMON NDAWANA HAMUNYELA、南非 LOTZ LOGEN、卢旺达 FABRICE NSORO 等同学。此外,本书的出版得到了浙江省教育厅领导舒培东、汤书明、杜健的指导以及同事徐理勤、夏俊锁、李俊、陶健、陈虹羽、刘凌琳、唐欢、姚涵、王飘飘、邓清艳,好友朱颖等的倾心帮助和支持,在此深表感谢!

因篇幅有限,本书成绩评价制度部分仅限于各国中小学成绩评价制度。因语言受限,错误在所难免,敬请读者批评指正,联系邮箱 weijianhua@zust.edu.cn。本书的研究和出版受到浙江省教育科学规划课题(2015SCG322)、浙江省新苗计划项目(2019R415026)、浙江省高等教育学会外国留学生教育管理专业委员会课题(201506)以及高新兴创联科技有限公司课题(2020KJ588)的资助。

魏建华

2020.5 杭州

目　录

东非国家

埃塞俄比亚的教育证书评估研究

一、国家概况

埃塞俄比亚是位于非洲东北部的内陆国。东与吉布提、索马里毗邻，西同苏丹、南苏丹交界，南与肯尼亚接壤，北接厄立特里亚。高原占全国面积的2/3，平均海拔近3 000米，素有"非洲屋脊"之称。面积110.36万平方公里，人口1.09亿。全国约有80多个民族。居民中45%信奉埃塞正教，40%～45%信奉伊斯兰教，5%信奉新教，其余信奉原始宗教。历史上埃塞俄比亚境内一直有大量犹太人，他们自称贝塔以色列人，但现在大都移居至以色列。阿姆哈拉语为联邦工作语言，通用英语，主要民族语言有奥罗莫语、提格雷语等。

埃塞俄比亚具有3 000多年文明史，目前是世界上最不发达国家之一。该国以农牧业为主，工业基础薄弱。

二、教　育

（一）教育概况

埃塞俄比亚革命阵线执政后，将发展教育、提高国民文化素质和培养技术人才作为政府工作重点之一。全国公立学校一律实行免费教育制度，直到大学。共有小学2.1万所，在校生超过1 400万人，教师约21.6万人。综合性大学数量已从2所增至21所。适龄儿童入学率达90%，中学和大学入学率分别为28%和17%。成年男性识字率为50%，女性为23%。目前，埃塞俄比亚公立大学入学人数已达79 000人。

（二）教育体系

2001年埃塞俄比亚教育制度改革改变了过去一直实施的6—2—4—4＋教育体系。现行教育体系为8—2—2—3＋。学年一般为9月至次年6月末或7月初。

埃塞俄比亚教育体系见图1。

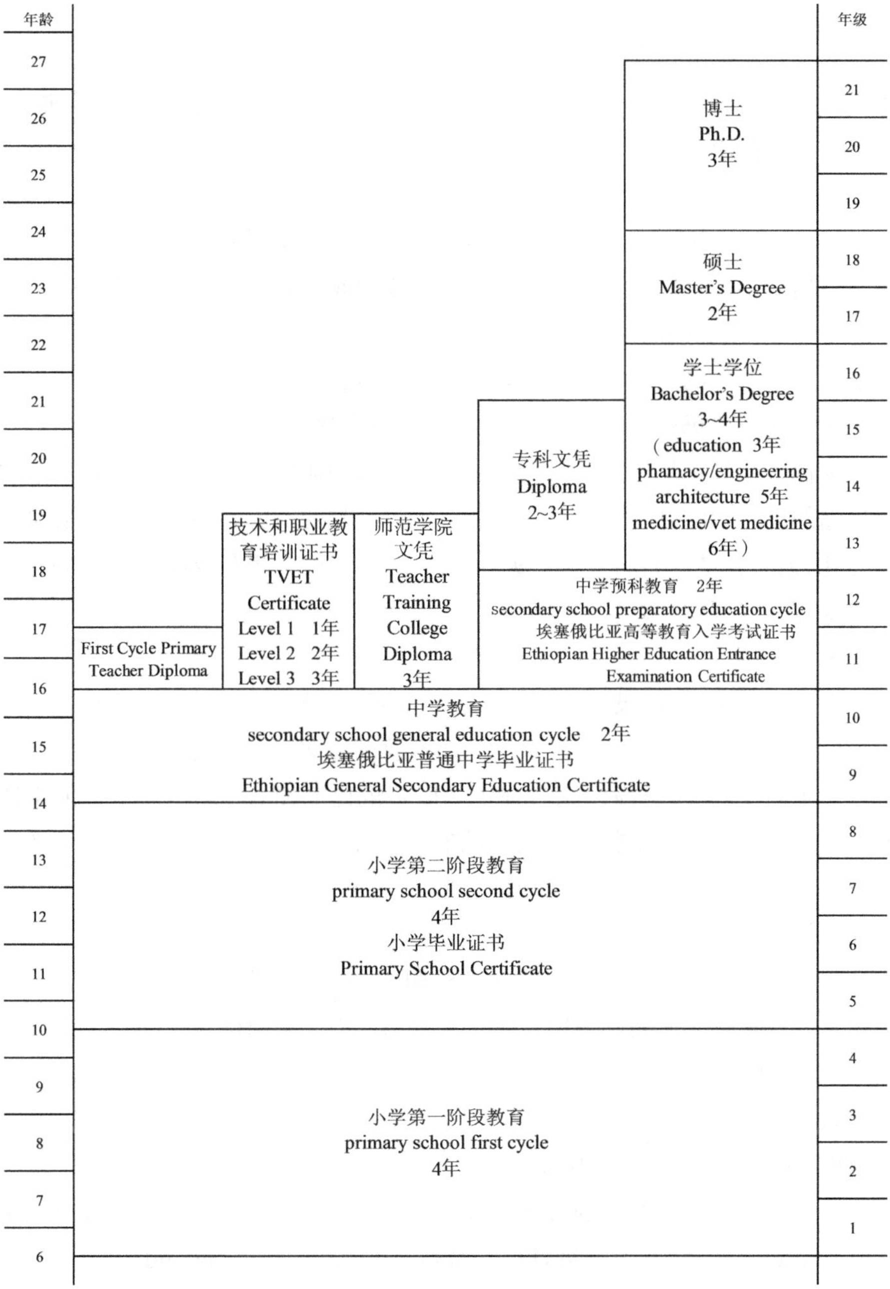

年龄							年级
27					博士 Ph.D. 3年		21
26							20
25							19
24					硕士 Master's Degree 2年		18
23							17
22					学士学位 Bachelor's Degree 3~4年 （education 3年 phamacy/engineering architecture 5年 medicine/vet medicine 6年）		16
21				专科文凭 Diploma 2~3年			15
20							14
19		技术和职业教育培训证书 TVET Certificate Level 1 1年 Level 2 2年 Level 3 3年	师范学院文凭 Teacher Training College Diploma 3年				13
18					中学预科教育 2年 secondary school preparatory education cycle 埃塞俄比亚高等教育入学考试证书 Ethiopian Higher Education Entrance Examination Certificate		12
17	First Cycle Primary Teacher Diploma						11
16							
15	中学教育 secondary school general education cycle 2年 埃塞俄比亚普通中学毕业证书 Ethiopian General Secondary Education Certificate						10
14							9
13	小学第二阶段教育 primary school second cycle 4年 小学毕业证书 Primary School Certificate						8
12							7
11							6
10							5
9	小学第一阶段教育 primary school first cycle 4年						4
8							3
7							2
6							1

图1 埃塞俄比亚教育体系

（三）详述

1. 初等教育

埃塞俄比亚儿童首先接受 2 年学前教育和 8 年小学教育。埃塞俄比亚教育不尽如人意，尤其在农村地区，教育设施较为匮乏。城镇儿童更容易获得读书机会，而许多贫穷部落由于迫不得已的原因认为劳动更为重要。

2. 中等教育

8 年的小学学习后，紧接着进入 2 年的初中教育。10 年级结束时，学生需参加考试，考试由埃塞俄比亚国家评估与考试局（National Educational Assessment and Examination Agency，简称 NEAEA）组织。只有成功通过考试，学生才有机会参加接下来 2 年的普通高中教育，或进入职业培训教育学校学习。

高中教育资源仍然向城镇倾斜，那里是白领文化主导的地区，从事粗活的劳动者被视为低人一等。尽管在乡村的许多贫困社区的居民都认识到教育是他们获得光明前途的出路，并且要求设立更多的地区学校，教育家们却由于教育资源匮乏而苦苦挣扎，无法满足人们的要求。实际上，只有父母能负担私立学校费用的儿童可以接受良好的教育。

3. 职业教育

学生们只有在 10 年级获得埃塞俄比亚普通中学毕业证书，才可以被技术与职业教育学校录取。非大学水平的职业与技术教育通常由农业院校、教师培训院校、工程与技术院校、健康与商业院校提供。埃塞俄比亚拥有 1.09 亿人口，但半数的年轻人或处于失业或处于就业不足的状态。因此，国家大力发展职业技术教育项目，并取得了一些成就。

4. 高等教育

高等教育机构委员会监管高等教育机构，审批其规划和财政预算。这些高等教育机构有权自行通过教师或同侪评估来聘用员工。埃塞俄比亚历史最悠久的大学是 1940 年成立的亚的斯亚贝巴大学。在过去的几个世纪中，埃塞俄比亚东正教统治着教育体系，渊源已久。

（四）考试、升级与证书制度

埃塞俄比亚从 6 岁开始的 8 年小学教育，分为两个阶段。第一阶段（primary school first cycle）是 1～4 年级，第二阶段（primary school second cycle）是 5～8 年级。4 年级结束后，学生须参加考试，只有考试得到 50% 以上分数的学生才可以继续读 5～8 年级。8 年级结束时，学生需要参加地区组织的小学毕业考试（Primary School Certificate Exam）。

中学也包括两个阶段。中学第一阶段 2 年结束后须参加由埃塞俄比亚国家评估与考试局组织的埃塞俄比亚普通中学毕业证书（Ethiopian General Secondary Education Certificate）考试。考试科目有阿姆哈拉语、英语、数学、物理、化学、生物、地理、历史、公民学（civics）。就全国来说，88% 以上的学生能够进入下一阶段学习。总体来说，男孩子升学率高于女孩子。

第二阶段 2 年中学预备教育是为学生继续高等教育或接受专业教育而做准备。中学预备教育有两个方向：自然科学（natural science）和社会科学（social science）。自然科学包括以下考试科目：英语、数学（natural mathematics）、能力倾向测验（aptitude）、物理、化学、生物、公民学 7 门科目。社会科学方向考试科目包括：英语、能力倾向测验、地理、历史、经济学、数学（social mathematics）、公民学 7 门科目。

2003 年开始，完成第二阶段学业的学生须通过国家教育评估与考试局组织的埃塞俄比亚高等教育入学考试（Ethiopian Higher Education Entrance Examination，简称 EHEEE），该考试也称为埃塞俄比亚大学入学考试（Ethiopian University Entrance Examination）。每年教育部都会根据大学座位数和考生考试分数来划定考试分数线，这就意味着每年的分数线都有所不同。埃塞俄比亚 2018 年大学录取分数标准如下。

自然科学类相关专业大学入学最低分数线：全日制和晚班男生最低分数线为 352 分，女生最低分数线为 330 分；听力有障碍的学生最低分数线为 275 分，男生与女生分数线相同；个人考生，男生最低分数线为 360 分，女生最低分数线为 355 分；牧区和特殊地区男生最低分数线为 320 分，女生最低分数线为 305 分。

社会科学类相关专业大学入学最低分数线：全日制和晚班男生最低分数线为 335 分，女生最低分数线为 320 分；听力有障碍的学生最低分数线为 275 分，男生与女生分数线相同；视障学生最低分数线为 200 分，男生与女生分数线相同；个人考生，男生最低分数线为 360 分，女生最低分数线为 355 分；牧区和特殊地区男生最低分数线为 315 分，女生最低分数线为 300 分。

（五）成绩评价制度

埃塞俄比亚采用字母 A、B、C、D、E 来评价学生学业。特别有天分的学生获得 5 个及以上 A，学生将获得"特别杰出"（very great distinction）的评价；获得 4 个 A，学生将获得"非常杰出"（great distinction）的评价；获得 3 个 A，学生将获得"杰出"（distinction）的评价。埃塞俄比亚成绩评价制度见表 1。

表 1　埃塞俄比亚成绩评价制度

字母等级	百分制	学分绩点	描述	对应中文意义
A	90.00～100.00	4	excellent	优秀
B	80.00～89.99	3	very good	良好
C	60.00～79.99	2	good	中等
D	50.00～59.99	1	satisfactory	及格
E	0.00～49.99	0	fail	不及格

（六）常见教育证书

埃塞俄比亚常见教育证书见表 2。

表 2　埃塞俄比亚常见教育证书

序号	证 书	证 书 描 述
1	Primary School Certificate	小学毕业证书，完成 8 年小学学业后获得该证书
2	Ethiopian General Secondary Education Certificate	埃塞俄比亚普通中学毕业证书，学制 2 年，该证书自 2001 年开始颁发，准入条件为小学毕业证书
3	Ethiopian Higher Education Entrance Examination Certificate/EHEEEC	埃塞俄比亚高等教育入学考试证书，学制 2 年，2003 年第一次颁发，准入条件为普通中学毕业证书
4	First Cycle Primary School Teacher Diploma	第一周期小学教师文凭，学制 1 年，准入条件为普通中学毕业证书，毕业后可做小学第一周期 1～4 年级教师
5	Technical and Vocational Educational Training (TVET) Level 1/2/3 Certificate	技术与职业教育培训一级/二级/三级证书，完成 1 年/2 年/3 年技术与职业教育培训后获得该证书，准入条件为获得埃塞俄比亚普通中学毕业证书
6	Diploma from a Teacher Training College (TTC)	师范学院文凭，学制 3 年，准入条件为普通中学毕业证书，毕业后可做小学第二周期 5～8 年级教师
9	Diploma from an Agricultural College，Teacher Training College，et al	专科文凭，学制 2～3 年，准入条件为通过埃塞俄比亚高等教育入学考试
10	Bachelor's Degree	学士学位，一般学制 3 年，准入条件为通过埃塞俄比亚高等教育入学考试

序号	证　书	证 书 描 述
11	Master's Degree	硕士学位,学制 2 年,但医学和兽医学硕士学位项目学制一般为 3 年,准入条件为获得学士学位
12	Doctor of Philosophy	博士学位,学制 3 年,准入条件为获得硕士学位

布隆迪的教育证书评估研究

一、国家概况

布隆迪位于非洲中东部赤道南侧。北与卢旺达接壤,东、南与坦桑尼亚交界,西与刚果(金)为邻,西南濒坦噶尼喀湖。境内多高原和山地,大部分由东非大裂谷东侧高原构成,全国平均海拔 1 600 米,有"山国"之称。

布隆迪国土面积 27 834 平方公里。2018 年全国总人口 1 120 万,由胡图(占84%)、图西(占 15%)和特瓦(占 1%)三个部族组成。官方语言为基隆迪语和法语,母语为基隆迪语,部分居民讲斯瓦希里语。居民中 61% 信奉天主教,24% 信奉基督教新教,3.2% 信奉原始宗教,其余信奉其他宗教或不信教。17 世纪以前这里就建立了封建王国。1890 年成为德属东非的一部分。1922 年成为比利时委任统治地。1946 年联合国将布隆迪交由比利时"托管"。

布隆迪为农牧业国家,经济以农业为主,是联合国宣布的世界最不发达国家之一。其发展经济的困难在于国家小,人口多,资源贫乏,无出海口。

二、教　育

(一)教育概况

布隆迪内战期间许多学校关闭或被毁。2005 年 9 月起实行小学 6 年免费义务教育制度,小学入学新生大幅增加,但校舍短缺。据联合国儿童基金会统计,自布隆迪实施小学免费教育以来,学生入学率已经从 2005 年的 59% 增长至 2011 年的96.1%。2015 年 15 岁以上人口识字率约 85.6%。中学教育分普通中学、中等师范学校和中等技术专业学校 3 种类型。布隆迪有 6 所公立大学,24 所私立大学。布隆迪大学是唯一的综合性公立大学,2015 年在校生达 13 000 余人。此外还有高等农业学院、城市建设规划技术学院、军事干部学院、神学院、国际关系研究中心和高等贸易、新闻、司法警官等大专院校。

（二）教育体系

2016 年,布隆迪的公立学校进行了教育体系改革,中小学教育开始实施 6—3—3 的 12 年制教育体系,即小学 6 年,初中 3 年,高中 3 年。学生 6 岁入学。2019 年是旧的教育体系实施的最后一年。中小学学年 9 月开始,次年 7 月结束。大学学年一般 1 月开始,12 月结束。布隆迪教育体系见图 1。

（三）详述

1. 小学教育

布隆迪的小学教育为义务教育,共 6 年。小学入学率大约在 97%,然而约 55%的学生会在小学毕业前辍学,30%的学生会晚一年或几年上学,每年 22%的学生被要求复读。但这种情况多发生在农村。农村很多孩子不得不参加农业活动,这也是很多学生中途退学的原因之一。公立小学免学费,但学校校服和笔记本等费用是必须要缴纳的,这令那些低收入家庭的孩子望而却步。小学阶段性别比例较为均衡。

小学的授课语言为法语,英语作为第二语言从小学一年级开始学习。公立学校小学也教授斯瓦希里语,基隆迪语一直学到中学毕业。

2. 中等教育

那些成功通过国家考试的学生才有机会进入中学第一阶段学习。在布隆迪,30%～60%的孩子会上初中,5%～30%的孩子会上高中。中学阶段学生性别比例也较为均衡。中学阶段无论是公立学校还是私立学校都收费,这严重限制了低收入家庭学生入学。中学授课语言为基隆迪语或法语,课程设置与法国类似。高中分为四个学科方向:①经济学,注重社会科学;②现代文学,注重语言和人文;③科学 A,注重数学与物理;④科学 B,注重生物与化学。学科方向仅表示相对重点,各方向的学生均需要完成包括基隆迪语、法语、英语、数学、生物、物理、化学、历史、地理、经济学、公民学、体育在内的所有教学大纲的学科学业要求。

3. 职业教育

完成初中学习后,如果学生没有被录取到普通高中,他们还有机会被录取到以下项目:①国家技术学校的农学、护理、会计、电力和机械;②2 年的技术学校,毕业可获得 A3 技师文凭;③3 年的技术学校,毕业后可获得 A2 技师文凭。获得 A2 技师文凭后,可以入学国立大学或工作。

4. 高等教育

高中毕业后,学生必须参加高等教育入学考试。如果顺利通过,学生将获得国

年龄 / 年级

年龄		年级
25		
24		19
23	高级研究文凭、高等专业文凭 DEA/DESS 1年	18
22	中学教师文凭 Diplôme de Licencié Agrégé de l'Enseignement Secondaire 5年	医师专业学位 Docteur en Médecine 4年 / 17
21	高等教育专业文凭 Diplôme Professionnel d'Enseignement 3年 / 技术工程师文凭 Diplôme d'Ingénieur Technicien 3-4年	16
20	土木工程师文凭 Diplôme d'Ingénieur Civil 5年 / 本科学位 Diplôme de Licence 2年	15
19	国家公共健康学院文凭 INSP 3~4年 / 工业工程师文凭 Diplôme d'Ingénieur Industriel 4年 / 副学士学位 Diplôme de Candidature 2年	14 / 13
18		12
17	技术中学 lycée technique 6年 / 高中 lycée 3年	11
16	技术中学 lycée technique 5年 / 高中毕业证书/国家文凭 Certificat des Humanités Générales/Diplôme d'Etat	10
15	A2技术人员证书 Technicien A2 / 普通初中 collège d'enseignement général 3年	9
14	A3技术人员证书 Technicien A3	8
13	普通初中毕业证书 Certificat du Tronc Commun	7
12		6
11		5
10	小学 ecole primaire 6年	4
9		3
8	小学毕业证书 Certificat de Fin d'Etudes Primaires	2
7		1
6		

图 1　布隆迪教育体系

立大学覆盖住宿和膳食的小额奖学金。

　　布隆迪国内唯一一所综合性公立大学是在布琼布拉的布隆迪大学,建于 1960 年。在内战期间,这所大学的建筑毁坏极为严重,仅有 3 000 学生在恶劣的条件下继续学习。尽管如此,该大学仍然保留有艺术和人文法律、医学、心理学、教育学、理学、应用科学及农业科学等学科,同时也设有农业、商业、运动和体育教育、技术和教育学等多个领域的研究所。此外,布隆迪还拥有几所私立大学。

(四)考试、升级与证书制度

布隆迪初等教育的复读率过去一向很高,而升学率一向很低,这在说法语的国家非常普遍。升级根据内部评估决定,学生每年参加 3 次所有课程的考试,均在每学期结束时进行。完成小学 6 年学业后,学生进行小学毕业证书(Certificat de Fin d'Etudes Primaires)考试。能否进入初中,取决于全国入学考试成绩。这一考试在全国范围内组织,非常引人注目。

初中 3 年在 collèges 完成,结束时学生将参加初中毕业证书(Certificat du Tronc Commun)考试,考试结果决定学生能否进入高中或职业学校。高中 3 年在 lycées 完成,毕业时学生参加国家文凭(Diplôme d'Etat)考试。一般来说,国家文凭考试中只约 1/3 的学生考试成绩在 50 分以上。分数在 60 分以上的学生有资格进入国立大学,私立大学一般接收成绩在 50 分以上的学生。

小学毕业后,学生也可以进入技术中学。完成 5 年学业,学生可获得 A3 技术人员(Technicien A3)证书,完成 6 年学业,学生可获得 A2 技术人员(Technicien A2)证书。

布隆迪高等教育第一阶段教育为 2 年,为获得本科学位做准备,结束后成为学位候选人(Candidature)。再继续攻读 2 年,可以获得学位证书(Licence)。对于土木与农艺工程项目,学生需要 5 年才能获得职业工程头衔。对于医学院医生职业资格,学生必须学习 6 年才能获得。为了让医生专业化,所有医生必须去国外学习。

(五)成绩评价制度

布隆迪采用百分制成绩评价制度。通常情况下,大多数学生的分数在 40~85 分之间,低于 50 分就被认为是不及格,学生会被要求复读。能得 70 分以上的成绩就被认为很不一般了。不同学科方向的分数具有相等性。布隆迪成绩评价制度表见表 1。

表 1 布隆迪成绩评价制度表

分数	描述	对应中文意义
90~100	excellent	优秀
80~89	la plus grande distinction	良好

（续表）

分数	描述	对应中文意义
70～79	grande distinction	中等
60～69	distinction	一般
50～59	satisfaction	及格
0～49	ajourné	不及格

（六）常见教育证书

布隆迪常见教育证书见表2。

表2　布隆迪常见教育证书

序号	证　书	证书描述
1	Certificat de Fin d'Etudes Primaires	小学毕业证书，完成6年小学学业获得该证书，6岁入学
2	Certificat du Tronc Commun	初中毕业证书，学制3年，准入条件为获得小学毕业证书
3	Technicien A3	技术人员A3证书，学制5年，需有小学毕业证书
4	Technicien A2	技术人员A2证书，学制6年，需有小学毕业证书
5	Certificat des Humanités Générales	高中毕业证书，完成中学学业，所有的学生均可获得该证书，一般毕业后可以马上拿到该证书
6	Diplôme d'Etat	国家文凭，学制3年，准入条件为获得高中毕业证书
7	Diplôme de Candidature	副学士学位文凭，学制2年，准入条件为获得国家文凭
8	Diplôme Professionnel d'Enseignement	高等教育专业文凭，完成师范学院3年学业获得该文凭，准入条件为获得国家文凭，毕业后可做初中教师
9	Diplôme d'Ingénieur Technicien	技术工程师文凭，在技术学院完成3～4年学业获得该文凭，入学要求为获得国家文凭
10	Diplôme from the Institut National de Santé Publique/INSP	国家公共健康学院文凭，公共健康、公共健康管理、护理、麻醉、助产或放射科等专业学制为4年，药学专业学制为3年，入学要求为获得国家文凭

序号	证　书	证书描述
11	Diplôme de Licence	本科学位,学制 2 年,准入条件为获得副学士学位文凭
12	Diplôme d'Ingénieur Industriel	工业工程师文凭,学制 4 年,准入条件为获得国家文凭
13	Diplôme d'Ingénieur Civil	土木工程师文凭,学制 5 年,准入条件为获得国家文凭
14	Diplôme de Licencié Agrégé de l'Enseignement Secondaire	中学教师文凭,学制 5 年,准入条件为获得国家文凭,毕业后可做高中教师
15	Docteur en Médecine	医师专业学位,学制 4 年,准入条件为获得副学士学位文凭
16	Diplôme d'Études Spécialisées/DESS	高等专业文凭,学制 1 年,准入条件为获得学士学位或工程师文凭
17	Diplôme d'Etudes Approfondies/DEA	高级研究文凭,学制 1 年,准入条件为获得学士学位或工程师文凭

厄立特里亚的教育证书评估研究

一、国家概况

厄立特里亚位于非洲东北部,西邻苏丹共和国,南邻埃塞俄比亚、吉布提,东隔红海与也门和沙特阿拉伯相望,扼红海进出印度洋的门户,地理位置十分重要。

厄立特里亚总人口 670 万,有 9 个民族,主要民族是提格雷尼亚(约占人口的50%)、提格雷(约占人口的 31.4%)。国土面积 12.4 万平方公里。厄立特里亚没有法定的官方语言,各民族均有独自语言,各民族使用自己的民族语言,全国主要用提格雷尼亚语、阿拉伯语,通用英语、意大利语。有四分之三的人口使用提格雷尼亚语和提格雷语。提格雷尼亚语和阿拉伯语是商业和政府的语言。英语是中学和大学的教学语言。厄立特里亚国民信仰东正教和伊斯兰教的各占近一半,少数人信奉天主教或传统拜物教。

厄立特里亚生产落后,丰年粮食自给率仅 60%～70%,属世界上最不发达的国家之一。独立后,政府着力经济重建,制定了以私有经济为主导的市场经济发展战略。

二、教　育

(一)教育概况

在独立战争中,厄立特里亚的教育质量已经恶化到了近乎成为社会危机。独立后,教育被提到政府的重要议事日程上。厄立特里亚政府将教育投资放在优先位置,希望它成为可持续增长和减贫的催化剂。为做好扫盲工作,厄立特里亚政府在全国建立了 900 多个成人识字中心,有 2 000 多名经过培训的消除文盲工作者,其中 95% 为妇女,用各种民族语言开展识字教育,年均招收 5 000 名学生。在农村地区建立了 70 所图书馆。2008 年,全国识字率为 67.4%,其中成年男性识字率为

76.7%,女性为58.9%。厄立特里亚在全国各地开放了许多高等教育机构,以满足对青年教育和培训日益增长的需求。全国有474家学前教育机构、833所小学、302所初中、89所高中、6所职业学校。2016—2017年度,入学人数为70万人。小学教育毛入学率为93%,中学约为70%,高中约为31%,全国识字率为80%。

尽管战后厄立特里亚的教育取得了较好发展,但障碍依旧很多:传统技术短缺;低收入家庭承担不起学费(注册登记费用和材料费用);每天在学校学习时间经常少于4小时;资金缺乏;女孩辍学率较高;计算机教学技术仍然相对落后等。

(二)教育体系

厄立特里亚教育体制为5—3—4学制。小学5年,初中3年,高中4年,其中基础教育阶段,即小学和初中,是义务教育。厄立特里亚公立学校实行从小学到大学的免费教育。

在各级学校和每个地区,学年从9月开始,到6月下旬结束。根据法律规定,厄立特里亚的校历包括一年180个教学日和两个学期,每学期18周。由于天气条件的变化,高地地区的学校每周上课5天,低地地区的学校每周上课6天。厄立特里亚教育体系见图1。

(三)详述

1. 小学教育

从小学开始,所有的孩子都被期望继续学习,直到他们达到中学水平。厄立特里亚官方的义务教育在7~14岁。小学是对所有人开放的。1~5年级属于小学阶段。孩子在5岁的时候送到学校,最初只是通过学生的相互影响和观察社会行为进行教育,没有正规的课堂和课程教育。7岁孩子开始小学学习,在小学阶段学校主要采用母语授课。

2. 中等教育

初中教育持续3年,指的是6年级到8年级。孩子们在进入6年级后全部课程用英语教学。虽然他们没有专门的英语课程,然而英语却被作为交际语言广泛运用。一般情况下,学生12岁开始接受初中教育,15岁完成8年级的学业,这是厄立特里亚教育体系基础教育周期的结束。高中教育是指9到12年级。学生完成10年级学业时,根据学生的表现,他们有机会选择从普通学术教育转向职业教育和培训。12年级是中学阶段的最后一年。目前的安排是要求所有学生在一个名为"Warasy—Yikealo"的全国寄宿中心完成最后一年的学业。

在厄立特里亚,18岁以上的学生必须参加每年的暑期工作计划。作为这个项目的一部分,学生进行各种社会活动,如环境保护、道路建设及维修、生产和维修学

| 年龄 | | 年级 |

图 1　厄立特里亚教育体系

校家具、铺设电线/电缆、卫生及其他。这项计划的目的是培养学生的职业道德和社会习惯,提高国民意识,培养学生欣赏不同的文化,加强民族团结,通过相互协作建立相互依靠关系。

3. 职业教育

厄立特里亚中学有职业分支。在高等教育阶段,有特殊的专业管理学院。这个专业管理学院为政府中的中级管理人员提供 6 个月的英语培训和职业发展训练。此外还有阿斯马拉自动技术学院(Asmara Technical Institute)和阿斯马拉商贸学院(Asmara Commercial College)。阿斯马拉自动技术学院提供一套三年制高级文凭课程,而阿斯马拉商贸学院则提供为期三年的会计专业、秘书专业和经济专业的学习。

4. 高等教育

1958 年由意大利传教士建立的阿斯马拉大学,在 2003 年底之前一直是该国唯一的高等教育机构。高等院校 60% 以上的教师是外国人,主要来自印度。2006 年政府进行高等教育改革,将阿斯马拉大学拆分为 7 所学院,阿斯马拉大学仅保留研究生院,并与南非、美国一些大学合作办学。7 所学院分别为厄立特里亚科技学院、商业学院、师范学院、人文和社会科学学院、海洋科学学院、奥罗特医学院及哈默马罗农学院,分布于 6 个省。

所有大学生完成学业后都要参与"国民服务计划",其中前半年是军事训练,后半年要在国家安排的岗位上工作,比如教师、警察、医生、农业工作人员等岗位,服务期满后才能去找工作。目前,厄立特里亚有 7 所大学、2 所研究生院,没有培养博士的机构。

(四)考试、升级与证书制度

在初中阶段,孩子们学习的科目有英语、普通科学、阿拉伯语、数学、化学、物理、生物、地理、本国历史、非洲历史、世界历史、公民道德教育、音乐、舞蹈、艺术等,教学媒介是英语。所有完成八年级的学生都必须参加国家普通考试,那些不能继续升级的学生可以留级(留级一年或两年),但通常最后会被退学。

高中阶段有两种类型的学校,即普通高中和职业/技术高中。高中教育课程有:生物、物理、化学、数学、英语、阿拉伯语、地理、历史、公民、体育、音乐、艺术等。在高中第 4 年时,学生被要求参加厄立特里亚中学教育证书考试(Eritrean Secondary Education Certificate Examination,简称 ESECE)。这项考试于每年 3 月进行。成功通过考试的学生有资格进入高等教育机构继续文凭和学位课程,而那些表现不佳的学生则进入技术和职业教育学校。

在厄立特里亚,学生在 ESECE 中必须至少通过 5 门科目才能进入高等教育阶段学习。这五门科目必须包括统考科目数学和英语。同时,普通高中还测试生物学、物理学、化学。职业/技术高中测试经济学、簿记、历史或地理。学生成绩为 2

或以上才有资格进入阿斯马拉大学。成绩为 1.6～1.8 的学生可以报考阿斯马拉技术学院和阿斯马拉商业学院。成绩在 1.2～1.4 范围的考生可以申请阿斯马拉师范学院。

（五）成绩评价制度

厄立特里亚中学采用百分制成绩评价制度，50 分为最低及格分。高等教育阶段采用字母 A、B、C、D、F 的成绩评价制度。

（六）常见教育证书

厄立特里亚常见教育证书见表 1。

表 1　厄立特里亚常见教育证书

序号	证　书	证书描述
1	Eritrean Secondary Education Certificate Examination from a technical/vocational senior secondary school program/ESECE	厄立特里亚技术/职业中学教育证书，完成 3 年技术/职业高中学业，通过外部考试后获得该证书，准入条件为完成 8 年的小学和初中学业，或完成 1 年普通高中学业，毕业后可直接就业或进一步深造
2	Eritrean Secondary Education Certificate Examination from a general senior secondary school program/ESECE	厄立特里亚普通中学教育证书，完成普通高中 4 年学业，通过外部考试后获得该证书。准入条件为完成 8 年的小学和初中学业，毕业后可直接就业或进一步深造
3	Teacher Training Institute Certificate	师范学院证书，在师范学院完成一年的学业后获得该证书，准入条件为获得 ESECE 证书
4	Diploma	专科文凭，学制 2～3 年，准入条件为获得 ESECE 证书
5	Advanced Diploma	高等专科文凭，学制 3 年，入学要求为获得 ESECE 证书
6	Bachelor of Arts/Science	文学/理学学士学位，学制 4 年，准入条件为 ESECE 证书考试中至少 5 门科目获得通过
7	Bachelor of Engineering	工学学士学位，学制 5 年，准入条件为 ESECE 证书考试中至少 5 门科目获得通过

序 号	证　书	证 书 描 述
8	Bachelor of Laws	法学学士学位,在完成 5 年的法律学业后获得,准入条件为 ESECE 考试中至少 5 门科目获得通过
9	Doctor of Medicine/M.D.	医师专业学位,学制 6 年,2009 年第一次授予,相当于中国的医学学士
10	Master of Science	理学硕士,完成 2 年的研究生学习后授予,2006 年第一次授予

吉布提的教育证书评估研究

一、国家概况

吉布提地处非洲东北部亚丁湾西岸,扼红海进入印度洋的要冲曼德海峡,东南同索马里接壤,北与厄立特里亚为邻,西部、西南及南部与埃塞俄比亚毗连。沿海为平原和高原,主要属热带沙漠气候,终年炎热少雨。内地以高原和山地为主,属热带草原气候。国土面积 2.32 万平方公里,人口约 100 万。主要有伊萨族和阿法尔族。伊萨族占全国人口的 50%,讲索马里语;阿法尔族约占 40%,讲阿法尔语。另有少数阿拉伯人和欧洲人。官方语言为法语和阿拉伯语,主要民族语言为阿法尔语和索马里语。伊斯兰教为国教,94% 的居民为穆斯林(逊尼派),其余为基督教徒。

二、教　育

(一)教育概况

吉布提对 6~15 岁的青少年实行免费义务教育。除公立学校外,国家允许设立民办中、小学,二者数量之比约为 4∶1。2012 年小学入学率为 70%。2012 年,全国共有小学 156 所,63 612 名学生,1 822 名教师;30 所公立初中,819 名教师,32 549 名学生;9 所公立高中,550 名教师,14 715 名学生。此外,吉布提还设有私立初、高中共 41 所。高中毕业生参加法国统一考试,优良者可赴国外接受高等教育。2014 年,人口文盲率为 30%。

(二)教育体系

吉布提独立初期沿袭法国的教育制度和教科书,2000 年教改后教育体系分为基础教育、中等教育和高等教育。学制为小学 6 年、初中 4 年、高中 3 年。吉布提学年开始于 9 月,结束于次年 6 月,其教育体系见图 1。

（三）详解

1. 初等教育

小学 6 岁入学，但不强制入学。学制 6 年，完成小学学业后，学生将获得小学毕业证书（Certificat de Fin d'Etudes de Base，简称 CFEB）。2007 年，小学毛入学率只有 50%。2014 年，这一比例达到 68% 的高点，但在 2016 年降至 64.8%。

2. 中等教育

中等教育分初中和高中两个阶段。学生中途退学率较高，2016 年仅有 44% 的学生完成初中学业。同时，男女性别比例差异较大。普通初中（collège d'ensignement moyen）学制 4 年，学生完成学业将获得基础教育文凭（Brevet d'Ensignement Fondamental，简称 BEF）。

普通高中（lycée d'enseignement général）学制 3 年，3 年结束时学生参加外部考试。考试通过者获得中学毕业证书（Baccalauréat de l'Enseignement Secondaire）。

3. 职业教育

吉布提初中阶段就开始有了职业教育分支。吉布提的初级中等职业学校在见习中心（centre d'apprentissage）开设，职业高中在职业教育学校（lycée d'enseignement professionnel）进行，技术高中在技术教育学校（lycée technique）进行，高等职业教育由人事培训与国家教育中心提供。

4. 高等教育

吉布提目前共有两所大学：吉布提大学和吉布提医学院。2006 年 1 月，吉布提大学在原吉布提高等教育中心的基础上成立，下设理学院，文学院，经济、法律和管理学院及工程学院，拥有按照国际标准授予学士、硕士和博士学位的资格。吉布提医学院 2007 年 11 月成立，是第一所国家医科大学，具有授予医师专业学位的资格，主要合作伙伴为突尼斯、摩洛哥和法国。

（四）考试、升级与证书制度

吉布提小学生完成 6 年学业时，通过考试将获得小学毕业证书（Certificat de Fin d'Etudes de Base，简称 CFEB）。学生完成 4 年制普通初中学业，获得基础教育文凭（Brevet d'Ensignement Fondamental，简称 BEF）。初中职业学校学制 4 年，学生完成学业后获得职业初中学习提高证书（Certificat d'Apprentissage et de Perfectionnement，简称 CAP）。

学生完成 3 年制普通高中学业时参加外部考试。考试通过者获得中学毕业证书（Baccalauréat de l'Enseignement Secondaire）。职业高中学制 2 年，学生完成

年龄		年级

```
年龄                                                           年级
24
                                                              18
23
                                                              17
22                              学士学位
                         Diplôme de Licence 1年              16
21
              高级技师证书        普通大学学习文凭/大学
20            Brevet de Technicien      技术文凭              15
              Supérieur / BTS         DEUG, DUT
                   2年                  2年                   14
19
              技术高中            普通高中                      13
18            lycée technique    lycée d'enseignement
     职业高中        3年               général                 12
17   lycée d'enseignement  技术文凭        3年
     professionnel 2年  Baccalauréat     中学毕业证书
     职业学习证书/职业文凭  Technique/BT   Baccalauréat de    11
16   BEP/BP                    l'Enseignement Secondaire

15        职业初中                   初中                     10
          centre d'apprentissage  collège d'enseignement
               4年                    moyen                 9
14                                     4年
          职业初中学习提高证书         基础教育文凭               8
13   Certificat d'Apprentissage et de  Brevet d'Enseignement
          Perfectionnement/CAP    Fondamental/BEF           7
12
                                                              6
11
                                                              5
10             小学
               ecole primaire                                 4
9                 6年
               小学毕业证书                                     3
8    Certificat de Fin d'Etudes de Base/CFEB
                                                              2
7
                                                              1
6
```

图 1　吉布提教育体系

学业通过考试将获得职业学习证书（Brevet d'Etudes Professionnelles，简称 BEP）或职业文凭（Baccalauréat Professionnel，简称 BP）。学生完成 3 年技术高中学业，通过考试将获得技术文凭（Baccalauréat Technique，简称 BT）。获得 Baccalauréat

证书是吉布提升入大学的前提条件。

（五）成绩评价制度

吉布提采用法国成绩评价制度，成绩满分为 20 分。老师很少给到学生 18～20 分。和大多数采用法国教育体系的国家一样，8～9 分通常被认为是不及格等级，但如果学生学年平均分在 10 分及以上，则被认为"勉强通过或宽恕通过"，具体由学校管理者来决定。在高等教育阶段，获得 8～9 分的学生通常被要求重修课程。吉布提成绩评价制度见表 1。

表 1　吉布提成绩评价制度

分数	描述	对应中文意义
16～20	très bien	优秀
14～15	bien	良好
12～13	assez bien	中等
10～11	passable	及格
0～9	ajourné	不及格

（六）常见教育证书

吉布提常见教育证书见表 2。

表 2　吉布提常见教育证书

序号	证　书	证书描述
1	Certificat de Fin d'Etudes de Base/CFEB	小学毕业证书，完成小学 6 年学业获得该证书，小学 6 岁入学
2	Brevet d'Enseignement Fondamental/BEF	基础教育文凭，完成初中 4 年学业获得该证书，准入条件为获得小学毕业证书
3	Certificat d'Apprentissage et de Perfectionnement/CAP	职业初中学习提高证书，完成 4 年职业初中获得该证书，入学要求为获得小学毕业证书
4	Brevet d'Etudes Professionnelles/BEP	职业学习证书，职业高中完成 2 年学业获得该证书
5	Baccalauréat Professionnel/BP	职业文凭，职业高中完成 2 年学业获得该证书

序号	证　书	证书描述
6	Baccalauréat Technique/BT	技术文凭,技术高中完成 3 年学业获得该证书
7	Baccalauréat de l'Enseignement Secondaire	中学毕业证书,普通高中完成 3 年学业后获得该证书
8	Brevet de Technicien Supérieur/BTS	高级技师证书,完成高等教育 2 年学业后获得该证书
9	Diplôme Universitaire de Technique/DUT	大学技术文凭,完成 2 年学业后获得该证书,2008 年第一次颁发
10	Diplôme d'Etudes Universitaires Générales/DEUG	普通大学学习文凭,完成大学 2 年制项目,入学要求为获得技术文凭或中学毕业证书
11	Diplôme de Licence	学士学位,在普通大学学习文凭的基础上再学习 1 年,获得学士学位,2009 年第一次颁发

肯尼亚的教育证书评估研究

一、国家概况

肯尼亚位于非洲东部,赤道横贯中部,东非大裂谷纵贯南北。东邻索马里,南接坦桑尼亚,西连乌干达,北与埃塞俄比亚、南苏丹交界,东南濒临印度洋,海岸线长 536 公里。国土面积 582 646 平方公里。国土面积的 18% 为可耕地,其余主要适于畜牧业。2018 年人口 5 140 万,识字率为 78%。全国共有 44 个民族。斯瓦希里语为国语,和英语同为官方语言。全国人口的 45% 信奉基督教新教,33% 信奉天主教,10% 信奉伊斯兰教,其余信奉原始宗教和印度教。

肯尼亚因一座山而得名,现在被称为肯尼亚山,但基库尤人却称之为基里尼亚加山或克伦亚加山,"白山"的意思,之所以这样称呼是因为它的积雪。基里尼亚加山是英国人眼中肯尼亚殖民地的主要特征。肯尼亚是撒哈拉以南非洲经济基础较好的国家之一。相比周围各国,肯尼亚有良好的基础设施和交通。实行以私营经济为主、多种经济形式并存的"混合经济"体制,私营经济占整体经济的 70%。农业、服务业和工业是国民经济三大支柱,茶叶、咖啡和花卉是农业三大创汇项目。旅游业较发达,GDP 的近六成来自旅游业。工业在东非地区相对发达,日用品基本自给。肯尼亚及其首都内罗毕是东非的金融中心。

二、教 育

(一)概况

政府重视发展教育事业,教育经费一直占政府财政支出的 20% 左右。肯尼亚教育预算支出逐年上升,2007 年占预算支出总额的 1/3(GDP 的 7.4%)。2010/2011 财年教育投入 1 933 亿肯先令。教育体制分为正规和非正规教育两类,正规教育包括小学、中学、大学。非正规教育包括成人教育和扫盲活动。2011 年,肯尼

亚小学、中学数量和入学人数分别为 28 567 所、7 297 所、986 万人和 177 万人。中、小学师生比例分别为 1:31 和 1:57。大学在校生 19.8 万人。2006 年成人识字率为 84.3%。高等学府有内罗毕大学、莫伊大学、肯雅塔大学、埃格顿大学、肯雅塔农业技术大学和马塞诺大学。另有 30 所职业培训学校,3 所技校和 12 所私立大学。2003 年 1 月起实行 8 年免费初等教育。

(二)教育体系

肯尼亚 1985 年开始,实施"美国式"8—4—4 教育体系。直到 2016 年,以莫伊大学副校长为首的领导小组提出 6—3—3—3 教育体系。该教育体系从 2017 年开始实施,现行的 8—4—4 体系和毕业考试将在 2027 年废除。

肯尼亚学校一学年分为 3 个学期,第一学期 1—4 月,第二学期 5—8 月,第三学期 8—11 月,其中国家考试一般在 10—11 月底。学生一般在 4 月和 12 月有 2 个长假期,8 月假期较短。肯尼亚教育体系见图 1。

(三)详述

1. 基础教育

肯尼亚基础教育分为三个阶段:低段(Standards 1~3)、中段(Standards 4~5)和高段(Standards 6~8)。肯尼亚小学课程全国统一,包括英语、斯瓦希里语、当地语言、数学、科学、社会学、宗教教育、创意艺术、体育和生活技能。考试分为五个科目:斯瓦希里语、英语、数学、科学和农业、社会研究。

2. 中等教育

不足 50% 的小学毕业生能继续中学学业。肯尼亚有三种类型的中学:公立、私立和哈兰贝(Harambee)。在肯尼亚小学教育证书考试中成绩最好的学生就读于全国性的公立中学,而得分较低的学生则就读省级和区级学校。哈兰贝学校是没有得到政府资助,而由当地社区管理的学校。这些学校往往没有公立学校那么有选择性。私立学校都有宗教信仰,通常提供英国或美国的课程,有些学校也提供肯尼亚课程。

目前中等教育阶段开设了 30 门课程,分为 6 个学习领域:语言(英语、斯瓦希里语、阿拉伯语、德语、法语)、科学(数学、化学、物理、生物)、应用科学(家庭科学、农业、计算机研究)、人文学科(历史、地理、宗教教育、生活技能、商业研究)、创意艺术(音乐、艺术和设计)、技术科目(图纸和设计、建筑施工、电力和机械、金属加工、航空、木工、电子)。在中学教育的前两年,学生们修的课程多达 13 门。中学最后两年,缩减到 8 门,所有学生都修读英语、斯瓦希里语和数学这 3 门核心课和必修课。学生还必须选修 2 门理科课程,1 门人文学科课程,1 门应用科学或 1 门技术

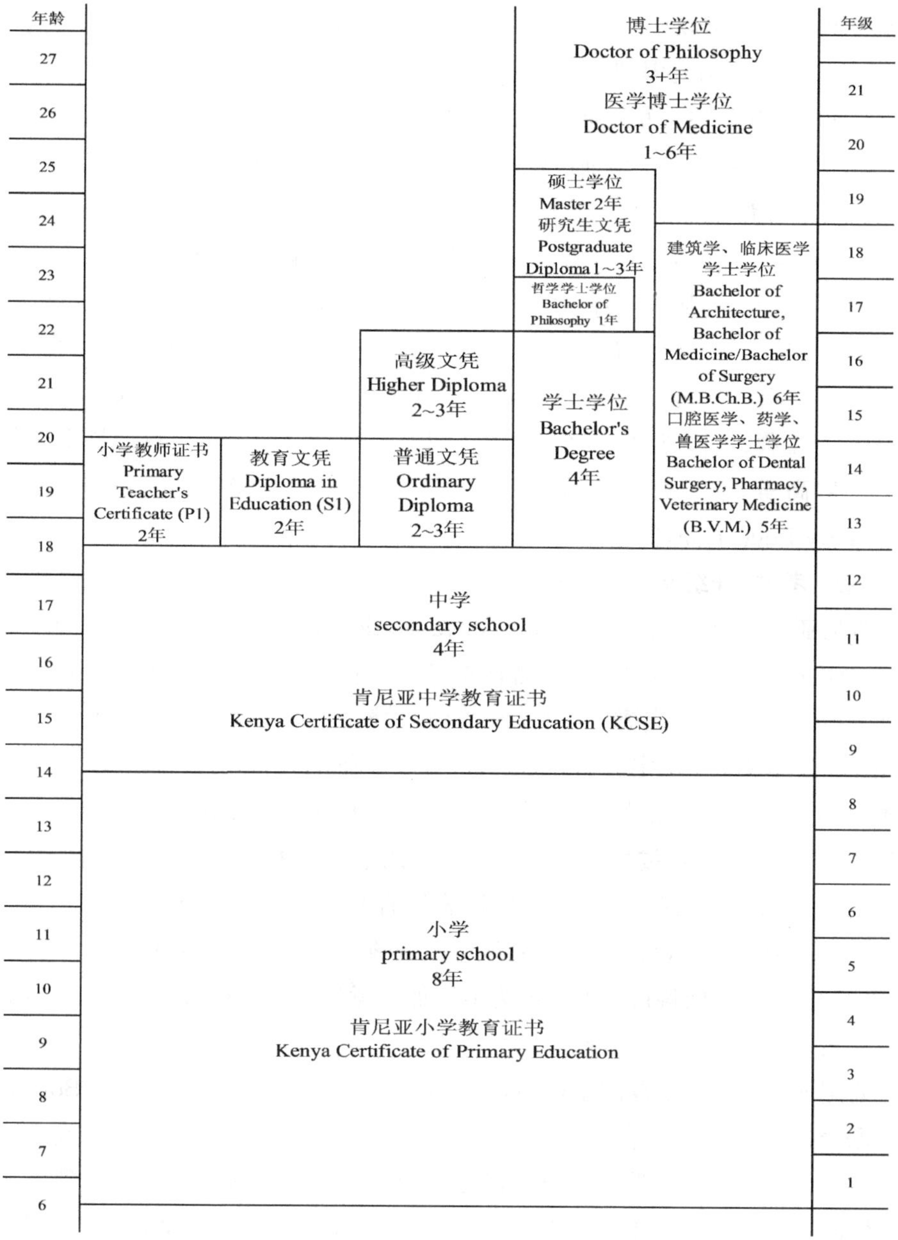

年龄						年级
27				博士学位 Doctor of Philosophy 3+年		
26				医学博士学位 Doctor of Medicine 1~6年		21
25						20
24				硕士学位 Master 2年 研究生文凭 Postgraduate Diploma 1~3年		19
23				哲学学士学位 Bachelor of Philosophy 1年	建筑学、临床医学学士学位 Bachelor of Architecture, Bachelor of Medicine/Bachelor of Surgery (M.B.Ch.B.) 6年 口腔医学、药学、兽医学学士学位 Bachelor of Dental Surgery, Pharmacy, Veterinary Medicine (B.V.M.) 5年	18
22			高级文凭 Higher Diploma 2~3年	学士学位 Bachelor's Degree 4年		17
21						16
20	小学教师证书 Primary Teacher's Certificate (P1) 2年	教育文凭 Diploma in Education (S1) 2年	普通文凭 Ordinary Diploma 2~3年			15
19						14
18						13
17			中学 secondary school 4年			12
16						11
15			肯尼亚中学教育证书 Kenya Certificate of Secondary Education (KCSE)			10
14						9
13						8
12						7
11			小学 primary school 8年			6
10						5
9			肯尼亚小学教育证书 Kenya Certificate of Primary Education			4
8						3
7						2
6						1

图1 肯尼亚教育体系

科目。学生所修的科目取决于各个学校在学习资源和教师方面能提供什么。

3. 职业教育

肯尼亚小学教育证书考试不及格的学生要么重读最后一学年,要么继续接受

技术和职业教育,可以在 4 年制技术中学学习,也可以在 3～5 年制贸易学校学习。自 2010 年起,技术中学毕业生也可以申请大学入学。

职业学校和学院颁发高等学校证书或文凭,这些学校涉及许多行业。按顺序来说,包括科技专科学校、培训机构、教师培训学院及私人机构。

4. 高等教育

肯尼亚有 6 所公立大学、若干私立和宗教附属学院和大学,以及许多理工学院、健康培训中心和师范学院。2018 年,肯尼亚官方认可的 59 所高校中,排名第一的是内罗毕大学。内罗毕大学历史悠久,建立于 1856 年,于 1970 年完全独立。内罗毕大学拥有 7 个校园,每个校园都有一位校长,7 个校园分别为农业与兽医科学、建筑与工程、生物与物理科学、教育与外部研究、医科、人文与社会科学以及商科。大学高等教育机构认证等工作由高等教育委员会(Commission for University Education)负责。

（四）考试、升级与证书制度

肯尼亚国家考试委员会(the Kenya National Examination Council,简称 KNEC)负责组织管理肯尼亚国家各阶段考试。肯尼亚的小学和中学期间一般是自动升级,不过当学生成绩不能令人满意时,学校可以建议留级。学生的成绩由经常性课堂评价和考试决定。在 2018 年教育改革前,小学阶段结束时,学生要参加肯尼亚小学教育证书考试(Kenya Certificate of Primary Education,简称 KCPE),目的是为了选拔学生进入下一阶段的学习。中学四年结束时,学生参加由国家考试委员会管理的肯尼亚中学教育证书考试(Kenya Certificate of Secondary Education,简称 KCSE),该考试选拔学生进入大学或其他高等教育机构学习。成绩以 8 门科目的平均值为准。如果考生参加的科目超过 8 门,则平均成绩以最好的 8 门科目为基础。

肯尼亚公立高等学校的录取由联合招生委员会(Joint Admissions Board)组织。联合招生委员会、教育与科学技术委员会、高等教育委员会以及所有高校代表为招生录取工作主体。学生一般在肯尼亚中学教育证书考试中平均达到 C＋成绩,才能进入本科学习。D＋或 C－一般只能进入证书或专科文凭项目。内罗毕大学的录取要求一般为在同一次考试中至少 7 门科目取得最低 C＋及以上成绩。每年大约 30% 的学生获得 C＋及以上成绩。2016 年以前,女生录取标准要略低于男生。

（五）成绩评价制度

因新的教育体系刚开始,还没有毕业生获得新体制下的毕业证书。本节仍展示肯尼亚原考试证书的成绩评价制度。

肯尼亚小学教育证书和肯尼亚中学教育证书采用相同的评分制度。每门科目都采用 12 分制来评分。最高是 12 分,最低是 1 分。这些分数还附带了 A、A－、B＋、B、B－、C＋、C、C－、D＋、D、D－、E 的扩展评分系统。该体系将学生成绩等级作为决定其能否继续下一级教育的主要标准。肯尼亚小学教育证书和中学教育证书成绩评价制度见表 1。

表 1　肯尼亚小学教育证书和中学教育证书成绩评价制度

字母等级	数字等级	成绩描述	对应中文意义
A	12	distinction	优秀
A－	11	very good	良好
B＋	10	credit	中等
B	9	good	较好
B－	8	average	一般
C＋	7	average	一般
C	6	poor	及格
C－	5	poor	及格
D＋	4	poor	及格
D	3	fail	不及格
D－	2	fail	不及格
E	1	fail	不及格

（六）常见教育证书

肯尼亚常见教育证书见表 2。

表 2　肯尼亚常见教育证书

序号	证　书	证　书　描　述
1	Kenya Certificate of Primary Education（KCPE）	肯尼亚小学教育证书,完成 8 年小学学业后获得该证书

（续表）

序号	证　书	证 书 描 述
2	Kenya Certificate of Secondary Education（KCSE）	肯尼亚中学教育证书,完成中学 4 年学业（Form I—IV）后获得该证书。该证书 1989 年第一次颁发。考试中通过 7～8 门科目的学生均可以被高等教育机构录取,准入条件为获得肯尼亚小学教育证书
3	Ordinary Diploma	普通文凭,由理工学院和技术培训学院提供的 2～3 年高等教育项目,可以全日制或非全日制,准入条件为获得肯尼亚中学教育证书
4	Primary Teacher's Certificate（P1）	小学教师证书,完成高等教育 2 年学业,毕业后通过国家考试的学生可以做小学教师,准入条件为获得肯尼亚中学教育证书
5	Diploma in Education（S1）	教育文凭,完成高等教育 2 年学业,获得该证书,毕业后可做中学教师,准入条件为获得肯尼亚中学教育证书
6	Higher Diploma	高级文凭,在普通文凭（Ordinary Diploma）的基础上再完成 2～3 年大学学业后获得该文凭,这是一个终结性的资格证书,由理工或技术培训学院提供,可以是全日制,也可以是非全日制
7	Bachelor's Degree	学士学位,文学、商业、教育、工程、法律、科学与技术一般学制均为 4 年,准入条件为获得肯尼亚中学教育证书,毕业后可继续硕士学位项目学习
8	Bachelor of Architecture, Bachelor of Medicine/Bachelor of Surgery（M.B.Ch.B.）	建筑学、临床医学学士学位,学制 6 年,准入条件为获得肯尼亚中学教育证书,毕业后可继续硕士学位项目学习
9	Bachelor of Dental Surgery, Pharmacy, Veterinary Medicine（B.V.M.）	口腔医学、药学、兽医学学士学位,学制 5 年,准入条件为获得肯尼亚中学教育证书,毕业后可继续硕士学位项目学习
10	Bachelor of Philosophy	哲学学士学位,在文学学士学位的基础上再完成 1 年学业获得该文凭,准入条件为获得文学学士学位,毕业后可继续硕士学位项目学习
11	Postgraduate Diploma	研究生文凭,学制 1～3 年,准入条件为获得学士学位

序号	证　书	证　书　描　述
12	Master of Arts，Business Admin，Education，Laws，Philosophy，Public Health，Science，& Architecture	硕士学位,学制 2 年,在学士学位的基础上再完成 2 年学业获得该文凭,准入条件为获得学士学位
13	Doctor of Philosophy	博士学位,须完成最低 3 年的课程、研究和论文
14	Doctor of Medicine	医学博士学位,MBBS 基础上再完成 1～6 年全日制研究

卢旺达的教育证书评估研究

一、国家概况

卢旺达是非洲中东部的一个国家,全称卢旺达共和国,位于非洲中东部赤道南侧,内陆国家。国土面积 26 338 平方公里。境内多山,有"千丘之国"的称谓。卢旺达地处大湖地区,海拔较高,地理上以西部的山区和东部的热带草原为主,全国各地分布有多个湖泊。2018 年,全国总人口 1 230 万。官方语言为卢旺达语、英语、法语和斯瓦希里语。国语为卢旺达语,部分居民讲斯瓦希里语。居民 56.5%信奉天主教,26%信奉基督教新教,4.6%信奉伊斯兰教。

1994 年的内战和大屠杀使卢旺达经济崩溃。爱国阵线上台后,采取了发行新货币、实行汇率自由浮动、改革税收制度、私有化等一系列恢复经济的措施,经济逐步恢复。经过 20 多年的发展,卢旺达成为非洲大陆最具经济活力的国家之一,也成为非洲经济发展的典范。现在的卢旺达经常被誉为"非洲的新加坡",是世界银行公布的"营商环境宽松指数"(ease—of—doing—business index)中唯一一个低收入经济体(在 190 个国家中排名第 29 位)。卢旺达首都基加利是非洲最清洁、最安全的城市之一,已成为一个技术中心。

二、教　育

(一)教育概况

卢旺达战前公立和私立教育并存。卢旺达独立后,一直饱受内战摧残,教育体系遭到破坏。直到 1994 年 7 月,冲突结束后的 2 个月内小学得以重新建立,随后中学也逐步重新开学。国家将教育投资作为国家经济增长战略重点。自 2005 年底起,卢旺达政府开始实行小学和初中九年免费义务教育,教育经费占政府总支出的 16%左右。2012 年卡加梅总统履行了 2010 年竞选承诺,将免费教育延长到 12

年级。根据该国教育部 2014 年数据,卢旺达有小学生 239.9 万名,小学 2 711 所,入学率 96.8%;中学生 56.5 万名,中学 1 521 所,入学率 36.4%。2014 年 15 岁以上民众识字率为 70%,其中 15 岁至 24 岁人群识字率为 83.1%。

1994 年种族灭绝停止和胡图族政权下台后,由曾流亡到讲英语的乌干达和坦桑尼亚的图西族难民统治的新政权将卢旺达从讲法语的国家重新调整为讲英语的国家。英语作为一年级的必修课,从四年级开始成为教学语言,而法语作为一门外语来学习,改变了过去 95% 的卢旺达学校从学生九岁开始就使用法语作为教学语言的状况。卢旺达政府认为使用英语有利于东非共同体(EAC)的对外贸易、国际关系、社会经济现代化和区域一体化。

(二)教育体系

卢旺达的教育体系为 6—3—3—4+。前 9 年为免费义务教育阶段。近年来政府为了避免高温的旱季,把一学年分为 3 个学期:1—4 月,4—7 月,8—11 月。学年考试和毕业考试一般在 11 月份。一学期基本为 3 个月,第一学期和第二学期结束后有 3 个星期左右假期,第三学期结束后有大约 2 个月的假期。卢旺达教育体系见图 1。

(三)详述

1. 初等教育

卢旺达初等教育分为两个周期,每个周期三年:小学一至三年级(P1 至 P3)和小学四至六年级(P4 至 P6)。前三年的授课语言为基尼亚卢旺达语,后三年的授课语言为英语。每周 20 课时,每年 39 周。儿童一般在七岁时接受初等教育。大多数学生上寄宿学校。

除了四年级开始引入法语外,2016 年采用的现行课程在两个周期中科目相同,分别是:基尼亚卢旺达语、英语、数学、社会和宗教研究、科学和技术、创意艺术和体育。最近初等教育更加强调持续的、基于能力的评估,尽量减少死记硬背的学习,以培养批判性思维。

2. 中等教育

初中阶段基于能力发展的课程设置包括英语、基尼亚卢旺达语、数学、物理、化学、生物、信息技术、历史、地理、创业、法语、斯瓦希里语和体育,以及一门选修课(艺术课、家庭科学或农业),每周 30 课时。

普通学术高中分 3 个学科方向:理科、人文和语言。在这些学科方向中,学生可以从各种不同的学科组合中选择科目,例如物理—化学—数学或数学—物理—计算机科学等。宗教、体育、计算机科学在所有学科方向都是必修科目,但具体的

年龄				年级
27		博士学位 Doctor of Philosophy 3年		
26				20
		硕士学位 Master 1-2年		19
25		荣誉学士学位 Bachelor Honours 4年		18
24	临床医学 学士学位 Bachelor of Medicine/ Bachelor of Surgery 7年	普通学士学位 Bachelor Ordinary 3年		17
23		高等教育高级专科文凭 Advanced Diploma of Higher Education 2.5年		16
22		高等教育专科文凭 Diploma of Higher Education 2年		15
21		高等教育证书 Certificate of Higher Education 1年		14
20				13
19	国家中等技术教育 A2高级证书 3年 National Advanced Certificate of Technical Secondary Education A2	高中 upper secondary school 3年 普通中学高级证书 Advanced General Certificate of Secondary Education		12
18				11
17				10
16				
15		初中 lower secondary school 3年 普通教育证书 General Certicate of Education-Ordinary Level		9
14				8
13				7
12				6
11		小学 primary school 6年		5
10				4
9		小学毕业证书 Primary Leaving Certificate		3
8				2
7				1

图 1 卢旺达教育体系

课程依据学科方向而有所不同。2018 年,36%的高中生进入普通高中理科,13.5% 的学生进入人文学科,13%的学生学习语言,其余的学生进入中等技术高中和教师 培训项目。

3. 职业教育

职业高中也是三年,期间既学习通识教育的科目,又注重某一特殊专业领域的学习。职业教育由教育部下属的劳动力发展局(Workforce Development Authority)负责。

4. 高等教育

卢旺达高等教育机构中,有公立也有私立,大部分高校归属教育部管辖。一学年包括 2 个 15 周的学期。成立于 2013 年的卢旺达大学(University of Rwanda)是卢旺达公立学校合并的高校。新卢旺达大学有 6 个学院,分别为:艺术与社会学院、教育学院、科学与技术学院、医学与健康科学学院、商学与经济学学院以及农业、动物科学与兽医学院。

(四) 考试、升级与证书制度

在小学和中学阶段,每学年都有评估学生成绩的考试,学生从一个年级升到另一个年级。卢旺达教育委员会(Rwanda Education Board,简称 REB)负责全国性各级考试的组织工作。小学结束时,参加全国性的中等教育机构选拔性考试,目的是为有限的教育空间挑选有竞争力的学生。2018 年,超过 25 万名学生参加了考试,通过率为 81%。通过国家考试的学生将获得小学毕业证书(Primary Leaving Certificate),成绩平均值决定学生能否进入自己理想的中学。卢旺达教育委员会正在引入一种新的"随机安排"制度,将学生随机分配到各个学校,而不考虑他们的分数。

初中结束时,学生参加国家普通教育证书考试,获得普通教育证书(General Certificate of Education—Ordinary Level),并有机会升入高中学习。毕业生根据考试成绩可选择进入普通学术高中、中等技术高中或教师培训项目。2018 年约有 9.9 万名学生参加考试,通过率 83%。高中的入学要求是获得普通教育证书,并且成绩需要具有竞争力。

高中三年级时参加由卢旺达教育委员会组织的国家普通中学高级证书(Advanced General Certificate of Secondary Education)考试。该考试 11 月举行,共有 5 门,3 门是所选学科专业课,1 门是企业家精神,1 门是必修的综合试卷(general paper)。想要获得进入大学的机会,学生必须在该考试中至少获得两个 C。要进入理想学校,则需要高分。

技术高中三年级时,学生参加国家技术专业考试。学生必须通过一定数量的科目并达到要求的最低总成绩(aggregate grade),并通过"实践综合"(practical paper),获得国家中等技术教育 A2 高级证书(National Advanced Certificate of

Technical Secondary Education A2)。学生凭此证书可以直接就业,也可以进入高等教育机构继续深造。

(五)成绩评价制度

中等教育成绩评价一般由 A~F 标记,每个等级代表一个特殊的数字绩点:A(6)、B(5)、C(4)、D(3)、E(2)、S(1)、F(0)。"综合试卷"(general paper)是国家 A Level 考试中的标准组成部分,其成绩仅用 S 级代表,记入 1 分。但 S 在其他科目成绩中表示没有达到 A Level 级别。卢旺达中等教育成绩评价制度见表1。

表 1　卢旺达中等教育成绩评价制度

成绩	总成绩
A(6)	75~100
	70~74
B(5)	65~69
C(4)	60~64
D(3)	55~59
E(2)	50~54
S(1)	0~49
F(0)	

A Level 考试在计算总分时,S 以上的成绩以乘以 3 计算,综合试卷成绩按实际绩点数计算。比如一个学生数学、物理、化学和创业都拿了 A,综合试卷是 S,那么他的总成绩就是$(3×6)＋(3×6)＋(3×6)＋(3×6)＋(1×1) ＝ 73$。

(六)常见教育证书

卢旺达常见教育证书见表2。

表 2　卢旺达常见教育证书

序号	证　书	证 书 描 述
1	Primary Leaving Certificate	小学毕业证书,学制 6 年
2	General Certificate of Education—Ordinary Level	普通教育证书,完成 9 年小学和初中学业后获得该证书,准入条件为获得小学毕业证书
3	Advanced General Certificate of Secondary Education	普通中学高级证书,学制 3 年,准入条件为获得普通教育证书

序号	证　书	证 书 描 述
4	National Advanced Certificate of Technical Secondary Education A2	国家中等技术教育 A2 高级证书，完成技术高中 3 年学业，通过考试后可获得该证书，入学要求为获得普通教育证书
5	Certificate of Higher Education	高等教育证书，完成 1 年学业，至少获 120 学分获得该证书，准入条件为获得普通中学高级证书
6	Diploma of Higher Education	高等教育专科文凭，完成 2 年学业，至少获 240 学分，准入条件为获得普通中学高级证书
7	Advanced Diploma of Higher Education	高等教育高级专科文凭，完成 2.5 年学业，至少获得 300 学分，准入条件为获得普通中学高级证书
8	Bachelor Ordinary	普通学士学位，完成 3 年学业，至少获得 360 个学分获得该证书，准入条件为获得普通中学高级证书
9	Bachelor Honors	荣誉学士学位，完成 4 年学业，至少获得 480 个学分，准入条件为获得普通中学高级证书
10	Postgraduate Certificate，Postgraduate Diploma，Master	研究生证书/研究生文凭/硕士学位，获得 60～240 学分不等，准入条件为获得荣誉学士学位
11	Doctor of Philosophy（PhD）	博士学位，一般至少完成 3 年的学习与科研，完成公开答辩

塞舌尔的教育证书评估研究

一、国家概况

塞舌尔共和国位于非洲东部的印度洋上，由 115 个大小岛屿组成。西距肯尼亚蒙巴萨港 1 593 公里，西南距马达加斯加 925 公里，南与毛里求斯隔海相望，东北距印度孟买 2 813 公里。属热带海洋气候，终年高温多雨。

国土陆地面积 455 平方公里，领海面积约 40 万平方公里，专属经济区面积约 140 万平方公里。2017 年，人口约 9.5 万。居民主要为班图人、克里奥尔人（欧洲人和非洲人混血）、印巴人后裔、华裔和英法后裔等。官方语言为克里奥尔语、英语、法语。居民 90% 信奉天主教，4% 信奉伊斯兰教，其余信奉新教、印度教或其他宗教。

16 世纪，葡萄牙人曾到此地，取名"七姊妹岛"。塞舌尔没有土著居民，居民的祖先可以追溯到法国、非洲、英国、印度和中国。1756 年，被法国占领，并以"塞舌尔"命名。1794 年，英国取代法国统治塞舌尔。后英法多次易手，轮流占领。1814年，英法签订和约，塞舌尔成为英国殖民地，归英国在毛里求斯的殖民当局管辖。1976 年 6 月 29 日宣告独立，成立塞舌尔共和国，但仍留在英联邦内。

二、教　育

（一）教育概况

塞舌尔自 1814 年以来一直是英国的殖民地，直到 1944 年才在岛上建立学校。塞舌尔政府重视发展教育事业，2018 年教育和人力资源发展部预算为 10.65 亿卢比，在各部门预算中列第二，约占全年预算的 13.4%。根据塞舌尔教育部 2016 年报告，现有幼儿园 33 所、小学 28 所、中学 14 所。塞舌尔大学是塞舌尔唯一一所综合性大学，成立于 2009 年，前身是中国援建的综合工艺学院。政府制定成人教育计划,实行全民文化教育。15 岁以上人口识字率达 95.2%。

(二)教育体系

塞舌尔儿童自 6 岁开始接受义务教育,小学 6 年,中学 5 年。中小学一学年有 3 个学期,每个学期 13 个教学周:第一学期 1 月中下旬开始,学期结束后有 3 个星期假期;第二学期 5 月开始,学期结束后紧跟 4 个星期假期;第三学期 9 月份开始,学期结束后有 6 个星期假期。A Level 层次和大学层次一学年 2 个学期,每学期 21 个教学周,假期分别为 4 个星期和 6 个星期。塞舌尔教育体系见图 1。

(三)详解

1. 初等教育

从 6 岁到 15 岁,教育是免费和义务的。小学 6 年(P1～P6),从 6 岁开始。6 岁到 10 岁期间,教学语言是克里奥尔语,然后英语逐渐成为教学语言,法语作为外语科目。六年级毕业时,学生们参加一个全国测试来衡量教育成果。

2. 中等教育

中学(S1～S5)是 5 年制,但只有 4 年是义务教育。在 1998—1999 学年之前,中学是 4 年,之后增加一年的国家青年服务(National Youth Service)。国家青年服务包括学术研究和实际生活领域的指导,如烹任、园艺、家政和饲养牲畜。

3. 高等教育

塞舌尔理工学院和国家教育学院提供后高中课程。塞舌尔理工学院提供 2 年制 GCE A Level 课程以及 1～3 年制证书和文凭项目。

塞舌尔大学于 2009 年成立。现有 2 个学院:艺术与社会发展学院(Faculty of Arts and Social Development)、商业与可持续发展学院(Faculty of Business and Sustainable Development)。艺术与社会发展学院有计算和信息系统、教育、卫生和社会保健 4 个系,商业与可持续发展学院有商业、环境、法律、旅游和文化继承 4 个系。

(四)考试、升级与证书制度

学生在中学第五年参加剑桥普通教育证书(Cambridge General Certificate of Education Ordinary Level,简称 GCE O Level)的外部考试。自 2004 年以来,学生开始可以选择参加剑桥国际普通中等教育证书(Cambridge International General Certificate of Secondary Education,简称 IGCSE)的外部考试。

要想入读塞舌尔大学,成绩必须满足以下条件:GCE A Levels 考试中 3 个科目成绩至少为 E、E、D,或者 GCE A Level 考试中 2 门科目成绩至少为 E,同时 GCSE/GCE O Level 考试中 3 门科目成绩至少在 C 及以上,或者 GCE A Level 考

年龄				年级
23	硕士学位 Master 2年			18 / 17
22				16
21	学士学位 Bachelor 3年		Diploma 2 in Teacher Education	15
20			Diploma 1 in Teacher Education	14
19	普通中等教育高级证书 General Certificate of Education Advanced Level (GCE A Level) 2年	社区研究证书 Certificate in Community Studies 2年	塞舌尔理工学院预科文凭 Pre-Diploma 2年	13 / 12
18				
17				
16	中学 secondary school 5年			11 / 10
15				9
14	剑桥普通教育证书/剑桥国际普通中等教育证书 Cambridge General Certificate of Education Ordinary Level (GCE O Level) Cambridge International General Certificate of Secondary Education (IGCSE)			8
13				7
12				6
11				5
10	小学 primary school 6年			4
9				3
8				2
7				1
6				

图 1　塞舌尔教育体系

试中 2 门科目成绩至少在 E 及以上,同时 GCE AS Level 考试中 2 门科目至少在 D 及以上。此外,GCSE/GCE O Level 考试中英语成绩在 C 及以上,或者过去 3 年通过公认的英语考试。

（五）成绩评价制度

塞舌尔采用 1~9 的数字和 A~F 字母的成绩评价制度。1、2 表示最高通过等级，对应 A 等级；3、4 对应 B 等级；5、6 对应 C 等级；7、8、9 分别对应 D、E、F 等级，E 为最低通过等级。但在大学招录中，E 等级通常不会被考虑。高级证书考试中会多一个 O 等级，表示学生成绩没有达到普通教育高级证书水平，但达到了普通水平要求。

（六）常见教育证书

塞舌尔常见教育证书见表 1。

表 1 塞舌尔常见教育证书

序号	证 书	证书描述
1	Cambridge General Certificate of Education Ordinary Level（GCE O Level)	剑桥普通教育证书，完成 5 年中学学业，考试通过可获得该证书，准入条件为获得小学毕业证书
2	Cambridge International General Certificate of Secondary Education（IGCSE）	剑桥国际普通中等教育证书，完成 5 年中学学业可参加该考试，2004 年开始第一次授予，准入条件为获得小学毕业证书
3	General Certificate of Education Advanced Level（GCE A Level）	普通中等教育高级证书，塞舌尔理工学院完成 2 年学业通过考试后获得该证书，准入条件为获得 GCE O Level 或 IGCSE 证书
4	Certificate in Community Studies	社区研究证书，在塞舌尔理工学院完成 2 年学业获得该证书，入学要求为 GCE O Level 或 IGCSE 至少通过 5 门科目
5	Pre—Diploma	预科文凭，在塞舌尔理工学院完成 2 年学业，毕业还达不到教书的资格，但允许在教师教育项目中继续学习
6	Diploma 1 in Teacher Education	教师教育文凭 1，学制 1 年，入学要求为 Pre—Diploma 或 GCE A 等级证书，毕业后做小学教师
7	Diploma 2 in Teacher Education	教师教育文凭 2，在教师教育文凭 1 的基础上再继续 1 年，毕业后可做中学教师

（续表）

序号	证　书	证书描述
8	Diploma 2 in Secondary French Education	中学法语教育文凭证书 2，在塞舌尔理工学院学习 2 年，第 4 学期和第 5 学期到法国大学学习，入学要求为获得 Pre—Diploma 证书，毕业后可做中学法语教师
9	Certificate in Nursing	塞舌尔理工学院完成 3 年学业获得护理证书
10	Diploma in Business Studies	商业研究文凭，学制 3 年
11	Bachelor	学士学位，在塞舌尔大学完成 3 年学业获得该学位
12	Master	硕士学位，一般需要完成 2 年学业获得该证书，准入条件为学士学位获得良好等级

索马里的教育证书评估研究

一、国家概况

索马里联邦共和国位于非洲大陆最东部的索马里半岛,拥有非洲最长的海岸线,总面积 637 660 平方公里。东濒印度洋,北临亚丁湾,与埃塞俄比亚、肯尼亚、吉布提相邻。索马里的地理位置,居于地中海与印度洋的亚丁湾之南,是各国货轮出入苏伊士运河的必经海路。

2018 年人口 1 518 万。绝大多数是索马里族,又分萨马莱和萨布两大族系。其中萨马莱族系占全国人口的 80% 以上。官方语言为索马里语和阿拉伯语,通用英语和意大利语。伊斯兰教为国教,穆斯林占总人口 99%。索马里是最不发达国家之一。经济以畜牧业为主,工业基础薄弱。1991 年后,连年内乱,工农业生产和基础设施遭到严重破坏,经济全面崩溃。

二、教　育

(一) 教育概况

索马里教育事业落后。20 世纪 70 年代初,西亚德政府重视发展教育事业,开展扫盲运动,使识字率从独立前的 2% 提高到 60%。1991 年内战爆发后,摧毁了大部分学校,国家公共教育体系崩溃,文盲率剧增,达 76%。现在除了普特兰(一个自治省)和索马里兰(其宣布脱离索马里共和国独立,但未得到任何外国政府的承认)开办了公立小学,教师由国家支付工资外,其他地区大多数学校都是私立的。近年来,在联合国教科文组织及其他一些非政府组织帮助下,许多地区开始重建学校。1998 年 9 月,阿瓦多地区的阿蒙德大学建成,成为索马里 1991 年以来开学的首家大学。首都摩加迪沙有索马里国立大学和摩加迪沙大学。索马里兰首府哈尔格萨也有一所大学。索马里语是教学语言。

（二）教育体系

索马里教育部统一管理初等教育、中等教育、职业教育和非正式教育,但普特兰和索马里兰自治地区有自己的教育部监管教育。1991 年内战后,索马里至今未建立有组织的教育体系。大多数私立学校沿用过去的教育体系,主要有两种:一种是阿拉伯国家的 6—3—3 教育体系,一种是继承下来的 4—4—4 教育体系。两种教育体系均为 12 年制。

学年 9 月开始,次年 5/6 月结束。学校一般在国家考试成绩出来后开始新学年,这个过程需要 3～4 个月时间,所有工作完全靠手工。每学期中间经常会因为宗教节日等原因而放长假。平时上学的时间也非常短,经常早晨 8 点到校,11 点45 分就放学。索马里教育体系见图 1。

（三）详述（以索马里一直继承下来的 4—4—4 教育体系为准）

1. 初等教育

在索马里,城市以外地区的教育资源、教育机会均有限,无论在学生还是教师中都有性别倾向性。学生学习由家长承担一半资金,由此导致贫困学生求学更难。4 年的小学教育包括 9 门义务教育课程,从 2 年级起,英语作为第二语言教授。出勤率不强制执行。

2. 中等教育

小学教育结束后是 4 年的初中教育,索马里教育部规定初中教育的课程包括索马里语、伊斯兰研究、英语、数学、科学、社会研究、地理和历史。高中教授同样的课程。

3. 职业教育

在非正式教育部门,无业成人及年轻人可以接受阅读和职业技能培训。政府部门、国际援助行动和商业企业为此在做努力。

4. 高等教育

高等教育有两种形式,一种针对辍学学生提供帮助,以使他们成为有用的雇工,另一种是大学与科技专科学校提供的传统大学模式。索马里最好的大学是博拉马的阿蒙德大学。学生在种种不公平的教育中脱颖而出,最终得以在该大学的9 所学院中获得学习机会。

（四）考试、升级与证书制度

由于内战,所有的教育记录都被销毁。因此,1991 年以前接受教育的学生无法向索马里的教育机构索取任何教育记录。

完成 4 年小学学业,学生将获得小学毕业证书(Shahaadada Dugsiga Hoose)。

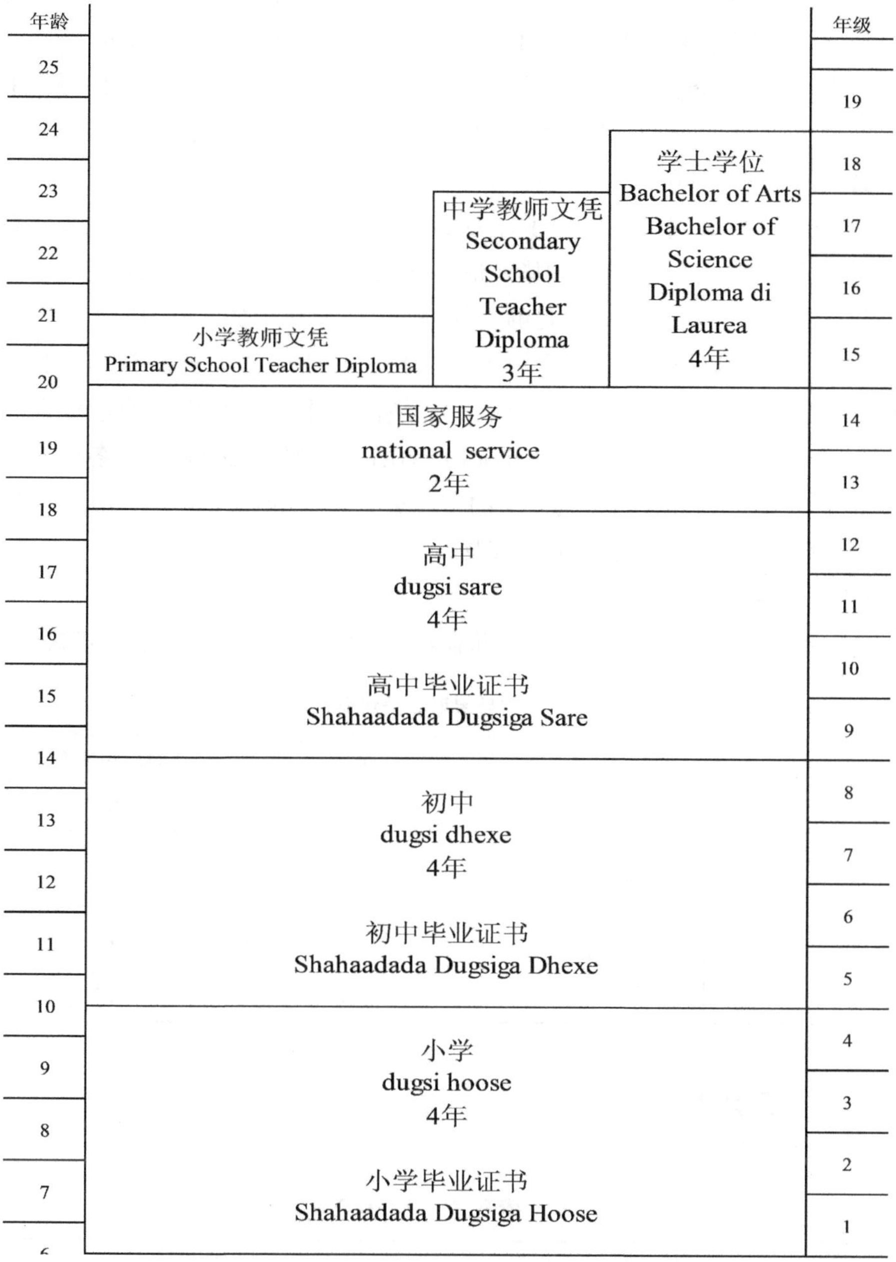

年龄		年级
25		
		19
24		
	学士学位	18
23	中学教师文凭 Bachelor of Arts	
	Secondary Bachelor of	17
22	School Science	
	Teacher Diploma di	16
21	小学教师文凭 Diploma Laurea	
	Primary School Teacher Diploma 3年 4年	15
20		
	国家服务	14
19	national service	
	2年	13
18		
	高中	12
17	dugsi sare	
	4年	11
16		
	高中毕业证书	10
15	Shahaadada Dugsiga Sare	
		9
14		
	初中	8
13	dugsi dhexe	
	4年	7
12		
	初中毕业证书	6
11	Shahaadada Dugsiga Dhexe	
		5
10		
	小学	4
9	dugsi hoose	
	4年	3
8		
	小学毕业证书	2
7	Shahaadada Dugsiga Hoose	
6		1

图 1　索马里教育体系

初中 4 年,学生获得初中毕业证书(Shahaadada Dugsiga Dhexe)。中等职业学校

是两年制,完成后不颁发任何证书。高中(dugsi sare)和中专为 4 年制,毕业时学生们参加外部考试,考试通过获得高中毕业证书(Shahaadada Dugsiga Sare)。获得高中毕业证书的条件为至少七门课程成绩达 50% 及以上,同时这七门课程平均成绩至少达到 60%。索马里兰学生则获得索马里兰高中毕业证书。中学毕业后,学生必须完成两年的国家服务,包括小学教学。

自 1998 年以来,索马里开设了许多私立高等教育机构,没有公立大学。高等教育机构的入学要求为持有高中毕业证书(Shahaada Dugsiga Sare)、完成国家服务,同时还要在入学考试中获得足够高的分数。索马里兰的学校则要求有索马里兰高中毕业证书,以及入学考试中获得足够分数。每所学校要求各不相同,比如阿蒙德大学(Amoud University)的录取对成绩的要求为索马里兰普通教育证书(Somaliland General Secondary School Certificate,简称 SGSCE)中各门科目成绩至少为 C 及以上,而位于索马里兰的布鲁奥大学(University of Burao)一般要求学生毕业证书中学业成绩至少为 B 及以上。

(五)成绩评价制度

索马里采用字母和数字的成绩评价制度,具体见索马里成绩评价制度表1。

表 1　索马里成绩评价制度

成绩	等级	范围	对应中文意义
A	1	80~100	优秀
B	2	70~79	良好
C	3	60~69	中等
D	4	50~59	及格
E	5	0~49	不合格

(六)常见教育证书

索马里常见教育证书见表 2。

表 2　索马里常见教育证书

序号	证　书	证 书 描 述
1	Shahaadada Dugsiga Hoose	小学毕业证书,完成 4 年小学(dugsi hoose)教育获得该证书,入学年龄为 6 岁

（续表）

序号	证　书	证　书　描　述
2	Shahaadada Dugsiga Dhexe	初中毕业证书,学制4年,准入条件为获得小学毕业证书
3	Shahaadada Dugsiga Sare	高中毕业证书,学制4年,准入条件为获得初中毕业证书
4	Somaliland General Secondary School Certificate/SGSCE	索马里兰普通教育证书,完成12年小学和中学学业获得该证书
5	Primary School Teacher Diploma	小学教师文凭,完成1年教师培训,准入条件为获得高中毕业证书,同时完成国家服务期
6	Diploma of University Education	大专文凭,学制2年,有的大学需要3年,准入条件为获得高中毕业证书并通过入学考试
7	Secondary School Teacher Diploma	中学教师文凭,学制3年,准入条件为获得高中毕业证书,完成国家服务期,并在入学考试中取得较好成绩
8	Shahaaddada B.A.ee	文学学士学位,学制3年
9	Diploma di Laurea	荣誉文凭,完成4年大学学业获得该证书
10	Bachelor of Arts	文学学士学位,完成大学4年学业获得该证书
11	Bachelor of Science	理学学士学位,完成大学4年学业获得该证书
12	Bachelor of Medicine	医学学士学位,完成大学6年学业获得该证书

坦桑尼亚的教育证书评估研究

一、国家概况

坦桑尼亚位于非洲东部、赤道以南。北与肯尼亚和乌干达交界,南与赞比亚、马拉维、莫桑比克接壤,西与卢旺达、布隆迪和刚果(金)为邻,东濒印度洋。大陆海岸线长 840 公里,面积 94.5 万平方公里。2018 年全国总人口 5 910 万,其中桑给巴尔 130 万,分属 126 个民族。另有一些阿拉伯人、印巴人和欧洲人后裔。斯瓦希里语为国语,与英语同为官方通用语。坦噶尼喀(大陆)居民中 32%信奉天主教和基督教,30%信奉伊斯兰教,其余信奉原始拜物教;桑给巴尔居民几乎全部信奉伊斯兰教。

坦桑尼亚是联合国宣布的世界最不发达国家之一。经济以农业为主,平年粮食勉强自给。工业生产技术低下,日常消费品需进口。

二、教　育

(一) 教育概况

坦桑尼亚早期的教育关注的是农村社会的需求。到了 20 世纪 70 年代,执政党本身开始下放教育权力,教育多样化,但中学教育仍强调农业、商业、技术技能和家庭经济。高等教育扩大到了社会和纯科学的范围。1974 年后的 10 年里,接受大学教育的候选人被要求至少有一年的国民服务经历和两年工作经验。入学人数极大减少,并产生其他负面影响,于 1984 年被废除。现在的坦桑尼亚政府重视发展教育事业,在新首都多多马建起了多所大学,建成后可容纳 40 000 名学生,把坦桑尼亚大学升学率提高 10%以上。成人扫盲率达 90.4%,是非洲文盲率最低的国家之一。政府允许个人及公共机构举办各类文化学校,并设立助学金帮助贫困学生完成高等教育。

（二）教育体系

坦桑尼亚的教育体系为7—4—2—3＋。坦桑尼亚一般一学年包括3个学期，新学年8月底开学，次年6月底学年结束。坦桑尼亚教育体系见图1。

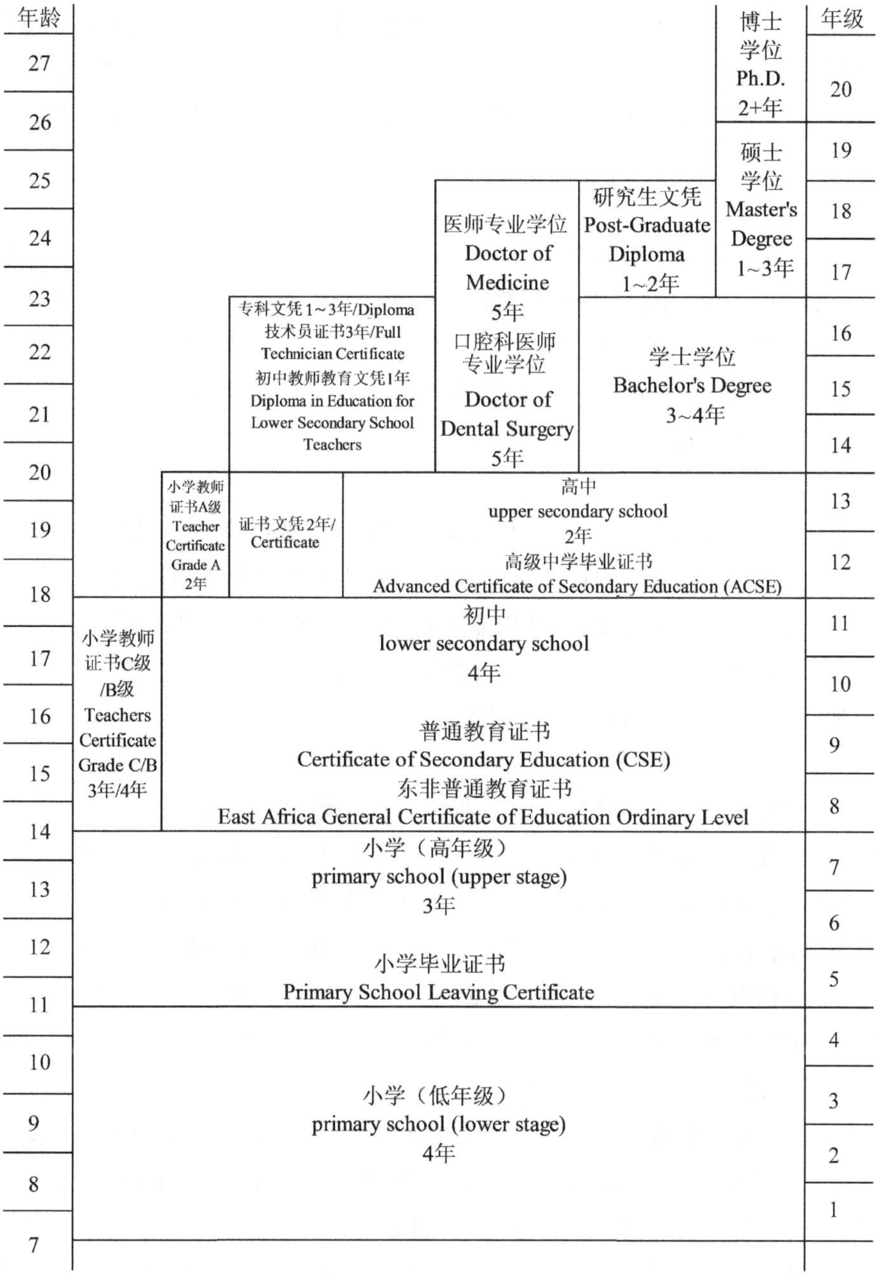

年龄								年级
27						博士 学位 Ph.D. 2+年		20
26								19
25				研究生文凭 Post-Graduate Diploma 1~2年	硕士 学位 Master's Degree 1~3年			18
24			医师专业学位 Doctor of Medicine 5年					17
23		专科文凭1~3年/Diploma 技术员证书3年/Full Technician Certificate 初中教师教育文凭1年 Diploma in Education for Lower Secondary School Teachers	口腔科医师 专业学位 Doctor of Dental Surgery 5年	学士学位 Bachelor's Degree 3~4年			16
22								15
21								14
20	小学教师 证书A级 Teacher Certificate Grade A 2年	证书文凭2年/ Certificate	高中 upper secondary school 2年				13
19			高级中学毕业证书 Advanced Certificate of Secondary Education (ACSE)				12
18								
17	小学教师 证书C级 /B级 Teachers Certificate Grade C/B 3年/4年	初中 lower secondary school 4年					11
16								10
15		普通教育证书 Certificate of Secondary Education (CSE) 东非普通教育证书 East Africa General Certificate of Education Ordinary Level					9
14								8
13		小学（高年级） primary school (upper stage) 3年					7
12								6
11		小学毕业证书 Primary School Leaving Certificate					5
10								4
9		小学（低年级） primary school (lower stage) 4年					3
8								2
7								1

图1　坦桑尼亚教育体系

（三）详解

1. 初等教育

理论上,小学阶段的教育是免费义务教育。接受初等教育是坦桑尼亚每个儿童的权利。入学年龄是 7 岁。但是部分贫穷的父母仍然无法支付校服、学习材料和考试费用。他们的子女很可能无法享受义务教育的权利。所有学生必须通过统一考试方可获得小学毕业证书。

2. 中等教育

坦桑尼亚大陆的学生只要参加并通过国家考试就有机会升入中等教育学校继续学习,最终能否升入中学要看中学提供的招生数和学生的考试成绩。中等教育沿用英国剑桥中等教育模式,分为 2 级:初级中等教育和高级中等教育。学生学习公民学、斯瓦希里语、英语、历史、地理、物理、化学、生物和数学。有农业、商业、家庭经济学和工学几大分科。

3. 职业教育

初中毕业后,除了升入普通高中学习外,还可以选择到职业教育学校继续学习。职业教育培训权威机构负责制定培训标准、发布教育培训指南,并通过公立或私立学院展开培训。此外,还提供创业支持,解决工作中的性别歧视问题,并打击童工现象。这些机构提供木匠、电工、管道工等各类学习项目,经过 2～3 年的学习,参加传统考试,考试通过后获得各类证书。

4. 高等教育

高等教育部负责高等教育。1970 年成立的达累斯萨拉姆大学历史最为悠久,是坦桑尼亚成立最早、实力最雄厚的大学,前身是 1961 年的英国伦敦大学东非学院。早期的达累斯萨拉姆大学在东非甚至整个非洲都很有名气,一度是东非排名第一、非洲前五的高校。虽然近十多年的发展有点滞后,综合实力已经滑落出非洲前 15 强,但在坦桑尼亚依然有很强的影响力,是全国唯一的综合性大学,坦桑尼亚前总理基奎特在卸任总理后担任这所大学的校长。

（四）考试、升级与证书制度

在每一级正规教育结束时都有一个终结性考试,决定学生能否接受更高阶段的教育。考试由坦桑尼亚国家考试委员会（National Examinations Council of Tanzania）管理并监督。初等教育四年级和七年级结束时需要分别参加四年级国家评估考试和小学毕业考试（Primary School Leaving Examination）。四年级评估考试为教育工作者提供有关学生进步情况的信息。七年级考试是终结性的,考试成绩会决定学生是否有资格进入公立中学。该考试一般 9 月第二周举行,考试科目有数学、英语、科学、社会研究和斯瓦希里语。

中等教育阶段的考试有:二年级国家评估(Form Two National Assessment)、普通教育证书考试(Certificate of Secondary Education Examination,简称 CSEE)、高级中学毕业证书考试(Advanced Certificate of Secondary Education Examination,简称 ACSEE)。后两种考试是终结性的。二年级国家评估提供有关学习者进步情况的信息。普通教育证书考试通常每年 11 月第一周举行。考试的核心和必修科目有:公民学、历史、地理、斯瓦希里语、英语、生物学和基础数学,另外还有自然科学等选修考试科目。通过考试的学生会得到学校和国家考试委员会提供的学术证书。高级中学毕业证书考试是针对完成两年高级中学课程并在 CSEE 考试中通过 3 门科目以上学生的考试,通常在每年 5 月的第一周举行。考试的必修科目是通识课,另外可从自然科学科目(包含数学、物理、化学、生物、经济、地理、农业、食品与人体营养)中选 3 门组合考试,或人文艺术科目(包括英语、斯瓦希里语、法语、历史、地理、经济、商业、会计)中选 3 门组合考试。通过考试的学生将获得坦桑尼亚国家考试委员会证书文凭。大学也将根据高级中学毕业证书考试成绩,择优录取。

为了能升入公立或私立大学学习,学生必须先在坦桑尼亚大学中心委员会录取系统中注册。升入大学本科项目的前提是,学生必须在普通教育证书考试中有 5 门科目通过,而且在高级中学毕业证书考试中至少 2 门主科通过(principal pass)和 1 门副科通过(subsidiary pass)。由于所选专业不同,可能还会有更严格的要求。

(五)成绩评价制度

坦桑尼亚采用字母成绩评价制度,但又有所区别。在普通教育证书考试中,A~D 代表通过,F 表示不及格。坦桑尼亚普通教育证书毕业考试成绩评价制度见表 1。

表 1　坦桑尼亚普通教育证书考试成绩评价制度

成绩	对应分数	对应绩点	描述	对应中文意义
A	75~100	1	excellent	优秀
B	65~74	2	very good	良好
C	45~64	3	good	中等
D	30~44	4	satisfactory	及格

（续表）

成绩	对应分数	对应绩点	描述	对应中文意义
F	0～29	5	fail	不及格

ACSEE 中，A～E 代表通过，S 代表 subsidiary pass，未达到 ACSE 级别，但达到了 CSE 级别，F 代表未通过。坦桑尼亚高级中学毕业证书考试成绩评价制度见表 2。

表 2　坦桑尼亚高级中学毕业证书考试成绩评价制度

成绩	对应分数	对应绩点	描述	对应中文意义
A	80～100	1	excellent	优秀
B	70～79	2	very good	良好
C	60～69	3	good	中等
D	50～59	4	average	一般
E	40～49	5	satisfactory	及格
S	35～39	6	satisfactory	及格
F	0～34	7	fail	不及格

综合课程（general paper）和基础应用数学是副科（subsidiary subjects），这些科目的成绩用 S（及格）或 F（不及格）表示。综合课程考试不及格的学生将被授予三级证书，即使他们在其他科目中表现非常好。

（六）常见教育证书

坦桑尼亚常见教育证书见表 3。

表 3　坦桑尼亚常见教育证书

序号	证　书	证书描述
1	Primary School Leaving Certificate	小学毕业证书，学业 7 年
2	Certificate of Secondary Education/CSE	普通教育证书，完成初中 4 年学业后获得该证书，准入条件为获得小学毕业证书
3	Primary Teachers Certificate, Grade C/Grade B	C 级/B 级小学教师证书，学制 3～4 年，准入条件为小学毕业证书，做小学前两个年级教师

序号	证　书	证书描述
4	East Africa General Certificate of Education Ordinary Level	东非普通教育证书,完成初中学业获得该证书
5	Advanced Certificate of Secondary Education/ACSE	高级中学毕业证书,学制 2 年,准入条件为获得 CSE 或 EAGCE O Level 证书
6	Primary Teachers Certificate，Grade A	A 级小学教师证书,学制 2 年,准入条件为获得普通教育证书,做小学所有年级的教师
7	Certificate in Agriculture，Forestry，Food Science，Veterinary Science，etc..	农学/林学/食品科学/兽医学等证书文凭,学制 2 年,准入条件为普通教育证书
8	Diploma in Education for Lower Secondary School Teachers	初中教师教育文凭,学制 1 年,准入条件为 A 级小学教师证书或高级中学毕业证书
9	Full Technician Certificate	技术员证书,在农林/科学等证书文凭基础上完成 1 年或普通教育证书基础上完成 3 年学业
10	Diploma	专科文凭,学制 1~3 年,入学要求为获得农林/科学等证书文凭或 ACSE
11	Bachelor	学士学位,艺术、商业艺术、林业、理学学制 3 年,工程等为 4 年,入学要求为获得 ACSE
12	Doctor of Dental Surgery/Medicine	口腔科医师/医师专业学位,学制 5 年,入学要求为获得 ACSE,相当于中国的医学学士学位
13	Post—Graduate Diploma	研究生文凭,1~2 年,准入条件为获得学士学位
14	Master's Degree	硕士学位,1~3 年,准入条件为获得学士学位
15	Doctor of Philosophy	博士学位,学制 2 年,准入要求为获得硕士学位

乌干达的教育证书评估研究

一、国家概况

乌干达位于非洲东部,横跨赤道,东邻肯尼亚,南接坦桑尼亚和卢旺达,西接刚果(金),北连南苏丹,总面积 24.15 万平方公里。全境大部位于东非高原,多湖,平均海拔 1 000~1 200 米,有"高原水乡"之称。

2018 年全国总人口 4 270 万。乌干达是一个多民族聚居的国家,有 65 个部族。乌干达官方语言为英语和斯瓦希里语,通用卢干达语等地方语言。各部族均有自己的语言,但大多数只有发音而无文字。其中,卢干达语是第一个拥有详细文字记载的书写语言,是乌干达中部百姓,包括首都坎帕拉,使用较普遍的一种当地语言。乌干达全国居民主要信奉天主教(占总人口 45%)、基督教新教(40%)、伊斯兰教(11%),其余信奉东正教和原始拜物教。

乌干达是联合国公布的世界最不发达国家之一。经济基础薄弱,结构单一。农业是经济的最重要部门,有 80% 的劳动力从事农业生产,但生产力落后。乌干达政府欲通过社会经济改革,把乌干达从一个低收入的农业国发展为一个中等收入的繁荣国家。在乌干达国民经济中,粮食种植、建筑和批发零售是支柱产业。

二、教 育

(一) 教育概况

乌干达自 1997 年起实行免费教育制度,政府为全国每户四个孩子提供免费小学教育。全国 10 岁以上人口识字率 70%。2008 年小学达到 14 179 所,教师 13.1 万名,在校生 747 万人;初中 1 907 所,教师 40 352 名,初中在校生 83 万人。教育与体育部主管乌干达教育。高等教育质量保障由乌干达国家高等教育委员会(Uganda National Council for Higher Education,简称 NCHE)负责。乌干达国家考试委员会(Uganda National Examinations Board,简称 UNEB)负责各级考试的组织和证书的发放工作。

(二)教育体系

乌干达实行英国教育体制:7—4—2—3+。6~13 岁的小学教育是义务教育。在小学和中学,一学年一般 2 月初开学,12 月初结束。分为三个学期,第一学期一般 2 月初开始,每个学期基本 3 个月。第一学期和第二学期末有 3 个星期左右假期,第三学期结束后有 2 个月左右假期。大学学年通常为 10 月至次年 7 月。乌干达教育体系见图 1。

(三)详述

1. 初等教育

在乌干达,真正免费的公立学校非常少,而付费的私立学校教学水平参差不齐。1997 年实施统一小学教育后,小学入学人数一下子从 300 万猛增到 530 万,而且该人数还在随着乌干达人口的增长而在不断增长。班级规模为 100 名学生左右。

乌干达一至三年级学生一般学习日常生活的主题,比如人体与健康、和平与安全、动物与植物。通常用本族语上课,但英语课是用英语教授的。四年级是由主题式课程向学科过渡的一年。授课语言仍为本地语,但逐步向英语过渡。六年级结束时,英语成为授课语言。从四年级开始,学生学习英语、数学、综合科学、社会学、宗教教育、创造性艺术、体育、本族语/当地语或斯瓦希里语。

2. 中等教育

顺利完成初等教育后,学生可选择继续到普通中等学校学习,或到技术学校学习 3 年的技术课程。不过,只有 40%的初等学校毕业生能进入中等学校继续学习,绝大多数毕业生不得不进入劳动力市场。初中阶段学生学习 8~10 门课程。课程分为四类,第一类:科学与数学;第二类:语言;第三类:社会科学;第四类:职业科学。其中,生物、化学、物理、体育、数学、英语、地理和历史为必修课。高中阶段有主科(principal level subjects),还有副科(subsidiary level subjects,为第一年学习的科目)。约 25%的高中毕业生能进入大学学习。

3. 职业教育

学生可以在小学教育结束后直接进入技术学校继续进行 3 年学习,然后进入技术学院或者进入诸如初等教师培训学院等继续深造。

4. 高等教育

乌干达有 5 所公立大学,11 所宗教大学,以及 10 所私立大学。同时也有 4 所

年龄

25			博士学位 Doctor's Degree 2~3年	19
24				
23		高级技术人员文凭 Higher Technician's Diploma 2年	硕士学位 Master's Degree 2~3年	18
22				17
21	五级教师证书 Grade V Teacher's Certificate 3年		学士学位 Bachelor's Degree 文学、理学、法学 3年	16
20		普通技术人员文凭 Ordinary Technician's Diploma 2年	工程、农学、林学 4年	15
			医学、药学5年	14
19	三级/四级教师证书 Grade IV Teacher's Certificate Grade III Teacher's Certificate	高中 Senior Secondary School 2年 乌干达高中教育证书 Uganda Advanced Certificate of Education		13
18				12
17				11
16		初中 junior secondary school 4年		10
15	技术初中 Technical Secondary School 3年 乌干达初级技术证书 Uganda Junior Technical Certificate			9
14		乌干达教育证书 Uganda Certificate of Education		8
13				7
12				6
11		小学 primary school 7年		5
10				4
9		小学毕业证书 Primary School Leaving Certificate		3
8				2
7				1
6				

年级

图1 乌干达教育体系

技术学院,其中之一为私立技术学院。在符合高等教育要求的乌干达学生中,仅有不到一半能够被录取并继续学习。克雷雷大学为乌干达最高学府,始建于 1937 年,目前在校本科生约 3.5 万名,研究生约 3 000 名。此外还有姆巴莱伊斯兰大学、姆巴拉拉科技大学、东非基督教大学、乌干达烈士大学等 20 余所大学。

(四) 考试、升级与证书制度

乌干达国家考试委员会负责组织的外部考试决定学生能否升入下一级教育。一般情况下,学生在 13 岁可获得第一个证书——小学毕业证书(Primary School Leaving Certificate)。小学毕业证书考试成绩分为 6 个级别:总分 4～12 分为一级,13～24 分为二级,25～29 分为三级,30～34 分为四级,剩下的为五级和六级。初级中等教育学习结束时,学生们必须参加乌干达教育证书(Uganda Certificate of Education,简称 UCE)考试。学生最终进入高中,还是进入教师培训学院、职业学院或劳动力市场,取决于 5 门必修科目(数学、英语、物理、化学、生物)的总绩点。两年的高中学习后,学生参加乌干达高中教育证书(Uganda Advanced Certificate of Education,简称 UACE)考试。在该证书考试中,学生需要参加 3 门主科和 2 门 AS 科目的考试,其中综合课程(general paper)为必考科目。参加考试的学生至少通过主科或副科中的一科,才能获得证书。考试结束后,学生凭借证书考试成绩或进入高等教育机构学习,或进入劳动力市场。

1. 进入非大学层次学习的录取标准

证书或专科课程项目的录取基于乌干达教育证书(UCE)和乌干达高中教育证书(UACE)的基础之上。录取的最低要求如下:

证书项目:UCE 考试中需有 3～6 门科目通过(每所学校和每个项目会有所区别)。

专科项目:UCE 考试中需有 5 门科目通过,UACE 证书中至少有 1 门主科和 1 门副科通过,或者 2 门主科通过。

2. 进入大学学习的录取标准

本科项目的录取基于本国的《直接准入与从文凭项目准入方案》(《Direct Entry or Diploma Entry Scheme》)。

高中直接准入:UCE 至少 5 门科目通过,同时 UACE 主科中至少 2 门科目通过。

文凭项目(专科)准入:专科文凭完成后,至少在乌干达国家高等教育委员会认证的学院相关科目中获得良好/优秀等级。有的学校只要学生有专科文凭,就可以直接录取到本科,但每所学校、每个项目有所差别。要进入口腔医学或临床医学项目学习的话,需参加入学考试。

（五）成绩评价制度

乌干达教育证书（UCE）采用 9 分制评价制度。乌干达教育证书成绩评价制度见表 1。

表 1　乌干达教育证书成绩评价制度

绩点	成绩描述	对应中文意义
1～2	very good	优秀
3～6	pass with credit	良好
7～8	pass	及格
9	fail	不及格

乌干达高中教育证书（UACE）从 2017 年 6 月开始采用新的评分体系，具体如下：80%～100%—distinction1，75%～79%—distinction2，70%～74%—credit 3，65%～69%—credit 4，60%～64%—credit 5，55%～59%—credit 6，45%～54%—pass 7，35%～44%—pass 8，0～34%—fail。

（六）常见教育证书

乌干达常见教育证书见表 2。

表 2　乌干达常见教育证书

序号	证书	证书描述
1	Primary School Leaving Certificate	小学毕业证书，完成小学 7 年级学业，通过考试获得该证书
2	Uganda Certificate of Education	乌干达教育证书，完成初中 4 年学业，通过考试获得该证书，准入要求为获得小学毕业证书
3	Uganda Junior Technical Certificate	乌干达初级技术证书，完成 3 年初级技术学业，通过考试获得该证书，准入要求为获得小学毕业证书
4	Uganda Advanced Certificate of Education	乌干达高中教育证书，完成高中 2 年学业，通过考试获得该证书，准入要求为获得乌干达教育证书
5	Grade III Teacher's Certificate	三级教师证书，学制 2 年，准入要求为初中毕业，毕业后可做小学教师

序号	证　书	证书描述
6	Grade IV Teacher's Certificate	四级教师证书,学制 2 年,准入要求为获得乌干达教育证书,毕业后可做小学教师
9	Ordinary Technician's Diploma	普通技术人员文凭,学制 2 年,准入条件为获得高中教育证书,其中物理和数学必须及格
10	Diploma in Music，Dance，or Drama	专科文凭,在高等教育机构学习 2 年,获得该领域文凭,入学要求为获得高中教育证书
11	Grade V Teacher's Certificate	五级教师证书,学制 3 年,准入条件为获得四级教师证书,毕业后可做中学教师
12	Ordinary Diploma in Engineering	普通工程专业文凭,在乌干达理工学院完成 3 年学业可获得该证书,准入条件为获得高中教育证书
13	Higher Technician's Diploma	高级技术人员文凭,学制 2 年,准入条件为获得普通技术人员文凭
14	Bachelor's Degree	学士学位,一般学制 3 年,工程等专业学制 4 年,医学、药学专业学士学位项目学制 5 年
15	Master's Degree	硕士学位,一般学制 2 年,医学为 3 年,准入条件为获得学士学位
16	Doctor's Degree	博士学位,学制 2～3 年,通过论文答辩

南非国家

安哥拉的教育证书评估研究

一、国家概况

安哥拉位于非洲西南部的南大西洋沿岸。北邻刚果(布)和刚果(金),东接赞比亚,南连纳米比亚,西濒大西洋,海岸线长1 650公里。

葡萄牙于1975年承认安哥拉独立,截至2018年安哥拉人口共有2 925万。安哥拉人49%信奉罗马天主教,13%信奉基督教新教,其余人口大多信奉原始宗教。

二、教　育

1. 教育概况

安哥拉教育部负责所有层次的教育。基础教育为义务教育,一般7～15岁,共8年。目前,全国拥有60所高等教育机构,其中公立教育机构20所,阿戈斯蒂纽·内图大学是唯一的国立综合性大学,私人教育机构40所。2016年高等教育在校生24万人,教师8 000余人。初等和中等教育系统注册学生775.8万人,其中学前74.4万人,小学510.4万人,中学191万人,教师数量为17.1万人,学校数量3万所。教育支出占国家预算的5.8%。据政府2016年统计,识字率为81%。

2. 教育体系

目前,安哥拉义务教育阶段为7～15岁,实施9(6—3)—3(4)—3＋教育体系,基础教育9年,包括初等教育6年,初中3年,高中3(4)年。学年一般2月开始,11月结束。安哥拉教育体系见图1。

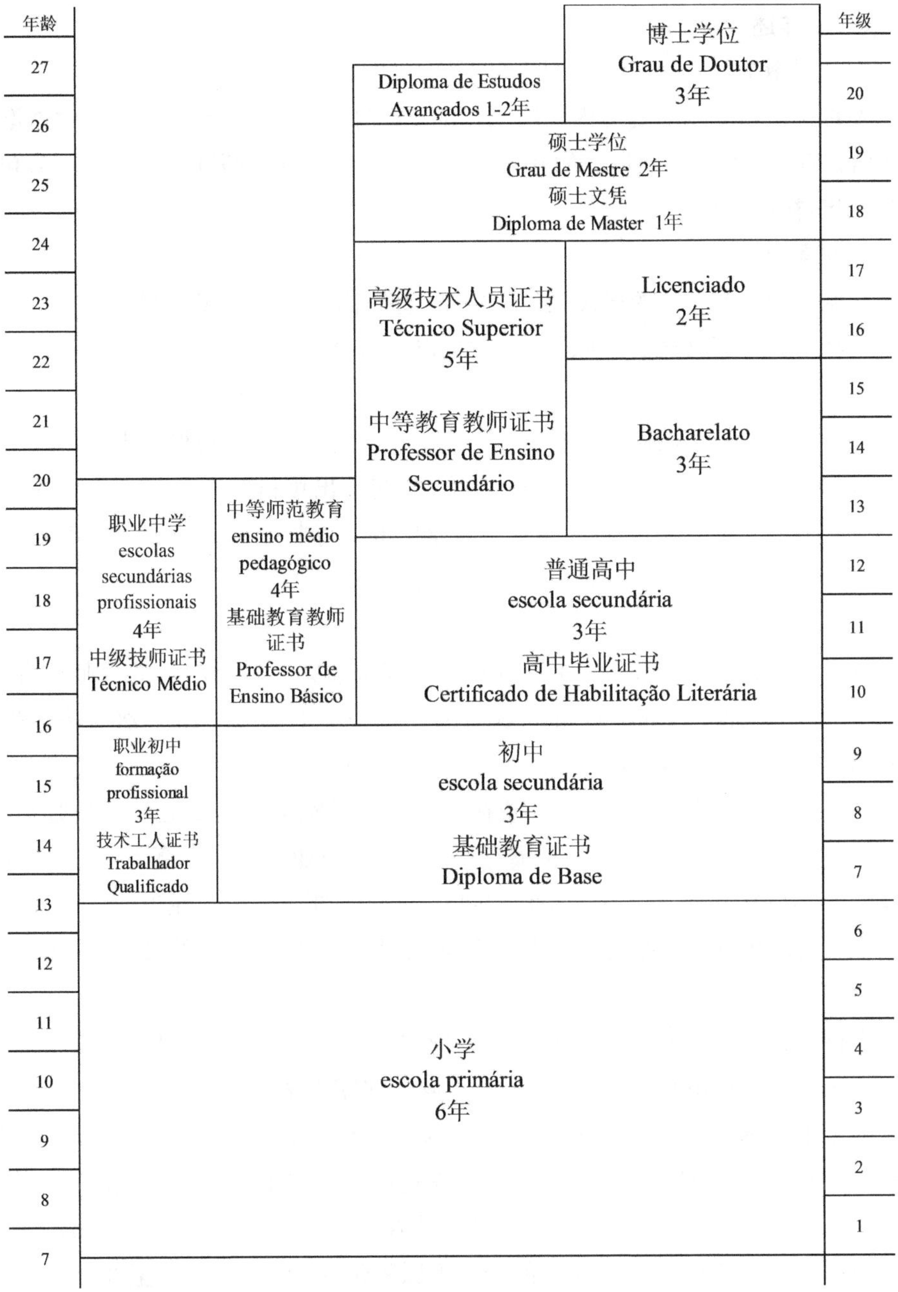

年龄

| 27 | 26 | 25 | 24 | 23 | 22 | 21 | 20 | 19 | 18 | 17 | 16 | 15 | 14 | 13 | 12 | 11 | 10 | 9 | 8 | 7 |

博士学位
Grau de Doutor
3年

Diploma de Estudos Avançados 1-2年

硕士学位
Grau de Mestre 2年
硕士文凭
Diploma de Master 1年

高级技术人员证书
Técnico Superior
5年

中等教育教师证书
Professor de Ensino Secundário

Licenciado
2年

Bacharelato
3年

职业中学
escolas secundárias profissionais
4年
中级技师证书
Técnico Médio

中等师范教育
ensino médio pedagógico
4年
基础教育教师证书
Professor de Ensino Básico

普通高中
escola secundária
3年
高中毕业证书
Certificado de Habilitação Literária

职业初中
formação profissional
3年
技术工人证书
Trabalhador Qualificado

初中
escola secundária
3年
基础教育证书
Diploma de Base

小学
escola primária
6年

年级

| 20 | 19 | 18 | 17 | 16 | 15 | 14 | 13 | 12 | 11 | 10 | 9 | 8 | 7 | 6 | 5 | 4 | 3 | 2 | 1 |

图1　安哥拉教育体系

（三）详述

1. 基础教育

安哥拉自独立以来就为内乱所困,2002 年内战结束后,国家的教育才逐渐恢复正常。20 世纪 90 年代以前的基础教育持续 8 年,目前的基础教育为 9 年,包括小学 6 年,初中 3 年。

2. 中等教育

在城镇地区及较大的居民区设有中学,普通高中学制 3 年,顺利完成学业,学生获得高中毕业证书(Certificado de Habilitação Literária)。

3. 职业教育

安哥拉职业教育被视为工业国家兴起的必要因素,因此获得了大量的政府支持。目前,安哥拉政府正同他国政府携手,共同推出可持续职业培训中心这一概念。职业初中 3 年完成后,进入 4 年制职业技术类高中,完成职业教育将获得职业高中毕业证书(Técnico Médio)。

4. 教师教育

安哥拉所有学前教育、1～9 年级的教师都必须完成为期四年的教师培训,即接受中等师范教育(ensino médio pedagógico)(10—11—12—13 年级),毕业生获得基础教育教师证书(Professor de Ensino Básico)。

10～12/13 年级的中学教师必须在高等教育学院接受为期五年的教师培训,最后一年用于专门的教学实践和撰写毕业论文,毕业生获得中等教育教师证书(Professor de Ensino Secundário)。某些专业培训部门的教师在工业培训学院完成学业。高等教育教师在大学完成学业,课程持续五年,获得高等教育教师证书。

5. 高等教育

本科课程的入学要求为完成 12 或 13 年的中小学教育,获得高中毕业证书(Certificado de Habilitaço Literária),并参加国家入学考试。高等教育机构包括学院(faculdades)、高等研究所(institutos superiores)。大学学习分为两个周期,前三年和后两年。教育改革后的变化是完成前三年的学业后获得学士学位(Bacharelato),再完成后两年的学习,获得执业资格学士学位(Licenciado)。医学学位需要六年。目前,教育改革后的研究生课程包括硕士(18 个月至 3 年)和博士(4 至 5 年)学位课程。

（四）成绩评价制度

安哥拉采用葡萄牙 0～20 分成绩评价制度,最低及格分为 10 分。安哥拉成绩评价制度见表 1。

表 1　安哥拉成绩评价制度

分数	描述	对应中文意义
16~20	muito bom	优秀
13~15	bom	良好
10~12	suficiente	及格
1~9	insuficiente	不及格

（五）常见教育证书

安哥拉常见教育证书见表2。

表 2　安哥拉常见教育证书

序号	证　书	证书描述
1	Diploma de Base	基础教育证书,完成9年基础教育学业后获得该证书
2	Trabalhador Qualificado	技术工人证书,学制3年,完成职业初中学业获得该证书,准入条件为小学毕业
3	Professor de Ensino Básico	基础教育教师证书,学制4年,准入条件为获得基础教育证书
4	Técnico Médio	中级技师证书,学制4年,准入条件为完成9年基础教育
5	Certificado de Habilitação Literária	高中毕业证书,顺利完成高中3年学业,通过考试获得该证书,准入条件为完成9年基础教育
6	Bacharelato	学士学位,学制3年,相当于中国大学的专科文凭,准入条件为完成12年学业
7	Licenciado	对高中毕业生来说,学制5年;对于获得Bacharelato的学生来说,学制2年,相当于中国的学士学位
8	Professor de Ensino Secundário	中等教育教师证书(包括初中、高中),高等师范学院完成5年学业获得该证书,准入条件为完成12年学业

（续表）

序号	证 书	证 书 描 述
9	Técnico Superior	高级技术人员证书，学制 5 年，准入条件为完成 12 年学业
10	Diploma de Curso de Pós—graduação	研究生项目文凭，学制：120～630 小时不等，不同项目有所不同，准入条件为获得 Licenciado, Professor de Ensino Secundário 或 Técnico Superior 文凭
11	Diploma de Curso de Especialização de Pós—Licenciatura	研究生专业课程文凭，学制：120～630 小时不等，不同项目有所不同，准入条件为获得 Licenciado, Professor de Ensino Secundário 或 Técnico Superior 文凭
12	Diploma de Master	硕士文凭，与西班牙圣地亚哥大学 (Universidad de Santiago de Compostela) 合作授予，学制一般 1 年。 准入条件为获得 Licenciado, Professor de Ensino Secundário 或 Técnico Superior 证书
13	Grau de Mestre	硕士学位，学制 2 年，准入条件为获得 Licenciado, Professor de Ensino Secundário 或 Técnico Superior 证书
14	Diploma de Estudos Avançados	高级研修文凭，与西班牙瓦拉多利德大学 (Universidad de Vallidolid) 合作颁发，学制 1 至 2 年，准入条件为获得硕士学位
15	Grau de Doutor	博士学位，与西班牙巴利亚多利德大学合作授予，学制 3 年

博茨瓦纳的教育证书评估研究

一、国家概况

博茨瓦纳是一个位于非洲南部的内陆国,全国国境皆为干燥的台地地形,南邻南非,西边为纳米比亚,东北与津巴布韦接壤。其国土北端只有在维多利亚瀑布附近与赞比亚接壤。

博茨瓦纳人口绝大部分为班图语系的茨瓦纳人(占人口的90%)。英语和茨瓦纳语(也称茨瓦纳语)是官方语言。恩瓦托族最大,约占人口的40%。欧洲人和亚洲人约1万人。

相对于其他非洲国家,博茨瓦纳拥有良好的金融管理记录,并在2013年被国际透明组织列为全非洲最不腐败的国家,全世界排名第30,甚至高过许多欧洲及亚洲国家。世界经济论坛评估博茨瓦纳为非洲两个最有竞争力的国家之一。2004年博茨瓦纳再一次被穆迪投资服务公司与史丹普公司评估信用为"A"级,而让博茨瓦纳成为非洲信用风险最低的国家,与中欧、东亚及拉丁美洲的国家旗鼓相当。

二、教　育

(一)教育概况

博茨瓦纳独立后高度重视国民教育事业,成人识字率从1966年的不足10%提高到2014年的88.6%。教育体系完备,包括小学、中学和大学的正规教育及职业技术教育、特殊学校教育和业余教育,其学制为小学7年,初中3年,高中2年。小学和初中阶段为义务教育,小学和高等教育免学费,中学教育自2006年起实行学费分担制度,初中生每人年缴费300普拉,高中生600普拉,其余大部分由政府负担。2015年,全国共有826所小学、293所中学和40所高等教育机构。主要公立大学包括博茨瓦纳大学、国际科技大学、农业与自然资源大学、开放大学。

（二）教育体系

博茨瓦纳的教育体系为 7—3—2—4 制,包括 7 年小学、3 年初中和 2 年高中。学年一般 1 月开始,有 3 个学期。学期一般为 1 月初—4 月初,5 月初—8 月初,9 月初—11 月底或 12 月初。博茨瓦纳教育体系见图 1。

图 1　博茨瓦纳教育体系

（三）详述

1. 初等教育

前7年是小学教育，师生比例为1∶13。在1至4年级授课语言为茨瓦纳语，接下来是英语。小学期间，学生学习英语、茨瓦纳语、数学、环境科学、农业、宗教与道德教育、社会科学、文化教育、创意与表演艺术等科目。

2. 中等教育

通过小学毕业考试的学生是否能够升入初中也是视情况而定。3年初中学习结束时，学生一定要参加初中毕业考试。只有通过此次考试并获得优秀（first pass）的学生才可以继续学习。当然，无论通过与否，他们都可以开始工作，因为他们的义务教育阶段已经结束了。

高中教育持续2年，学习结束时，学生们需要参加高中毕业考试，通过高中毕业考试是学生们接受高等教育的前提。

3. 职业教育

博茨瓦纳培训机构管控着全国的职业培训，从而推广可以广泛应用的整体培训体系。

4. 高等教育

在博茨瓦纳有多种高等教育机构，包括会计学院、农业学院、管理学院、商学院和医学院。其中最著名的是博茨瓦纳大学，该学校建立于1964年。目前有17 000余名学生，分布在商业、教育、工程和技术、人文学、科学及社会科学学科。学校提供包括证书培训、本科、研究生和博士生几个层次的教育。

（四）考试、升级与证书制度

在博茨瓦纳，小学毕业证书（Primary School Leaving Certificate，简称PSLC）考试、初中毕业证书考试（Junior Certificate Examination，简称JCE）和高中毕业证书（Botswana General Certificate of Secondary Education）考试均由博茨瓦纳考试委员会（Botswana Educations Council）负责，对社会人士同时开放。

小学毕业考试每年组织一次，考试科目包括：数学、茨瓦纳语、英语、社会科学课程、科学、农业、宗教和道德教育。英语和茨瓦纳语考试在8月，其他考试每年10月进行。参加考试的学生必须年满11周岁。

学校在籍学生的初中毕业证书考试科目包括核心科目：茨瓦纳语、英语、数学、综合科学（integrate science）、社会科学、农业、道德教育；实践科目：设计与工程、家政经济学、商务与办公程序、商业与簿记/会计、艺术；通识科目：宗教、法语、音

乐、体育。对于社会个人参加的初中证书考试科目略有不同。初中毕业考试共有17门课程供选择,考生参加最少9门课程的考试,最后根据评分标准,7门课程计入成绩评定等级。

学校在籍学生的高中毕业证书考试科目有:会计、农业、艺术、商务、商业与簿记、设计与技术、英语、法语、家政学、数学、道德教育、音乐、办公程序、体育、私营农业、宗教教育、社会科学、茨瓦纳语、单一科学、双科学、化学、物理、生物等。此外,设计与技术将会在将来成为核心科目。对于非在籍的社会个人考生,科目大体一致,但在科学上选取的科目是普通科学(general science)和综合科学(integrated science),没有化学、物理和生物。这一阶段考试共有27门课程供选择,分为核心科目和选修科目。核心科目包括:英语、茨瓦纳语、数学。

(五)成绩评价制度

初中毕业证书考试成绩由 A、B、C、D、E 表示,E 是最低通过等级,U 表示没有通过。X 表示由于信息不全,未能达到授予资格。

博茨瓦纳普通高中毕业证书考试成绩评定等级为 A＊～G,最低等级为 G,没有达到 G 等级的学生,标记为 U。取得 G 或更好的成绩,则意味着成功通过该科目考试,取得 C 或更好的成绩,则达到良好(credit)及以上。

(六)常见教育证书

博茨瓦纳常见教育证书见表1。

表 1 博茨瓦纳常见教育证书

序号	证　书	证书描述
1	Primary School Leaving Certificate (PSLC)	小学毕业证书,需完成 7 年小学教育
2	Junior Certificate Examination (JCE)	初中毕业证书,完成 3 年初中教育,准入条件为获得小学毕业证书
3	Diploma following a Junior Certificate Examination (JCE)	中等技术学院文凭,完成 1 年职业或技术教育后获得该证书
4	National Craft Certificate (NCC)	国家技术证书,初中毕业后进入技术学院学习 3 年后获得,可凭此就业,相当于中国的中等专业教育

（续表）

序号	证　书	证　书　描　述
5	Botswana Technical and Educational Program（BTEP）Certificate	博茨瓦纳技术与教育项目证书,技术学院学习3年后可获该证书,入学要求为获得初中毕业证书,相当于中国的中等专业教育
6	Botswana General Certificate of Secondary Education	博茨瓦纳普通高中毕业证书,学制2年,准入条件为获得初中毕业证书
7	Diploma following a Botswana General Certificate of Secondary Education	专科文凭,完成3年高等职业教育后授予该文凭
8	Diploma in Primary Education	小学教育文凭,完成3年小学教师师范学院学业获得该文凭,准入条件为获得普通高中毕业证书
9	Diploma in Secondary Education	中学教育文凭,学制3年,准入条件为获得普通高中毕业证书
10	Bachelor	学士学位,学制4年,准入条件为获得普通高中毕业证书
11	Bachelor of Laws	法学学士学位,学制5年,要求为获得普通高中毕业证书
12	Postgraduate Diploma	研究生文凭,硕士研究生学习1年获得该文凭
13	Master of Art，Science，Education，Social Work & so on.	硕士学位,学制2年,入学要求是总体表现在前65%的学生
14	Doctor	博士学位,学制3年,需参加论文答辩

津巴布韦的教育证书评估研究

一、国家概况

津巴布韦是非洲东南部的内陆国家,维多利亚瀑布、赞比河、赞比西河上游的卡里巴水坝(Kariba Dam)与大坝拦阻河水积蓄而成的卡里巴湖共同围成津巴布韦北边的疆界,与赞比亚相邻。津巴布韦的东边国界全部与莫桑比克相邻,西南为博茨瓦纳,南境则有一部分与南非相连,以林波波河(Limpopo River)为界。

津巴布韦国土面积 39 万平方公里,人口 1 690 万。官方语言为英语、绍纳语和恩德贝莱语。58%的居民信奉基督教,40%信奉原始宗教,1%信奉伊斯兰教。

二、教　育

(一)教育概况

津巴布韦实行中小学低收费普及教育。现有小学 4 734 所,中学 1 570 所。1996—2002 年,小学入学率年平均 80%。成人识字率为 89%,其中男性为 93%,女性为 85%,是非洲识字率最高的国家之一。独立之前,大多数学生只能完成小学学业。独立后的津巴布韦大力发展教育,教育得到迅速发展,所有人都有机会完成中小学教育。

(二)教育体系

津巴布韦的基础教育为 13 年,分为 2 个阶段,初等教育阶段和中等教育阶段。初等教育为 7 年,分为幼儿(1 年级和 2 年级)和小学(3～7 年级)。

学年分为 3 个学期,第 1 学期在每年 1 月初开学,3 月底结束,第 2 学期 5 月初开学,8 月初结束,第 3 学期 9 月初开学,12 月初结束。每个学期结束后有 1 个月左右的假期。津巴布韦教育由小学与中学教育部以及高等教育部负责。津巴布韦教育体系见图 1。

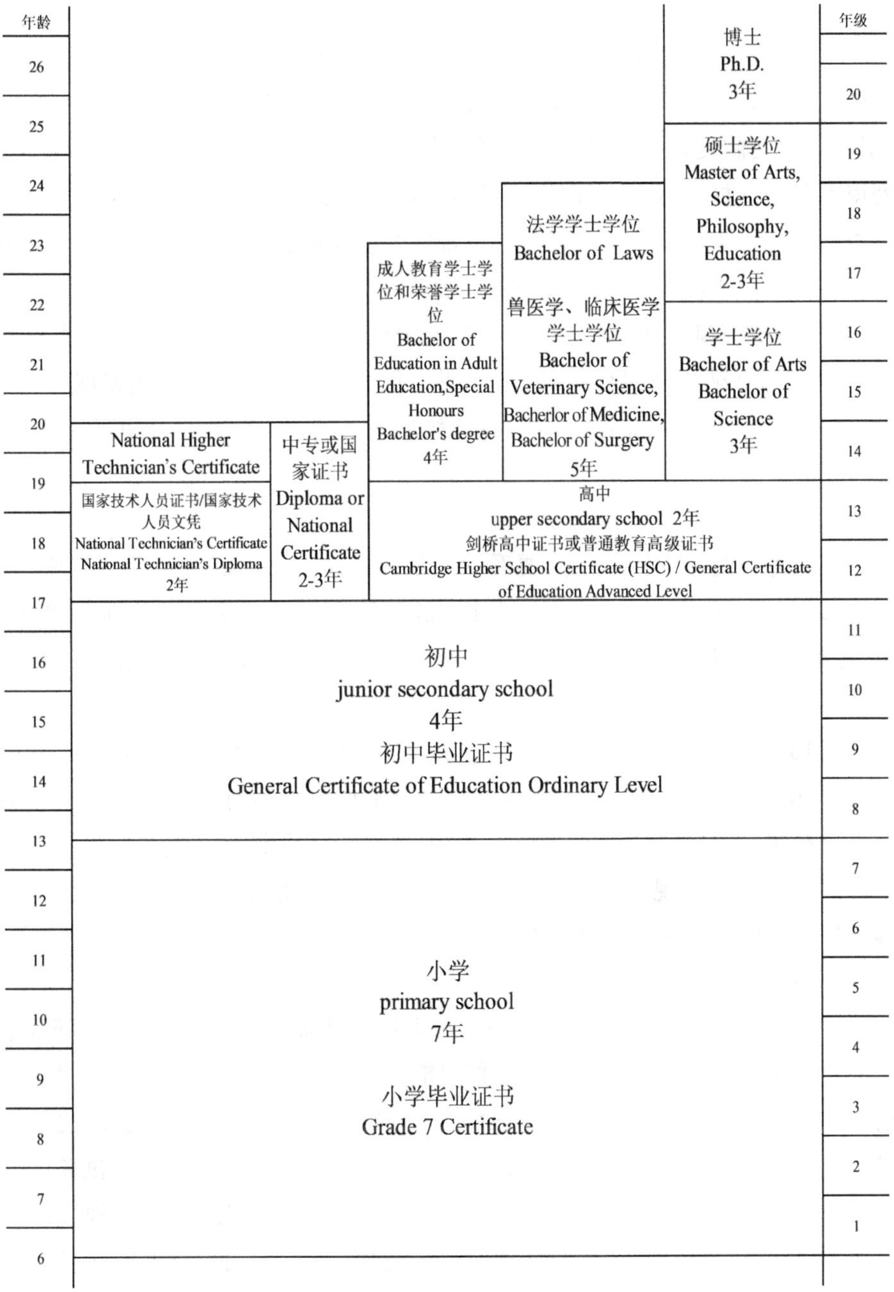

年龄							年级
26						博士 Ph.D. 3年	
							20
25						硕士学位 Master of Arts, Science, Philosophy, Education 2-3年	19
24					法学学士学位 Bachelor of Laws		18
23				成人教育学士学位和荣誉学士学位 Bachelor of Education in Adult Education,Special Honours Bacherlor's degree 4年	兽医学、临床医学学士学位 Bachelor of Veterinary Science, Bacherlor of Medicine, Bachelor of Surgery 5年		17
22						学士学位 Bachelor of Arts Bachelor of Science 3年	16
21							15
20							14
19	National Higher Technician's Certificate	中专或国家证书 Diploma or National Certificate 2-3年					
18	国家技术人员证书/国家技术人员文凭 National Technician's Certificate National Technician's Diploma 2年		高中 upper secondary school 2年 剑桥高中证书或普通教育高级证书 Cambridge Higher School Certificate (HSC) / General Certificate of Education Advanced Level				13
17							12
16			初中 junior secondary school 4年 初中毕业证书 General Certificate of Education Ordinary Level				11
15							10
14							9
13							8
12							7
11			小学 primary school 7年 小学毕业证书 Grade 7 Certificate				6
10							5
9							4
8							3
7							2
6							1

图 1　津巴布韦教育体系

（三）详述

1. 初等教育

城市和农村学区委员会地区有充足的初等学校基础设施,但商业农场地区基础设施则很少。1980—1991 年,初等教育是免费的。在 1992 年作为成本补助措施,引入了收费制度,但是,对来自不同社会经济背景的学生收取的学费数额不等。在处境不利的农村地区则全部免除学费,不过家长要以其他的形式,为学校的发展做些力所能及的事情。所有的初等学校都实行男女同校制。初等学校每天的教学时间通常为 5 个小时,有组织的课外活动是 3 个小时。每学年 188 天。

学生 6 岁左右时开始读小学一年级,城镇地区的授课语言是英语,而农村地区的老师则使用修纳语或恩德贝勒语,并在 3 年级开始转而使用英语授课。7 年级学习结束时所有学生参加全国统考,考试科目为英语、数学、本土语和综合(社会和自然科学的综合)。

2. 中等教育

中等教育历时 4～6 年不等,要看学生是在通过 O Level 考试后离开学校,还是继续参加 A Level 阶段的学习。A Level 阶段的学习是为升入大学做准备的。20 世纪 80 年代,不仅学校的数量,而且在校生的数量都出现了明显增长。

1979 年中等学校 177 所,而到 1990 年增长到了 1 512 所。在校生人数从 1979 年的 66 215 人,增长到 1990 年的 676 884 人。中等学校男孩的毕业率比女孩的高,主要是由家长更重视男孩接受教育的观念造成的。所有的公立学校实行的都是男女合校制,但是有些教会学校实行的则是单一性别制。由于寄宿制的中等学校在公共考试中的表现优于其他类型的学校,所以寄宿制学校更受人们的欢迎。中等学校每天的教学时数是 8 小时,每学年 188 天。

3. 职业教育

20 世纪 80 年代经济的吸纳能力较低,大量的毕业生失业使得政府强调,学校要重视教授学生职业技术技能,这些技能将帮助毕业生自立。教育部门对此的对应措施多种多样。首先,学校课程增加了实用技术科目。在没有实习设施的地方,开设了技术科目的课程。其次,作为普通教育课程的扩展,各个学校在试验的基础上引进了手工艺证书职业培训。但这种课程给学生施加的压力太大,规模已经降低。作为替代,引进了技术/职业基础课程,他们提供自立技能,同时学生还可获得普通级别手工艺证书培训的机会。与此同时,由于人们感到仅有生产技能是不够的,又引进了商务教育。学生需要具备会计和管理方面的能力,以便开创自己的事业。

在全国上下建立了技术学院,每个省都有一所开设职业、技术和商务教育课程的学院。建立与工业界的联系,以使学生能够获取在工厂亲身实践的经历。除此之外,工业界提供一定的劳动力发展基金。

4. 高等教育

津巴布韦有 12 所大学,9 所工科学校,12 所师范学院,提供专科和本科学习。

(四)考试、升级与证书制度

津巴布韦中等教育在剑桥 2 级的基础上分为 2 个阶段。1983 年,内阁决定普通教育证书考试本土化。1990 年,津巴布韦开展第一次普通教育证书(General Certificate of Education Ordinary Level,简称 GCE O Level)考试笔试。1995 年,完成 GCE O Level 考试本土化。同年 11 月,津巴布韦考试委员会(Zimbabwe School Examination Committee,简称 ZIMSEC)诞生。2002 年,开展第一次普通教育高级证书(General Certificate of Education Advanced Level,简称 GCE A Level)考试。2003 年,完成 GCE A Level 考试本土化。

4 年初中学习结束,学生需要至少通过 5 个科目才能获得 O Level 证书,核心科目包括英语、历史、数学、科学、技术/职业科目。高中入学考试竞争非常激烈,能否入读高中,完全取决于 O Level 考试成绩。大多数获得 O Level 证书的学生进入劳动力市场,或职业高中、护理学校、师范学院。只有非常优秀的学生才能进入 A Level 阶段学习。

所有提供 A Level 课程的学校都是公立学校,其对于学生的选拔受到教育部门的严密监督,从而保证其生源质量,入学的学生在 O Level 考试中均取得了优异成绩。唯一的特例是考虑到性别因素,因此对于女生的入学成绩要求略低于男生。这也是政府鼓励更多的女性接受高等教育的战略之一。进入 A Level 项目的学生,继续学习 2 年,从 24 门科目中选择考试科目,至少要通过 2 门科目的考试,才能获得 A Level 证书。学生通常选择科学、商业贸易、艺术等学科作为中学四年级(form V)和五年级(form VI)的主修学科来学习。在 A Level 考试中,绝大多数学生选择 3 门课程,一些尖子生选择 4 门课程。津巴布韦 A Level 考试要在英国剑桥大学登记注册,但通过率不高。拿到 A Level 证书的学生意味着有机会成为国家公务员或得到去英联邦国家大学甚至美国等国家大学学习的机会。

在津巴布韦,学院的基本入学要求是包括英语在内的 5 个科目在 GCE O Level 考试中取得 C 及以上成绩。大约 3% 的 O Level 水平毕业生能升入学院学习,还有 6.2% 的学生继续接受 A Level 水平教育。大学的最低入学要求是学生在 A Level 考试中至少要有 2 门科目达到 A Level 水平。因为有很多毕业生都达到

了 O 级水平或 A Level 水平,所以,学院和大学的入学竞争非常激烈。在达到 A Level水平的学生中,有 50% 的人能进入大学学习。因每个项目要求有所不同,大多数大学实行选择性录取政策,这意味着学生还需在实践中取得好成绩。其余的学生或者到学院学习,或者进入劳动力市场,或者到国外接受高等教育。

学生在中学六年级结束时,除了参加本土的普通教育高级证书考试外,还可以参加剑桥高中证书(Cambridge Higher School Certificate,简称 HSC)考试。

(五)成绩评价制度

津巴布韦学校考试委员会是专门负责评估、评价和记录津巴布韦中小学学生学业准备、学习进展和技能掌握情况的半官方机构,隶属津巴布韦中小学教育部(Ministry of Primary and Secondary Education)。其考试教学大纲经英国学术认可与信息中心评估,被认为等同于英国等英语国家的普通教育标准(General Certificate of Education Standard)。因此,其颁发的证书世界各国均承认。

津巴布韦 GCE O Level 考试成绩的评定等级为 A、B、C、D、E、U,一般来说 A、B、C 为通过,但有时因通过率太低,津巴布韦学校考试委员会会考虑把 D 和 E 作为通过等级。津巴布韦 GCE O Level 考试成绩评价制度见表1。

表 1　津巴布韦 GCE O Level 考试成绩评价制度

成绩	成绩描述	对应成绩
A	highest passing grade	优秀
B	—	良好
C	—	合格
D	—	勉强合格
E	lowest passing grade	勉强合格
U	—	不合格

津巴布韦 GCE A Level 考试成绩的评定等级为 A、B、C、D、E、F、O,E 是最低通过等级,但在大学招生时,E 等级不符合大学录取等级。O 等级表示学生未通过 A Level 考试,但达到了 O Level 水平。

参加 GCE A Level 考试的学生,一般还需参加英语和沟通技能(English language and communication skills)科目的考试,但不是必考科目,被称为副科(advanced subsidiary subject)。该科目考试成绩不计入大学入学考试成绩,因此被老师和学生认为是浪费时间,而不被重视。副科的成绩评定由数字表示,1 表示最高等级,6 表示最低等级。

(六) 常见教育证书

津巴布韦常见教育证书见表 2。

表 2　津巴布韦常见教育证书

序号	证　书	证　书　描　述
1	Grade 7 Certificate	小学毕业证书,完成小学 7 年级后进行的考试,入学年龄为 6 岁
2	General Certificate of Education Ordinary Level(GCE O Level)	初中毕业证书,即普通教育证书,完成中学 4 年级(即初中)后通过考试获得该证书
3	Cambridge Higher School Certificate (HSC)/General Certificate of Education Advanced Level(GCE A Level)	剑桥高中证书/普通教育高级证书,完成中学 6 年级(即高中)后通过考试获得该证书,两种考试可选择
4	National Technician's Certificate	国家技术人员证书,初中毕业完成 2 年非全日制技术培训后获得该证书,准入条件为 GCE O Level 证书
5	National Technician's Diploma	国家技术人员文凭,初中毕业完成 2 年全日制学习后可获得该证书,准入条件为 GCE O Level 证书
6	National Higher Technician's Certificate	国家高等技术人员证书,学制 1 年,准入条件为获得国家技术人员证书
7	Diploma or National Certificate	中专证书或国家证书,由农业学校、护士学校、教师培训学校授予,初中毕业学习 2~3 年后获得
8	Bachelor of Arts, Bachelor of Science	学士学位,本科学习 3 年后可获得人文、理学学士学位,入学要求为获得 GCE A Level,或中专证书,或国家证书
9	Bachelor of Education in Adult Education, Special Honours Bachelor's Degree	成人教育学学士学位和荣誉学士学位,学制 4 年,准入条件为获得 GCE A Level 证书
10	Bachelor of Laws/Bachelor of Veterinary Science/Bachelor of Medicine，Bachelor of Surgery	法律/兽医学/临床医学专业学制 5 年,准入条件为获得 GCE A Level,或中专证书,或国家证书

（续表）

序号	证 书	证书描述
11	Post-Graduate Certificate in Education	人文或理学学士学位学生在教育学院学习一年可获得教育学研究生证书
12	Master of Arts，Master of Science	硕士学位，学制一般 2～3 年，包括课程作业和论文答辩
13	Master of Education	教育学硕士学位，一般学制 2 年，非全日制
14	Doctor of Philosophy	博士学位，学制 3 年，包括课程作业、科研与论文答辩
15	Doctor of Laws（LLD），Doctor of Humanities（DLitt），Doctor of Science（DSc）	法学博士学位、人文博士学位、理学博士学位，在获得第一学位后至少 8 年，公开发表作品后才有资格申请博士学位

科摩罗的教育证书评估研究

一、国家概况

科摩罗联盟,是西印度洋岛国,由大科摩罗、昂儒昂、莫埃利、马约特四岛组成。位于莫桑比克海峡北端入口处,东、西距马达加斯加和莫桑比克各约 300 公里。热带海洋性气候,年平均气温 23～28℃。国土面积 2 236 平方公里(包括马约特岛),2018 年人口约 80 万。主要由阿拉伯人后裔、卡夫族、马高尼族、乌阿马查族和萨卡拉瓦族组成。通用科摩罗语,官方语言为科摩罗语、法语和阿拉伯语。超过95%的居民信奉伊斯兰教,主要为逊尼教派。

二、教　育

(一)教育概况

科摩罗教育分为古兰经式传统教育和现代化教育两大系统。古兰经式传统教育由地方集体办学,国家不干涉。现代化教育采用法国模式,由科摩罗教育部管理。学校用法语、科摩罗语和阿拉伯语教学。小学入学率 65%,中学 17%,成人(15 岁以上)文盲率 44%。2003 年 11 月,科摩罗第一所大学科摩罗大学成立。此外,国外提供奖学金是科摩罗学生接受高等教育的重要途径。20 世纪 90 年代中期以来,科摩罗教育经费预算一直占国家预算总额的 22%左右,教育工作者占工薪人员的 40%。

(二)教育体系

科摩罗学制为小学 6 年,初中 4 年,高中 3 年。高中分为普通高中和职业技术高中。科摩罗小学和初中实施免费义务教育。学年 10 月开始,次年 6 月结束。科摩罗教育体系见图 1。

图1 科摩罗教育体系

（三）详解

1. 初等教育

科摩罗小学虽实施免费义务教育，但不强制必须入学。几乎所有的孩子在上小学之前都要在古兰经学校就读 2 到 3 年。小学（ensignement elémentaire）从 6 岁开始，学制 6 年。但在 1995 年之前，小学学制为 7 年。14 岁之前是义务教育，然而政府并没有强制执行出勤制度，而且男孩往往受到优待。2002 年，小学毛入学率为 90%。2000 年，44.2% 的 5～14 岁儿童在上学。学校普遍缺乏设备、合格教师、教科书和其他资源。教师的工资经常拖欠，许多人拒绝工作。

2. 中等教育

中学适龄学生入学率大约在 17%，中学师生比例从 26：1 提高到 25：1。1993 年，学校教学设施在石油输出国组织和非洲开发银行贷款的支持下得到一定改善。

3. 高等教育

科摩罗国家高等教育学院（Ecole Nationale Enseignement Supérieur de M'Vouni）提供 2～3 年文凭项目，相关专业有教师培训、农业教育、健康科学和商业。科摩罗仅有一所大学——科摩罗大学。科摩罗有资格参加联邦小国虚拟大学（Virtual University for Small States of the Commonwealth，简称 VUSSC），但目前未在 VUSSC 网站上列为参与国。

（四）考试、升级与证书制度

在科摩罗，完成小学学业，学生需要通过考试获得基础教育毕业证书（Diplôme de Fin d'Etudes Elémentaires，简称 DFEE）。4 年初中结束，学生通过考试可获得第一周期学习证书（Brevet d'Etudes de Premier Cycle，简称 BEPC）。3 年高中结束，学生参加外部考试，获得第二周期教育证书（Baccalauréat de l'Enseignement du Second Degré）。Baccalauréat 证书是申请高等教育入学的依据。

（五）成绩评价制度

科摩罗采用法国成绩评价制度，成绩满分为 20 分。老师很少会给到学生 18～20 分。8 分和 9 分通常是不及格的分数，但当学生全年学分平均分达到 10 分或 10 分以上时，也可以被作为"宽恕通过或勉强通过"，由学校管理者来判定。通常，在高等教育阶段，如果学生得到"宽恕通过或勉强通过"的分数，学生需要在接下来的学期中重考。科摩罗成绩评价制度见表 1。

表 1　科摩罗成绩评价制度

分数	描述	对应中文意义
16～20	très bien	优秀
14～15	bien	良好
12～13	assez bien	中等
10～11	passable	及格
0～9	ajourné	不及格

（六）常见教育证书

科摩罗常见教育证书见表 2。

表 2　科摩罗常见教育证书

序号	证　书	证　书　描　述
1	Diplôme de Fin d'Etudes Elémentaires/DFEE	基础教育毕业证书,完成 6 年小学学业后获得该证书,6 岁入学
2	Brevet d'Etudes de Premier Cycle/BEPC	第一周期学习证书,即初中毕业证书,完成 4 年初中学业获得该证书,入学要求为获得基础教育毕业证书
3	Baccalauréat de l'Enseignement du Second Degré	第二周期教育证书,即高中毕业证书,完成 3 年高中学业获得该证书,入学要求为获得第一周期学习证书
4	Diplôme d'Etudes de Premier Cycle	专科文凭,学生完成 2～3 年高等教育学业

莱索托的教育证书评估研究

一、国家概况

莱索托位处非洲南部。面积 30 355 平方公里,为高原内陆国家,四周国境线完全被南非包围。全国 80% 以上的地区海拔 1 000 米。莱索托人口 230 万,绝大多数人口属班图语系的巴苏陀族和祖鲁族,其余为亚洲裔和欧洲裔人。英语、塞索托语是莱索托王国的官方语言。莱索托约 90% 的居民信奉基督教新教和天主教,其余信奉原始宗教和伊斯兰教。

二、教　育

(一)教育概况

莱索托国民受教育程度较高,截至 2013 年,识字率达 89.6%,初级教育普及率达 69.3%,在撒哈拉以南非洲国家中位居前列,教育支出占其 GDP 总额的 13%,在撒哈拉以南非洲国家中位居第一。从 2000 年起,小学开始逐步实行免费教育,小学入学率为 85%,中学为 23%。2007 年学生与教师的比率约为 50∶1。近年来高等教育发展较快。现有莱索托大学和与马来西亚合作创办的林国荣创意科技大学两所高等学府。另有两所学院和四所技术学校。2017/2018 年教育预算为24.22 亿马洛蒂,占预算总额的 13%。

2016 年 6 月,世界银行投入 2 500 万美元,支持莱索托基础改革项目——教育质量平等,用于改善教学环境、加强教学管理、提高教育质量,计划 5 年内惠及农村地区 300 所小学和 65 所初中的 8.5 万学生。

(二)教育体系

莱索托小学教育实施免费义务教育,教育体系为 7—3—2—3＋。莱索托一学年分为 2 个学期,1 月份为新学年开始,6 月中上旬结束,第二学期在 7 月底开始,

11 月底学年结束。莱索托教育体系见图 1。

年龄								年级

图 1 莱索托教育体系

年龄（左侧，自上而下）：26, 25, 24, 23, 22, 21, 20, 19, 18, 17, 16, 15, 14, 13, 12, 11, 10, 9, 8, 7, 6

年级（右侧，自上而下）：20, 19, 18, 17, 16, 15, 14, 13, 12, 11, 10, 9, 8, 7, 6, 5, 4, 3, 2, 1

图中各模块：

- 法律硕士 Master of Laws 2年
- 博士学位 Ph.D. 3年
- 法律专业学位 Bachelor of Laws 2年
- 硕士学位 Master's Degree 2年
- 荣誉学士 B.Sc. (Honours)
- 研究生文凭 Postgraduate Diploma
- 小学教育文凭 Diploma in Primary Education 3年
- 国家证书 National Certificate 2年
- 国家文凭 National Diploma 3年
- 中学教师证书 Secondary Teacher's Certificate 3年
- 法学学士 Bachelor of Arts in Law 4年
- 学士学位 Bachelor of Science 4年
- 学士学位 Bachelor's Degree 4年
- 高中 senior secondary school 2年 莱索托普通中等教育证书 Lesotho General Certificate of Secondary Education
- 初中 lower secondary school 3年 初中证书 Junior Certificate Examination
- 小学 primary school 7年 小学毕业证书 Primary School Leaving Examiation Certificate

（三）**详述**

1. 初等教育

莱索托政府 2000 年开始为其公民提供免费小学教育,但直到 2010 年颁布法令,小学教育才成为义务教育。学生们可以选择性地参加学前教育,此后 6 岁开始 7 年的小学教育。目前,莱索托的小学教育已经实行了全民免费,教育体系是否能满足大量涌入的学生流的要求,仍有待考证。许多学生完成 7 年级学业就离校开始工作。

2. 中等教育

中等教育包括 3 年初中和 2 年高中。从初中升入高中要通过国家管理的莱索托考试委员会(The Examination Council of Lesotho)组织的初中毕业考试。初中毕业证书是学习初等教师培训课程、技工水平课程和其他形式的职前培训的最低学历要求。高中教育结束,学生要参加莱索托高中毕业证书考试,这个证书是进入高等教育的条件。莱索托有 256 家高中,其中超过 90% 为教会所拥有,理论上可以为近 100 000 学生提供教育。

中等学校完全用英语教学。中等教育的改革策略是提高教学质量和效率;提高地方学校的运作、管理水平和使用资源的能力;提高教学过程的质量;通过供应更多的教学资料,加强英语、数学和科学的教育;建设科学实验室和实验车间;在专业方面给教师以支持。

3. 职业教育

莱索托职业教育为注重实践的学生在完成 7 年级的学习后转入技术或职业教育,从而为进一步进入社会而做技术准备。

4. 高等教育

莱索托的主要 3 所高等学府是莱索托农业大学、莱索托国立大学和大学国际学校。莱索托国立大学实行自治,由委员会进行管理,可以授予教育、人文、自然科学、农业、社会科学和法律专业等学位。

（四）**考试、升级与证书制度**

莱索托考试委员会负责组织小学毕业证书考试、初中证书考试和普通中等教育证书考试。这些考试是学生在每个教育阶段结束时参加的公共考试,是升入下阶段教育的选拔手段。

小学 7 年结束时,学生参加小学毕业证书（Primary School Leaving Examination Certificate)考试。考试包括 5 门课程:英语、塞索托语、数学、科学与社会科学。该考试对所有公立学校学生免费。

初中 3 年结束时,学生参加初中证书考试(Junior Certificate Examination)。初中证书考试要求学生必须选择至少 7 门科目。考试科目分为 3 个组别,第一组是所有考生必须参加的 4 门科目,包括:英语、塞索托语、数学、科学。第二个组别是社会科学,考生最多选取 2 门科目,包括发展研究、历史、地理、宗教知识。第三组是实践科目,考生最多选取 3 门科目。每个考生必须参加 2 种语言考试,巴索托族学生必须参加塞索托语考试。没有参加 2 种语言考试的学生不具备获得证书的资格。

高中 2 年结束时,学生参加莱索托普通中等教育证书考试(Lesotho General Certificate of Secondary Education)。学生要进入高等教育学府,需要在普通中等教育证书考试中取得较高分数。莱索托考试委员会在 2014 年第一次组织该考试,是剑桥英语证书考试本土化的开始。考试科目分为 5 个学科:语言、科学、社会科学、数学和创新、职业与技术教育。考生至少参加 6 门科目的考试,英语、塞索托语和数学是必考科目,社会科学、科学和创新、职业与技术教育学科中至少各选取 1 门科目。社会科学包括英语文学、宗教研究、历史、地理、发展研究、经济学。科学包括物理、生物。创新、职业与技术教育包括农业、设计与技术、时尚与面料、食物与营养、计算机研究、商业。其他额外科目可自行选择。

(五)成绩评价制度

莱索托采用字母 A、B、C、D、E、F、U 表示成绩等级。具体见表 1 莱索托成绩评价制度。

表 1　莱索托成绩评价制度

成绩	范围	对应中文意义
A	distinction	优秀
B	merit	良好
C	credit	中等
D	satisfactory	及格
E	satisfactory	及格
F	fail	不及格
U	ungraded	不及格

(六)常见教育证书

莱索托常见教育证书见表 2。

表 2 莱索托常见教育证书

序号	证　书	证 书 描 述
1	Primary School Leaving Examination Certificate	小学毕业证书,7 年小学结束通过考试后获得该证书
2	Junior Certificate	初中证书,学制 3 年,准入条件为获得小学毕业证书
3	Diploma in Primary Education	小学教育文凭,在公立师范学院完成 3 年学业获得该文凭,准入条件为获得小学毕业证书
4	Lesotho/International General Certificate of Secondary Education	莱索托普通中等教育证书/国际普通中等教育证书,即高中毕业证书,完成 2 年高中学业,考试通过后获得该证书
5	National Certificate	国家证书,学制 2 年,准入条件为获得中等教育证书
6	National Diploma	国家文凭,学制 3 年,准入条件为获得中等教育证书
7	Secondary Teacher's Certificate	中学教师证书,高中毕业后学习 3 年,准入条件为获得中等教育证书
8	Bachelor	学士学位,学制 4 年,准入条件为获得高中毕业证书
9	Bachelor of Laws	法律专业学士学位,对于拥有高中毕业证书学生来说,学制 5 年;对于拥有文科学士学位的学生来说,学制 2 年
10	Bachelor（Honours）	荣誉学士学位,学制较普通学士学位多 1 年
11	Post Graduate Diploma	研究生文凭,项目学制 1 年,准入条件为获得学士学位
12	Master	硕士学位,2 年学制,准入条件为获得学士学位
13	Doctor of Philosophy	博士学位,2～3 年研究生课程学习和论文答辩

马达加斯加的教育证书评估研究

一、国家概况

马达加斯加共和国位于非洲大陆以东、印度洋西部,是非洲第一大、世界第四大岛,隔莫桑比克海峡与非洲大陆相望。国土面积 590 750 平方公里(包括周围岛屿)。2017 年,人口约 2 520 万。马达加斯加人占总人口的 98% 以上,由 18 个民族组成。各民族语言、文化、风俗习惯大体相同。在马达加斯加定居的尚有少数科摩罗人、印度人、巴基斯坦人和法国人,另有华侨和华裔约 5 万人。民族语言为马达加斯加语(属马来—波利尼西亚语系),官方通用语言为法语。居民中信奉传统宗教的占 52%,信奉基督教(天主教和新教)的占 41%,信奉伊斯兰教的占 7%。

二、教　育

(一)教育概况

马达加斯加实行五年义务教育。城市地区使用法语教学,农村地区大部分中小学使用马达加斯加语教学,但引进英语作为小学教学语言的试点方案已经启动。马达加斯加有小学 18 977 所,其中公立小学 14 637 所,私立小学 4 340 所;初中学校 1 596 所,其中公立 801 所,私立 795 所;高中学校 336 所,其中公立 108 所,私立 228 所。有 6 所综合大学,共有 28 900 名大学生,教师 900 余名,其中塔那那利佛大学规模最大,有学生 18 500 名,教师 618 名。

(二)教育体系

自 1978 年起,马达加斯加正式教育分为:5 年基础(小学)教育、4 年初中教育、3 年高中教育和高等教育 4 个等级。学年开始于 10 月份,次年 7 月份结束。马达加斯加教育体系见图 1。

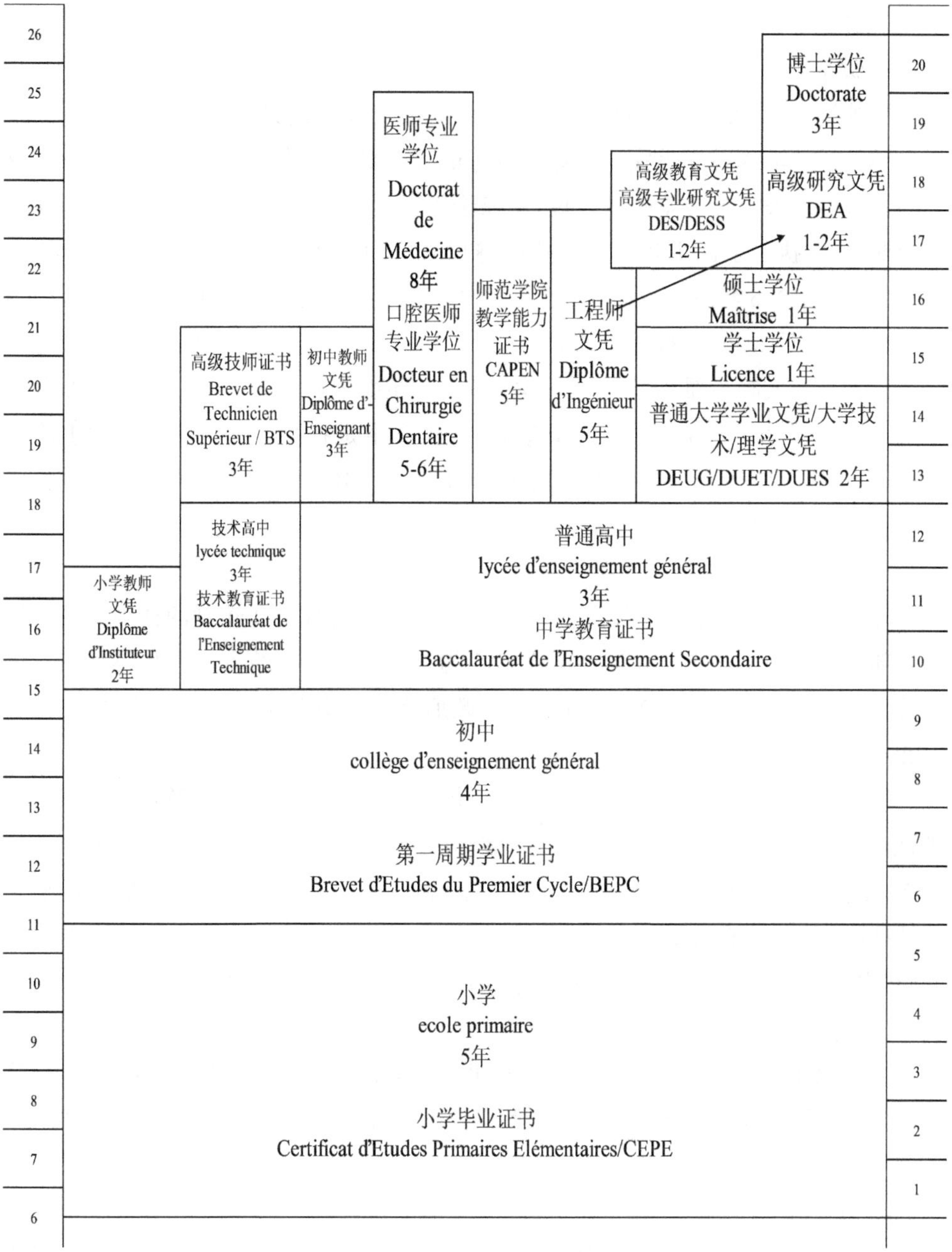

26								博士学位 Doctorate 3年	20
25									19
24				医师专业 学位 Doctorat de Médecine 8年 口腔医师 专业学位 Docteur en Chirurgie Dentaire 5-6年			高级教育文凭 高级专业研究文凭 DES/DESS 1-2年	高级研究文凭 DEA 1-2年	18
23									17
22									
21		高级技师证书 Brevet de Technicien Supérieur / BTS 3年	初中教师 文凭 Diplôme d'- Enseignant 3年		师范学院 教学能力 证书 CAPEN 5年	工程师 文凭 Diplôme d'Ingénieur 5年		硕士学位 Maîtrise 1年	16
20								学士学位 Licence 1年	15
19							普通大学学业文凭/大学技 术/理学文凭 DEUG/DUET/DUES 2年		14
18									13
17	小学教师 文凭 Diplôme d'Instituteur 2年	技术高中 lycée technique 3年 技术教育证书 Baccalauréat de l'Enseignement Technique	普通高中 lycée d'enseignement général 3年 中学教育证书 Baccalauréat de l'Enseignement Secondaire						12
16									11
15									10
14		初中 collège d'enseignement général 4年							9
13									8
12		第一周期学业证书 Brevet d'Etudes du Premier Cycle/BEPC							7
11									6
10		小学 ecole primaire 5年							5
9									4
8		小学毕业证书 Certificat d'Etudes Primaires Elémentaires/CEPE							3
7									2
6									1

图1 马达加斯加教育体系

(三)详解

1.初等教育

初等教育,也称基础教育,是马达加斯加正式教育的第 1 个等级。从 6 岁开始,学制 5 年,毕业时学生完成学业通过考试后获得小学毕业证书。马达加斯加分散的社区负责公共初等学校的建设,国家予以资助。20 世纪 70 年代中期到 80 年代中期,由于执行了民主和分权的政策,初等教育的入学人数增长得很快,增长率为 62%。从 1986 年开始,初等教育的入学人数略有降低,部分原因是乡村地区的许多学校关闭了。公共教育部的规划说明书记录了关闭学校的 19 个原因,这些原因从恶劣气候或缺少维修造成的危房,到周边环境不安定等。1990 年,初等学校中有 17% 的学生在私立学校学习,超过半数的学生是在高地的两个省。女生比例较高,平均每年留级率为 34.7%。班级平均规模是 40 名学生,生师比是 40:1。一学年有 204 天,每周 25~30 学时。

2.中等教育

等级 2。等级 2 是中等教育的第一阶段,每个区都建有 4 年制的初中。毛入学率中部高地高于南方。初中学生男女比率均衡。私立学校的入学人数,从 1975 年占总数的 50%,下降到 1990 年的 32%。政府将初中新生入学人数的增长率固定在 2%。

等级 3。公立中等学校(高中)设在每个公社,提供 3 年的高中教育。从理论上讲,该等级应该培养具备多种能力的中级执行人员,从而能够有效地就业。20 世纪 70 年代中期—90 年代初,高中入学人数增长了一倍。其中 43% 的学生在私立学校就读,中部高地的学生占 63%,女生占 49%,男女均衡。学生的在校成绩较低,在中学毕业会考中,一般仅 20% 的学生可以通过并获得会考证书。

3.职业教育

中学职业教育的比重(17%)尽管很低,但国家一直在努力提高。高等教育的职业学校,通过一项竞争性考试进行筛选。根据学校/机构的选择,学习期限从 3 年到 7 年不等。

4.高等教育

马达加斯加既有综合性大学,也有在 2 年时间内培养熟练技术人员的高等技术学院。在 20 世纪 90 年代初,每个省的主要城市都有大学,大约 77% 的学生在大学里学习,23% 的学生在职业学校/机构中学习。

(四)考试、升级与证书制度

在马达加斯加,从 6 岁到 11 岁的教育是免费义务教育。5 年级通过考试获得小学毕业证书(Certificat d'Etudes Primaires Elémentaires,简称 CEPE)。

初中学制 4 年,分为普通中学和技术中学(collège d'enseignement general/technique)。顺利完成学业,学生将被授予第一周期学业证书(Brevet d'Etudes du Premier Cycle/BEPC),即初中毕业证书。大多数学生都会完成初中学业。

普通高中(lycée d'enseignement général)3 年结束时,学生参加外部考试,获得中学教育证书(Baccalauréat de l'Enseignement Secondaire)。职业/技术高中(lycée d'enseignement technique)3 年结束时,学生参加外部考试,获得技术教育证书(Baccalauréat de l'Enseignement Technique)。所有拥有 Baccalauréat 证书的学生都可以申请综合性大学。

(五)成绩评价制度

马达加斯加采用法国成绩评价制度,成绩满分为 20 分。老师很少会给到学生 18～20 分。和其他采用法国教育体系的国家一样,8 分和 9 分通常是不及格的分数,但当学生全年学分平均分达到 10 分或 10 分以上时,也可以"宽恕通过或勉强通过",这由学校管理者来判定。通常,在高等教育阶段,如果学生得到"宽恕通过或勉强通过"的分数,学生需要在接下来的学期中重考。马达加斯加成绩评价制度见表 1。

表 1　马达加斯加成绩评价制度

分数	描述	对应中文意义
16～20	très bien	优秀
14～15	bien	良好
12～13	assez bien	中等
10～11	passable	及格
0～9	ajourné	不及格

(六)常见教育证书

马达加斯加常见教育证书见表 2。

表 2　马达加斯加常见教育证书

序号	证　书	证 书 描 述
1	Certificat d'Etudes Primaires Elémentaires/CEPE	小学毕业证书,完成 5 年小学学业后获得该证书,学生 6 岁入学

（续表）

序号	证 书	证 书 描 述
2	Brevet d'Etudes du Premier Cycle/BEPC	第一周期学业证书,学制 4 年,入学要求为获得小学毕业证书
3	Diplôme d'Instituteur	小学教师文凭,学制 2 年,入学要求为获得第一周期学业证书,毕业可直接做小学教师
4	Baccalauréat de l'Enseignement Technique	技术教育证书,完成 3 年技术高中后获得该证书,入学要求为获得第一周期学业证书
5	Baccalauréat de l'Enseignement Secondaire	中学教育证书,即普通高中毕业证书,完成 3 年普通高中获得该证书,入学要求为获得第一周期学业证书
6	Diplôme Universitaire de Technicien Supérieur en Informatique	计算机高级技师大学文凭,在计算机技术专业完成 2 年学业获得该证书,入学要求为获得中学教育证书
7	Diplôme de Fin d'Etudes du Premier Cycle en Droit/Economie/Sociologie	法律、经济学和社会学第一周期学业文凭,学制 2 年,入学要求为获得中学教育证书
8	Diplôme Universitaire d'Etudes Technologiques(DUET)/Littéraires (DUEL)/Scientifiques(DUES)	大学技术/文学/理学文凭,在技术/文学/理学相关专业完成 2 年学业获得该文凭,入学要求为高中毕业,获得中学教育证书
11	Brevet de Technicien Supérieur	高级技师证书,完成高等教育 3 年学业获得该证书,入学要求为持有技术教育证书或中学教育证书
12	Diplôme d'Enseignant	初中教师文凭,学制 3 年,入学要求为持有技术教育证书或中学教育证书
13	Licence	学士学位,学制 1 年,入学要求为持有 Diplôme 文凭
14	Certificat d'Aptitude Pédagogique de l'Ecole Normale/CAPEN	师范学院教学能力证书,在高等师范学院完成 4～5 年学业,入学要求为持有中学教育证书
15	Diplôme d'Ingénieur	工程师文凭,学制 5 年,入学要求为持有中学教育证书

序号	证　书	证　书　描　述
16	Maîtrise	硕士学位,学制 1 年,入学要求为获得学士学位
17	Docteur en Chirurgie Dentaire	口腔医师专业学位,在口腔医学专业完成 5～6 年学业获得该证书,入学要求为持有中学教育证书
18	Doctorat de Médecine	医师专业学位,应完成 7 年大学业和 1 年医院实习,入学要求为持有中学教育证书
19	Diplôme d'Etudes Supérieures Specialisées/DESS	高级专业研究文凭,完成 1～2 年研究生学业获得该证书,入学要求为获得工程师文凭或硕士学位
20	Diplôme d'Etudes Approfondies/DEA	高级研究文凭,完成 1～2 年研究生学业获得该证书,入学要求为获得工程师文凭或硕士学位
21	Diplôme d'Etudes Supérieures/DES	高级教育文凭,完成 1～2 年研究生学业获得该证书,入学要求为获得工程师文凭或硕士学位
22	Doctorat de Troisième Cycle	第三周期博士学位,至少完成 1 年的研究生学业和研究、论文答辩后获得该学位,入学要求为获得高级研究文凭（Diplôme d'Etudes Approfondies/DEA）
23	Doctor d'Etat	国家博士,至少完成 1 年研究生学业和研究,完成论文答辩获得该学位,入学要求为获得高级研究文凭（Diplôme d'Etudes Approfondies/DEA）

马拉维的教育证书评估研究

一、国家概况

马拉维位于非洲东南部，是个内陆国家，被坦桑尼亚、莫桑比克、赞比亚三国包围其中，国土面积 11.8 万平方公里，人口 1 809.2 万。

马拉维官方语言为英语。全国 70%以上的居民信奉基督教，20%的人口信奉伊斯兰教，其余少数居民信奉原始宗教。印度、巴基斯坦、黎巴嫩裔商人经济实力雄厚，在很多经济领域占有优势地位。马拉维曾为英国殖民地，独立后仍留在英联邦内，受英国影响很深，行政、司法、教育等都采取英国模式，至今英国仍是其最重要的援助国。

马拉维是世界最不发达国家之一，严重依赖国际援助。经济以农业为主，烟草是其最重要的经济作物，烟草相关行业吸收了全国 70%的劳动力就业，同时烟草也是马拉维第一大外汇来源，占全国外汇收入的 60%，主要销往欧洲。

二、教　育

（一）教育概况

马拉维的教育系统面临许多挑战，包括机会、公平、质量和内部效率。1994 年起实行小学免费义务教育。全国共有公立大学 4 所，即马拉维大学、姆祖祖大学、利隆圭农业与自然资源大学和马拉维科技大学。还有多所私立大学。中学 978 所，小学 5 461 所，教师 2.2 万人，学生 35 万人。2008 年小学入学率为 91%，成人识字率为 64.1%。

马拉维的高等教育包括非大学教育和大学教育。非大学水平的教育是通过技术和培训学院提供的。这些学院提供林业、海洋科学、社会福利和酒店管理等职业培训。课程时间 6 个月至 4 年不等。

（二）教育体系

马拉维沿袭英国教育制度。学校有公立和私立两种。马拉维的教育制度是基于 8—4—4 模式，即 8 年小学教育、4 年中学教育和 4 年大学教育。学前教育只有有限的选择。马拉维学年一般 9 月开始，次年 7 月结束，有 3 个学期，分别包括 14 个、13 个和 14 个教学周，每个学期后的假期分别为 2 周、2 周和 7 周。马拉维教育体系见图 1。

（三）详述

1. 初等教育

马拉维的儿童从 6 岁开始上学。初等教育是免费提供的，学制 8 年。孩子们上小学，这标志着孩子一生中教育的开始。初等教育前四年的教学是用当地的传统语言进行的，此后，教学语言转向英语。小学分布在全国各地，一些是国家控制的，而另一些是私人经营的，通常是宗教学校。

2. 中等教育

马拉维的中等教育需要 4 年完成，即从中学一年级到中学四年级。中等教育由政府和私立学校共同提供。就读私立学校的费用很高，因为这些学校收取的费用几乎是政府运营学校的 50 倍。这些私立学校主要招收来自社会上层的孩子。许多中学是寄宿学校，那里纪律严明，要求学生穿制服。

一些私立高中主要在卡松古、布兰太尔和利隆圭，开设英式的 A Level 课程。然而，在这些学校的教育是昂贵的，并不在普通人的能力范围。

3. 高等教育

马拉维有 13 所高等教育机构。马拉维的所有高等教育最终都是由 1964 年成立的马拉维大学控制的。马拉维高等教育由大学、教师培训学院和技术教育学院提供。

（四）考试、升级与证书制度

从 6 岁到 13 岁，教育是免费和义务的。小学 8 年，从 6 岁开始。第 8 年末，小学生要参加小学毕业证书（Primary School Leaving Certificate）考试。学生必须通过考试并被成功选中，才能在政府的中学接受中等教育。

中学生参加两项考试，一项是中二的初中教育证书（Junior Certificate of Education）或初中学校证书（Junior Secondary School Certificate）考试，另一项是中四的马拉维学校教育证书（Malawi School Certificate of Education）或马拉维普通教育证书（Malawi General Certificate of Education）考试。能否接受高等教育，取决于马拉维学校教育证书或普通教育证书考试的成绩。学生平均绩点不得

年龄		年级

图 1　马拉维教育体系

超过 5 分,包括英语学分,才有机会进入高等教育机构学习。这些考试是由教育部

（Ministry of Education）和马拉维国家考试委员会（Malawi National Examinations Board，简称 MANEB）共同管理实施的。

（五）马拉维成绩评价制度

马拉维中小学均采用 1～9 分的成绩评价制度，具体见表 1 马拉维成绩评价制度。

表 1　马拉维成绩评价制度

等级	描述	对应中文意义
1～2	distinction	优秀
3～6	credit	良好
7～8	pass	及格
9	fail	不及格

（六）常见教育证书

马拉维常见教育证书见表 2。

表 2　马拉维常见教育证书

序号	证书	证书描述
1	Primary School Leaving Certificate	小学毕业证书，学制 8 年
2	Junior Certificate of Education	初中教育证书，学制 2 年
3	Junior Secondary School Certificate	初中学校证书，完成 2 年学业获得该证书
4	Teachers' Certificate T3	T3 教师资格证书，在教师培训学院完成 1 年学业后授予，入学要求为初中教育证书或初中学校证书
5	Malawi School Certificate of Education	马拉维学校教育证书，完成 2 年高中学业后获得该证书
6	Malawi General Certificate of Education	马拉维普通教育证书，完成 2 年高中学业后获得该证书
7	Teachers' Certificate T2	T2 教师资格证书，在教师培训学院完成 1 年学业后获得该证书，入学要求为持有马拉维学校教育证书或马拉维普通教育证书

（续表）

序号	证书	证书描述
8	Diploma in Agriculture, Business, Engineering, Laboratory Technology, Education, Secondary Teaching, or Public Health Inspection	专科文凭,完成3年高等教育学业获得该证书,入学要求为持有马拉维学校教育证书或马拉维普通教育证书
9	Bachelor's（Pass）Degree	学士学位,完成4年大学学业获得该证书
10	Bachelor of Education	教育学学士学位,完成5年大学学业获得该证书
11	Bachelor's（Honours）Degree	荣誉学士学位,完成5年大学学业授予该证书
12	Bachelor of Engineering	工学学士学位,完成3年大学工程专业学业后授予该证书,入学要求为获得专科文凭
13	Bachelor of Laws	法学学士学位,学制5年,入学要求为持有马拉维学校教育证书或马拉维普通教育证书,同时大学入学考试还必须取得足够高的分数
14	University Certificate in Education	大学教育学证书,学制1年,入学要求为教育或技术教育学士学位,以及一年教学经验
15	Postgraduate Diploma	研究生文凭,完成1年研究生学业后授予该证书,入学要求为持有学士学位
16	Master's Degree	硕士学位,完成1～2年的研究生学业后授予该证书
17	Doctor of Philosophy	博士学位,完成3年或以上的研究生学业以及论文答辩后授予该证书

毛里求斯的教育证书评估研究

一、国家概况

毛里求斯共和国(英语:Republic of Mauritius)位于印度洋的西南方,非洲第一大岛马达加斯加以东约 900 公里,距非洲大陆 2 200 公里。除毛里求斯本岛外,其国土还包括卡加多斯—卡拉若斯群岛、罗德里格斯岛以及阿加莱加群岛。

毛里求斯总面积 2 040 平方公里,首都是路易港。2018 年底人口约 126.53 万。居民主要由印度和巴基斯坦裔(69%)、克里奥尔人(欧洲人和非洲人混血,27%)、华裔(2.3%)和欧洲裔(1.7%)组成。毛里求斯是欧洲、东非、南亚文化的交融之地,是一个民族融合且多元的国家,官方语言为英语,法语亦普遍使用,克里奥尔语为当地人最普遍使用的语言。

毛里求斯已经建立了完全的市场经济,其经济组成包括旅游业、纺织业、制糖业和金融业。近年来,信息产业和通信业、水产、房地产、医疗、可持续能源、教育等产业也成了毛里求斯经济的重要组成部分,并吸引了大量国内外资本。世界银行发布的"营商环境宽松指数"中,毛里求斯连续四年(2008—2012)位列非洲所有经济体中的首位,在全球 183 个经济体中居第 23 位。

二、教　育

(一)教育概况

由于历史原因,毛里求斯的教育系统秉承英国传统。毛里求斯政府为公民提供从学前到大学的免费国立教育。自国家独立以来,教育一直处于优先发展的地位。

毛里求斯两所主要的大学是毛里求斯大学和毛里求斯理工大学,培养本科生、硕士研究生和博士研究生。毛里求斯教育学院、毛里求斯广播学院是以培训中小

学教师为主的专科学校。甘地学院是由印度援建的一所东方语言艺术学院,学制2~4年,培养大专生,甘地学院还拥有一所附属中学。毛里求斯高等教育委员会的计划是将毛里求斯建设成为区域性的教育中心。

（二）教育体系

毛里求斯的教育分为四级。其中,学前教育为3年;初等教育属于义务教育范畴,为期6年;中等教育分为5年的初中和2年的高中;高等教育包括大学、专科学院及高等技术学校。一学年分为3个学期,一般第一学期为1月初—4月初(紧随2周假期),第二学期4月中旬—7月中旬(3周假期),第三学期8月中旬至10月底(约2个月假期)。毛里求斯正实施教育改革,改革后采用9年基础教育。毛里求斯教育体系见图1。

（三）详述

1. 初等教育

1993年教育法规定,孩子们6岁进入小学学习。小学入学率达到98%,男女性别比例均衡。小学结束时参加成绩评估,通过考试获得小学成绩证书（Primary School Achievements Certificate,简称PSAC）。毕业时学生必须参加至少5个核心科目、2个非核心科目测试,其中科学、历史与地理为模块测试。

2. 中等教育

通过PSAC考试的学生可以进入中等学校,核心课程包括英语、数学、法语、科学、信息与通信技术、工艺学、商业与创业教育(创业学、经济学和会计学)、现代社会学(历史、地理和社会学)、艺术与设计以及一门外语(可以是一门亚洲的语言、阿拉伯语或者克里奥尔语)。

3. 职业教育

工业训练委员会是经ISO 9001认证的国有机构,为毛里求斯提供培训、咨询和培训培训师的服务,从而提高该岛国的技术基础。毛里求斯的学生在9年级、11年级和13年级结束的时候,分别有机会选择去职业技术教育学院接受职业技术培训并获得相应技能国家证书、文凭等。

4. 高等教育

在毛里求斯有许多高等教育机构,包括教育研究所及传统研究研究所,其他教育机构包括远程学习中心和科技专科学校。毛里求斯最好的大学是毛里求斯大学,该大学成立于1965年,最近几年发展迅猛,现在拥有农业、工程、法律和管理、科学,以及社会科学和人文科学等专业。此外,还有远程教育、医学研究、信息系统和技术,以及咨询服务。

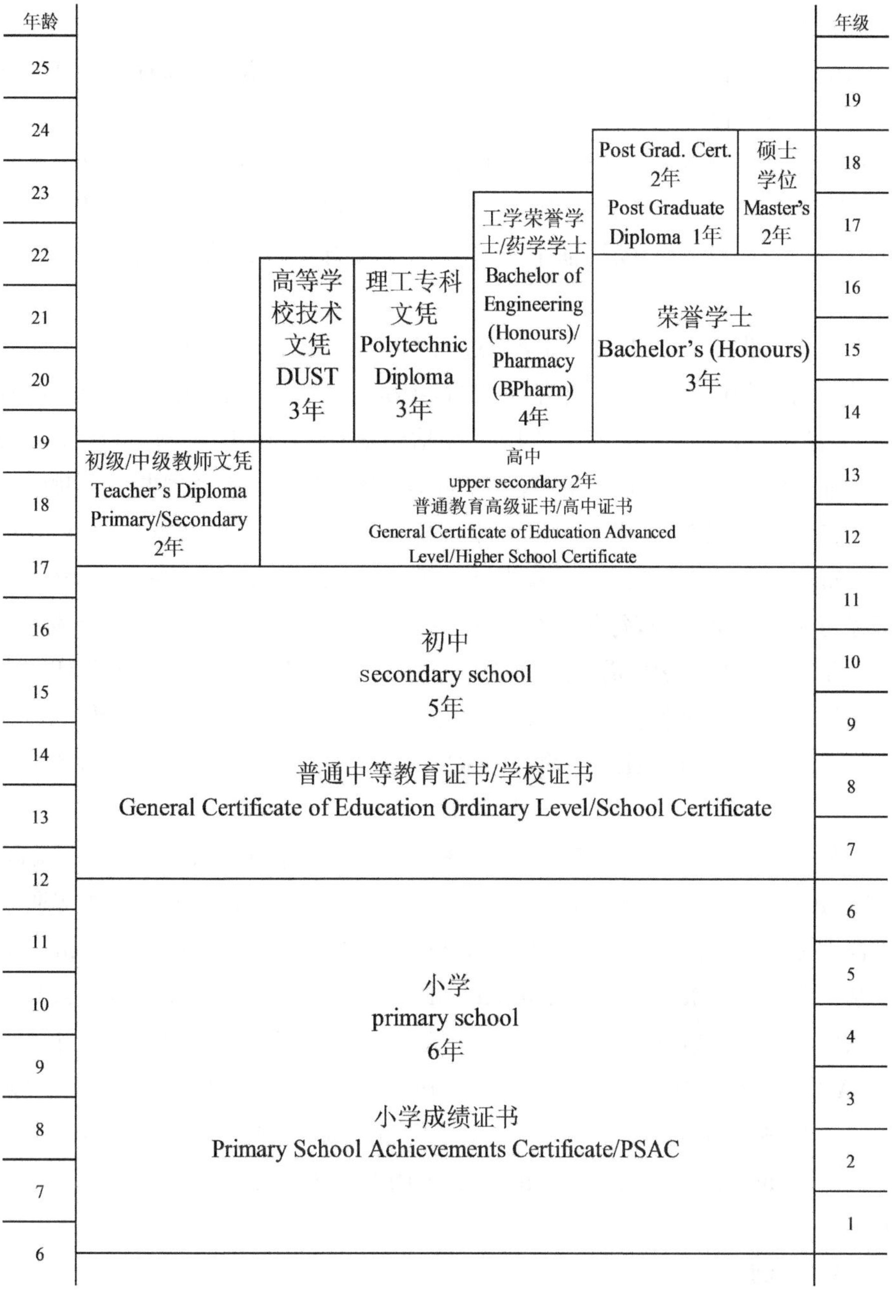

年龄							年级
25							19
24				Post Grad. Cert. 2年	硕士学位		18
23			工学荣誉学士/药学学士 Bachelor of Engineering (Honours)/ Pharmacy (BPharm) 4年	Post Graduate Diploma 1年	Master's 2年		17
22		高等学校技术文凭 DUST 3年	理工专科文凭 Polytechnic Diploma 3年		荣誉学士 Bachelor's (Honours) 3年		16
21							15
20							14
19	初级/中级教师文凭 Teacher's Diploma Primary/Secondary 2年	高中 upper secondary 2年 普通教育高级证书/高中证书 General Certificate of Education Advanced Level/Higher School Certificate					13
18							12
17							11
16	初中 secondary school 5年						10
15							9
14	普通中等教育证书/学校证书 General Certificate of Education Ordinary Level/School Certificate						8
13							7
12							6
11	小学 primary school 6年						5
10							4
9							3
8	小学成绩证书 Primary School Achievements Certificate/PSAC						2
7							1
6							

图 1　毛里求斯教育体系

（四）考试、升级与证书制度

毛里求斯教育联合会（Mauritius Examinations Syndicate，简称 MES）负责毛里求斯各阶段教育考试的相关工作。

每个教育阶段结束，学生都要参加全国性的和国际性的考试。在初等教育阶段，6 年级以前学生都是自动升级，6 年级时参加小学成绩评估考试，通过考试评估的学生获得 PSAC 小学成绩证书。对于那些没有通过评估考试的学生学制为 7 年。

考试通过获得 PSAC 证书的学生进入中学第一阶段学习，学制 5 年。期间，9 年级结束时，学生参加国家教育证书（National Certificate of Education，简称 NCE）考试，以取代过去的九年级国家评估考试（National Assessment at Grade 9）。该证书将于 2020 年首次组织，以证明学生在九年基础教育周期结束时的学业水平。在 11 年级结束的时候参加剑桥学校证书考试（Cambridge School Certificate，简称 SC），考试通过获得学校证书（School Certificate）。它由剑桥大学国际考试委员会组织，每年举行两次，在 6 月和 11 月进行。考试结果发布于 8 月和次年 1 月。每个学生需要通过 7 门课程考试，合格后才能获得毕业证书。通过了学校证书考试的学生才有资格继续后 2 年学业。13 年级时，学生参加高中证书（Higher School Certificate，简称 HSC）考试。该考试由剑桥大学国际考试委员会组织，时间为每年 1—2 月、5—6 月和 10—11 月。

此外，学生也可以在 11 年级时参加普通中等教育证书考试（General Certificate of Education Ordinary Level Examination），13 年级时参加普通教育高级证书考试（General Certificate of Education Advanced Level Examination）。

学生升入毛里求斯大学（University of Mauritius）一般要求 O Level 或相应级别考试中英语必须通过，同时 O Level 考试中其他 3 门科目成绩为良好（credit）及以上，A Level 考试中 2 门科目通过，AS Level 考试中 2 门科目通过，或者 A Level 考试中 3 门科目通过，AS Level 考试中 1 门科目通过，或者在伦敦普通教育考试（London General Certificate Examination）中 3 门科目通过。这里"通过"指成绩在 C 及以上。

（五）成绩评价制度

普通中等教育证书考试的分数分为 A 级到 E 级，其中 A 级表示最高成绩，E 级表示最低通过等级。各科目的试卷总分不同，每年各科目等级的阈值也会有所不同。

剑桥普通教育高级证书考试的通过等级分为 A＊级到 E 级，其中 A＊级表示最高等级,E 级表示规定的最低通过等级。学生只有在通过考试的情况下才获得评分等级。剑桥普通教育高级证书考试成绩评价制度见表1。

表 1　剑桥普通教育高级证书考试成绩评价制度

A Level 成绩	对应的百分制分数
A*	90～100
A	80～89
B	70～79
C	60～69
D	50～59
E	40～49
U	0～39

（六）常见教育证书

毛里求斯常见教育证书见表2。

表 2　毛里求斯常见教育证书

序号	证　书	证书描述
1	Primary School Achievements Certificate/PSAC	小学成绩证书,考核小学 6 年的学业,通过考试后获得该证书,才可以升入 7 年级。入学年龄为 6 岁
2	General Certificate of Education Ordinary Level	普通中等教育证书,完成 5 年中等教育(初中)并通过剑桥 O Level 考试后获得该证书
3	Teacher's Diploma Primary	初级教师文凭,在毛里求斯教育学院完成 2 年 3 个月的全日制学业,准入条件为获得普通中等教育证书或相当水平证书
4	Teacher's Diploma Secondary	中级教师文凭,完成 3 年在职学习或 2 年的全职学习后获得该证书,准入条件为获得普通中等教育证书或相当水平证书
5	General Certificate of Education Advanced Level	普通教育高级证书,学制 2 年,准入条件为获得普通中等教育证书或相当水平证书

（续表）

序号	证　书	证书描述
6	Diplôme Universitaire Supérieur de Technologie/DUST	高等学校技术文凭,学制 3 年,准入条件为普通中等教育证书考试中至少包括英语在内的 5 门科目获得通过
7	Polytechnic Diploma	理工专科文凭,学制 3 年,准入条件为普通中等教育证书考试中至少包括英语在内的 5 门科目获得通过
8	Bachelor of Science/Laws (Honours)	理学/法学荣誉学士学位,学制 3 年,要求为至少通过高中教育证书考试中的 3 门科目
9	Bachelor of Engineering (Honours)/Pharmacy (BPharm)	工学荣誉学士/药学学士,学制 4 年,要求为至少通过高中教育证书考试中的 3 门科目
10	Bachelor's (Honours) in Medical Science	医学荣誉学士:完成在毛里求斯大学 3 年医学课程后再完成 Université Victor—Séglen 3 年医学课程或完成开普敦大学、比勒陀利亚大学二者之一的 4 年医学课程后获得该证书
11	Postgraduate Diploma	研究生文凭,完成 1 年的在职研究生学习后获得该证书,准入条件为获得学士学位
12	Post Graduate Certificate in Education	教育学研究生文凭,完成 2 年在职研究生学业,入学要求为获得学士学位,毕业后可做中学教师
13	Master of Arts/Science	文学/理学硕士,学制 2 年,入学要求为获得学士学位
15	Master of Business Administration	工商管理硕士,在毛里求斯大学完成 2 年在职研究生学习后获得该证书

莫桑比克的教育证书评估研究

一、国家概况

莫桑比克共和国(葡萄牙语:República de Moçambique)位于非洲东南部。南邻南非、斯威士兰,西界津巴布韦、赞比亚、马拉维,北接坦桑尼亚,东濒印度洋,隔莫桑比克海峡与马达加斯加相望,海岸线长 2 630 公里。高原、山地约占全国面积 3/5,其余为平原,属热带草原气候。面积 799 380 平方公里。

2018 年莫桑比克人口 3 050 万。莫桑比克是多民族、多部族国家,全国约有 60 个部族。官方语言为葡萄牙语,各大民族有自己的语言,绝大多数属班图语系。在主要的大城市中,英语作为商贸用语被广泛应用。28.4%的居民信奉天主教,17.9%信奉伊斯兰教,其他多信仰原始宗教和基督教新教。莫桑比克为农业国,是联合国宣布的世界最不发达国家和重债穷国。

二、教　育

(一)教育概况

1983 年莫桑比克改革教育制度,分为普通教育、成人扫盲教育、职业技术教育、教师培训和高等教育。小学实行义务教育,为 7 年制。1990 年再度实行教育制度改革,鼓励社会团体和私人办学。全国人均受教育 1.6 年。蒙德拉内大学是唯一综合性大学。1996 年,成立了贝拉天主教大学和马普托理工科综合高等学院。受内战影响,1983 至 1992 年间约有 60%的中、小学校设施遭受破坏,致使 50 万学生无法入学。1992 年和平总协议签署后,国际社会资助莫桑比克政府陆续恢复和建设了一些学校。2014 年,莫桑比克议会通过职业教育法,将职业技术教育作为其教育系统的子系统,政府每年将为职业技术教育提供 2 400 万梅第卡尔(约合 75 万美元)的预算。据教育部统计,2014 年,莫桑比克初级教育第一阶段(1~5

年级)共有教师 76 572 名,较 2010 年增加 13%,共有学校 11 742 所,学生 485.7259 万名;初级教育第二阶段(6～7 年级)共有学校 5 086 所,较 2010 年增加 40%。2015 年,高校在校生 17.48 万人。2003 年至 2015 年,未成年女性小学和初中入学率从 45.3%和 40.1%分别上升至 48%和 48.1%。据估算,2016 学年,共有 640 万名在读学生,14 万名教师和 1.2 万所学校。2017 年,莫桑比克文盲率达 38.8%。

(二)教育体系

莫桑比克教育体系:5—2—3—2。第一阶段是初级初等教育(EP1),从 7 岁开始,有 5 个年级。第二阶段是高级初等教育(EP2)6～7 年级。初级中等教育(ES1)包括 8～10 年级,高级中等教育(ES2)包括第 11～12 年级。莫桑比克学年一般开始于 2 月初,结束于 11 月份,一学年分为 3 个学期,假期一般为 1 周、2 周和 8 周。莫桑比克教育体系见图 1。

(三)详述

1. 初等教育

莫桑比克的小学为义务教育阶段,分初级阶段和高级阶段,分别为 5 年和 2 年。高级阶段入学者是那些成功完成了初级初等教育的学生。

2. 中等教育

中等教育的第一阶段为期 3 年,然而此阶段的教育资源非常有限,尤其是在乡村地区。学生们到达这一阶段时基本已经 14 岁,因此许多学生选择工作赚钱。

不到 7%的学生完成中等教育最后 2 年,而提供该阶段教育的学校在全国仅有 82 所。学生有机会入学后,他们将会接受普通课程学习,而这种学校可能与他们将来的生活毫无关系。

3. 职业教育

莫桑比克的职业教育主要为农业、工业和商业领域培养人才。农业方面集中在农业、畜牧、林业。工业集中在国家建设、机械学、电力学、冶金等。商业课有会计、秘书、管理及信息技术。

4. 高等教育

高等教育仍然只是一小部分富人的特权,并且倾向于男性,高等教育资源集中在为数不多的城市地区。爱德华多蒙德拉纳大学成立于殖民地时期,具体来说是 1962 年成立于首都马普托。该大学包括农学和森林工程、建筑和物理规划、艺术、经济、教育、工程、法律、医学、科学、社会科学以及兽医科学。希望终有一天,这些教育机会能够提供给普通大众。

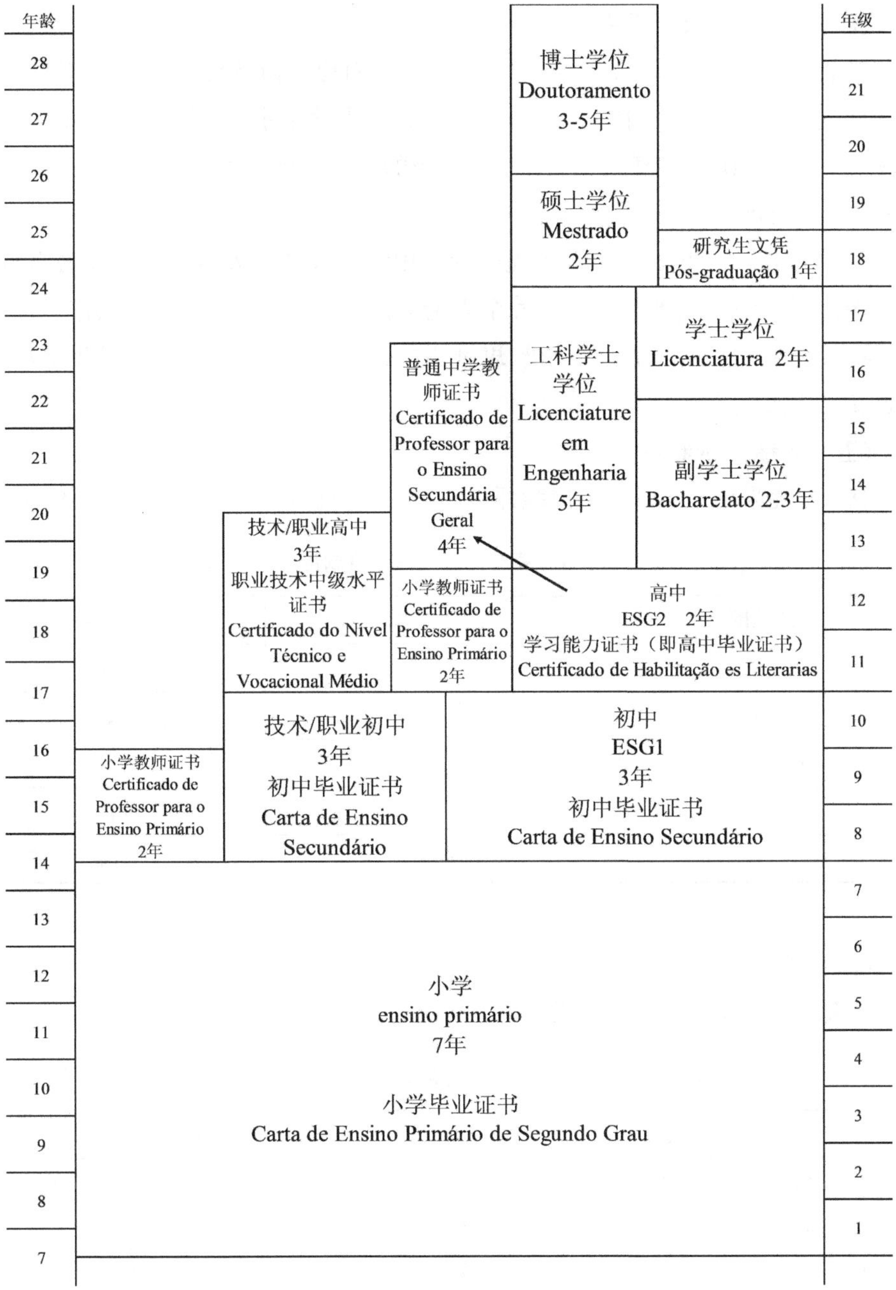

年龄

28	
27	
26	

博士学位
Doutoramento
3-5年

硕士学位
Mestrado
2年

研究生文凭
Pós-graduação 1年

普通中学教师证书
Certificado de Professor para o Ensino Secundária Geral
4年

工科学士学位
Licenciature em Engenharia
5年

学士学位
Licenciatura 2年

副学士学位
Bacharelato 2-3年

技术/职业高中
3年
职业技术中级水平证书
Certificado do Nível Técnico e Vocacional Médio

小学教师证书
Certificado de Professor para o Ensino Primário
2年

高中
ESG2 2年
学习能力证书（即高中毕业证书）
Certificado de Habilitação es Literarias

技术/职业初中
3年
初中毕业证书
Carta de Ensino Secundário

初中
ESG1
3年
初中毕业证书
Carta de Ensino Secundário

小学教师证书
Certificado de Professor para o Ensino Primário
2年

小学
ensino primário
7年

小学毕业证书
Carta de Ensino Primário de Segundo Grau

年级

21, 20, 19, 18, 17, 16, 15, 14, 13, 12, 11, 10, 9, 8, 7, 6, 5, 4, 3, 2, 1

年龄：28, 27, 26, 25, 24, 23, 22, 21, 20, 19, 18, 17, 16, 15, 14, 13, 12, 11, 10, 9, 8, 7

图 1　莫桑比克教育体系

（四）考试、升级与证书制度

在第5、7、10、12年级都有全国性考试,分别对应于初级初等教育、高级初等教育、初级中等教育和高级中等教育。只有圆满完成学业才授予证书。1991年政府在教育领域内采纳了从某一年级到下一年级的自动升级制度,然而,有一部分人一直采取抵制态度。

在莫桑比克,学校首先对学生提交的高中证书成绩等大学申请学业材料进行审核,被选中的学生将被邀请写一篇个人论文,参加在线测试,主任对其进行面试。在线测试包括一般知识、法语、英语、思维能力和性格特征。面试测试学生的动机、沟通技巧和软技能。

（五）成绩评价制度

莫桑比克采用0～20分的成绩评价制度,具体见表1莫桑比克成绩评价制度。

表1 莫桑比克成绩评价制度

成绩范围	对应百分制	成绩评价
18～20	90～100	优秀
15～17	70～89	良好
12～14	60～69	中等
10～11	50～59	及格
0～9	0～49	不及格

（六）常见教育证书

莫桑比克常见教育证书见表2。

表2 莫桑比克常见教育证书

序号	证书	证书描述
1	Carta de Ensino Primário de Segundo Grau	小学毕业证书,完成7年小学教育后获得该证书,学生7岁入学
2	Certificado de Professor para o Ensino Primário	小学教师证书,学制2年,准入条件为小学毕业证书,学生也可以完成初中学业后完成2年学业,获得该证书
3	Carta de Ensino Secundário	初中毕业证书,完成3年初中教育后获得该证书,入学要求为获得小学毕业证书

（续表）

序号	证　书	证　书　描　述
4	Certificado do Nível Técnico e Vocacional Médio	职业技术中级水平证书,学制 3 年,入学要求为完成初中学业,毕业后可直接参加工作
5	Certificado de Habilitaçãoes Literarias	学习能力证书,完成 5 年中学教育学业后获得该证书（1997 年第一次颁发该证书）
6	Bacharelato	副学士学位,学制 2～3 年,准入条件为获得学习能力证书
7	Certificado de Professor para o Ensino Secundária Geral	普通中学教师证书,完成 4 年高等教育学业后获得该证书,入学要求为获得高中毕业的学习能力证书,毕业后可做中学教师
8	Licenciatura	学士学位,学制 2 年,要求为完成副学士学位学业并取得良好以上成绩
9	Licenciature em Engenharia	工学学士学位,学制 5 年,入学要求为获得学习能力证书
10	Pós—graduação	研究生文凭,学制 1 年,入学要求为获得学士学位
11	Mestrado	硕士学位,学制 2 年,入学要求为获得学士学位
12	Doutoramento	博士学位,完成 3～5 年研究生学习并通过论文答辩后获得该证书,入学要求为获得硕士学位

纳米比亚的教育证书评估研究

一、国家概况

纳米比亚共和国（英文：The Republic of Namibia）位于非洲西南部，原称西南非洲。它北靠赞比亚和安哥拉，东连博茨瓦纳，南接南非，干旱少雨，属亚热带、半沙漠性气候。

纳米比亚国土面积 824 269 平方公里，人口 253 万。88% 为黑人，白人和有色人种约占总人口的 12%。奥万博族是最大的民族，占总人口的 50%。官方语言为英语。纳米比亚是个多语言的国家，公共标示以英语、德语、南非语和奥万博语写成。90% 的居民信仰基督教，其余信奉原始宗教。

纳米比亚是世界上海洋渔业资源最丰富的国家之一，铀、钻石等矿产资源和产量居非洲前列。矿业、渔业和农牧业为三大传统支柱产业，种植业、制造业较落后。纳米比亚是世界上第一个将环境保护纳入宪法的国家。纳米比亚是世界上人口密度第二低的国家。

二、教　育

（一）教育概况

纳米比亚独立后，政府废除了南非在纳米比亚实行的种族隔离教育制度，决定建立符合纳米比亚需要的普及教育制度，2012 年实现小学免费义务教育。全国拥有近 1 500 所中小学校和特种学校，在校学生 50 万人。

近年来，纳米比亚教育投入持续增加，教育拨款从 2000 年的 18 亿纳元提高到 2018 年的 150.5 亿纳元，占预算总额的 24%。目前，初等教育入学率达 93.6%，高中入学率为 49.5%，高等教育普及率为 24%。全国识字率从独立时不到 75% 上升至目前的 90%。纳米比亚还分别与南非、德国、中国等签署了联合研究和科技合作文件,但教育事业发展仍面临辍学率和不及格率过高、教师严重缺乏和教学质量不尽人意等挑战。

（二）教育体系

纳米比亚的原教育体系为:7—3—2—3＋。2019 年,纳米比亚实施教育改革,改中小学教育体系为 7—2—3。6～16 岁为免费义务教育。学生 5 岁入学,第一年相当于学前班,小学低段为 1～3 年级,高段为 4～7 年级。中小学学年分为 3 个学期,第一学期 1 月上旬—3 月下旬(10 周假期),第二学期 5 月底—8 月下旬(2 周假期),第三学期 9 月上旬—12 月上旬(5 周假期)。大学一般分为 2 个学期,1 月初—6 月下旬,7 月中旬—11 月下旬。纳米比亚教育体系见图 1。

（三）详述

1. 初等教育

自纳米比亚取得国家独立以来,其教育体系不断发展,然而教育平等的梦想一直没有实现。为期 7 年的小学学习期间,随着年级的增高,对基础能力的要求也逐渐提高。

2. 中等教育

纳米比亚的中等教育前 3 年在初中学习(2019 年后改为 2 年),直至初中证书(Junior Secondary Certificate,简称 JSC)考试。之后,学生可以自主选择继续深造学术课程,或者把重点放在工作生涯上。

中学教育的最后 2 年不是义务教育,而是自费的,且主要在城市地区。如果学生想要在大学学习,他们必须参加纳米比亚中学证书(Namibian Senior Secondary Certificate,简称 NSSC)考试,或者提供更高水平的国际教育证书。

3. 职业教育

纳米比亚政府在改进职业培训中心的过程中对贸易和工业也做出了重要贡献,其中包括制定各种各样的单位标准。

4. 高等教育

纳米比亚有两个普通的高等教育机构,即纳米比亚理工大学和纳米比亚大学。前者承认符合资格的 12 级证书,后者则比较严格。纳米比亚大学是纳米比亚最大、最好的国立大学,2018 年拥有 43 个国家的近 25 000 名学生,下设农业和自然资源学院、经济与管理学院、教育学院、工程与信息技术学院、人文及社会科学学院、法律学院、医学及健康科学学院、理学院等院系。另有 10 多所中等技术学校和师范学校。

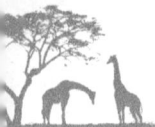

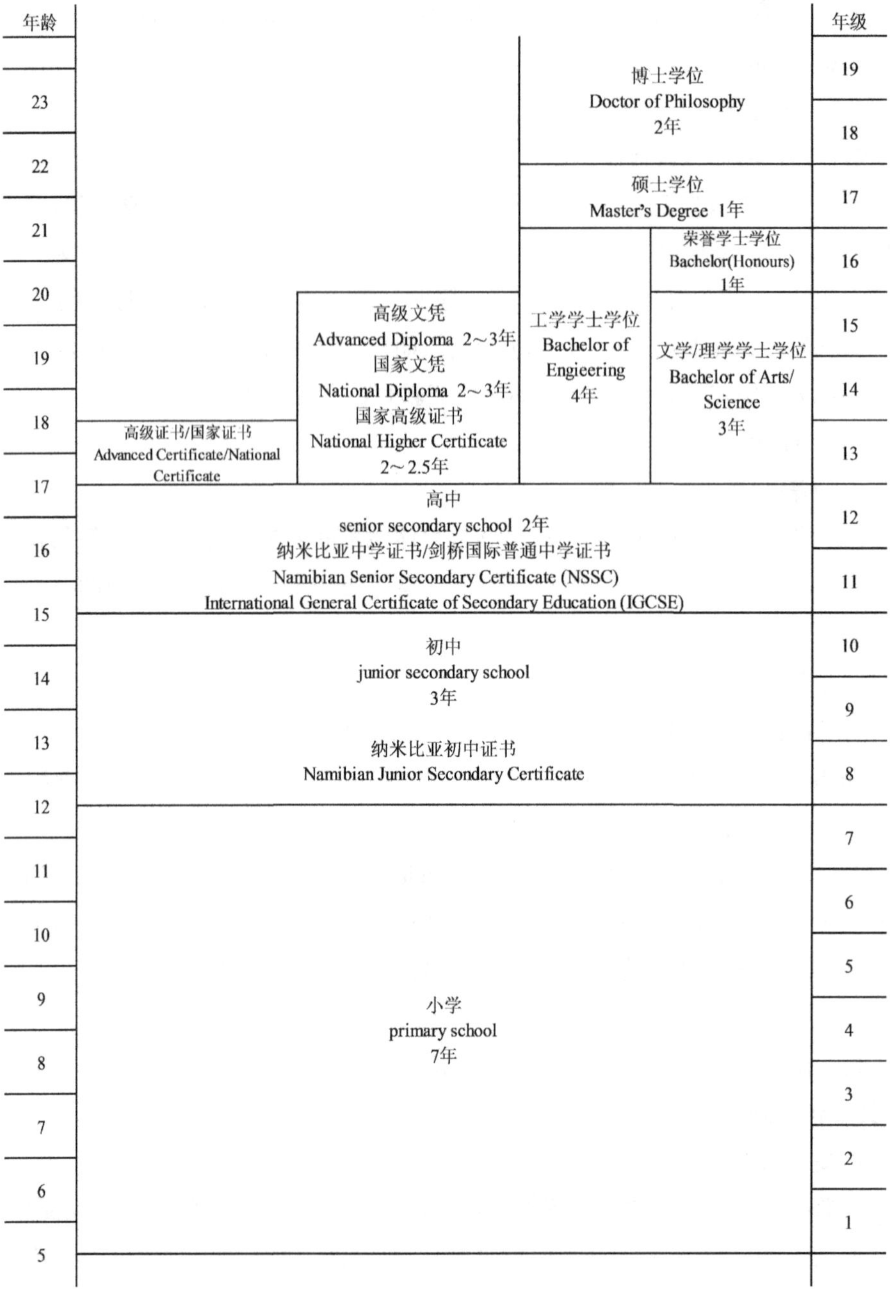

年龄
年级
23
22
21
20
19
18
17
16
15
14
13
12
11
10
9
8
7
6
5
19
18
17
16
15
14
13
12
11
10
9
8
7
6
5
4
3
2
1
博士学位
Doctor of Philosophy
2年
硕士学位
Master's Degree 1年
荣誉学士学位
Bachelor(Honours)
1年
工学学士学位
Bachelor of
Engieering
4年
文学/理学学士学位
Bachelor of Arts/
Science
3年
高级文凭
Advanced Diploma 2～3年
国家文凭
National Diploma 2～3年
国家高级证书
National Higher Certificate
2～2.5年
高级证书/国家证书
Advanced Certificate/National
Certificate
高中
senior secondary school 2年
纳米比亚中学证书/剑桥国际普通中学证书
Namibian Senior Secondary Certificate (NSSC)
International General Certificate of Secondary Education (IGCSE)
初中
junior secondary school
3年
纳米比亚初中证书
Namibian Junior Secondary Certificate
小学
primary school
7年

图 1　纳米比亚教育体系

（四）考试、升级与证书制度

纳米比亚国家考试与评估局（Directorate of National Examinations and Assessment，简称 DNEA）负责教育系统国家考试与证书服务。自 1990 年以来，纳米比亚一直实施剑桥国际考试（Cambridge International Examination）中心的国际证书考试，包括国际普通中学证书（International General Certificate of Secondary Education，简称 IGCSE）和高级国际普通中学证书（Higher International General Certificate of Secondary Education，简称 HIGCSE）。2006 年，剑桥国际考试中心与纳米比亚教育部紧密合作，在原剑桥国际证书考试的基础上开发出了新的考试系统——纳米比亚中学证书（Namibian Senior Secondary Certificate，NSSC）考试，分普通级别（ordinary level，简称 NSSCO）和高级级别（higher level，简称 NSSCH），由纳米比亚教师教授和评分。学生可以根据自己每个学科的学业情况来选择参加普通级别还是高级级别的考试。纳米比亚教育部很快顺利完成新旧考试体系的过渡，有效避免了过去太多学生在 10 年级和 12 年级考试中的失败。高中毕业生如果想要继续进入纳米比亚的大学继续求学，需要在 12 年级参加纳米比亚中学证书考试，于每年 10 月或 11 月举行，一般考 6 门课程，英语是必考科目。学生也可以参加剑桥大学的国际证书考试。

纳米比亚教育改革的实施使考试制度也随之发生变化。新的初中证书（Junior Secondary Certificate，简称 JSC）考试在 9 年级结束时进行。学生可以在 11 年级时参加 NSSCO 考试，在 12 年级参加 NSSCH 考试。NSSCH 对于想升入大学的学生来说是必须参加的。

纳米比亚大学（University of Namibia）是纳米比亚最好的综合性大学，本科项目申请者必须持有纳米比亚中学证书，而且在不超过 3 次考试中至少通过 5 门科目，按纳米比亚大学评价量表，最好的 5 门科目所得分数不低于 25 分，或者在纳米比亚大学预科项目中平均成绩至少为 C。同时，英语是必修科目，其作为外语的成绩不低于 C，作为母语的成绩不低于 D。专科文凭项目申请者最好的 5 门科目所得分数不低于 22 分，证书项目申请者最好的 5 门科目所得分数不低于 17 分，其他申请条件与本科项目要求基本一致。

（五）成绩评价制度

纳米比亚中学证书普通级别考试成绩评价制度见表 1。

表1 纳米比亚中学证书普通级别考试成绩评价制度

成绩	百分比成绩(%)	成绩描述	对应中文意义
A*	90～100	excellent	优秀
A	80～89	excellent	优秀
B	70～79	very good	良好
C	60～69	good	中等
D	50～59	sufficient	一般
E	40～49	mediocre	及格
F	30～39	poor	不及格
G	20～29	very poor	很差
U	0～19	ungraded	不计分

纳米比亚中学证书高级级别考试采用四分制成绩评价制度,具体如下:1(优秀)、2(良好)、3(中等)、4(一般)。

纳米比亚大学评价量表见表2。

表2 纳米比亚大学评价量表

分值(points)	NSSC Higher Level	NSSC Ordinary Level
10		
9	1	
8	2	A*
7	3	A
6	4	B
5		C
4		D
3		E
2		F
1		G

（六）常见教育证书

纳米比亚常见教育证书见表3。

表3　纳米比亚常见教育证书

序号	证　书	证　书　描　述
1	Namibian Junior Secondary Certificate	纳米比亚初中证书,完成 3 年初中学业,通过考试后获得该证书
2	International General Certificate of Secondary Education（IGCSE）	剑桥国际普通中学证书,完成 2 年高中学业,通过考试后获得该证书,入学要求为持有纳米比亚初中证书
3	Namibian Secondary School Certificate（NSSC）	纳米比亚中学证书,分普通级别考试证书与高级级别考试证书
4	Advanced Certificate/National Certificate	高级证书/国家证书,完成 1 年高等教育阶段学业,入学要求为获得剑桥国际普通中学证书或纳米比亚中学证书,毕业后直接就业
5	National Higher Certificate	国家高级证书,完成 2～2.5 年高等教育阶段学业,获得该证书,入学要求为获得剑桥国际普通中学证书或纳米比亚中学证书,毕业后直接就业
6	National Diploma	国家文凭,完成 2～3 年高等教育阶段学业,获得该证书,入学要求为获得剑桥国际普通中学证书或纳米比亚中学证书,毕业后直接就业
7	Advanced Diploma	高级文凭,完成 2～3 年高等教育阶段学业,获得该证书,入学要求为获得剑桥国际普通中学证书或纳米比亚中学证书,毕业后直接就业
8	Bachelor of Arts/Science	文学/理学学士学位,完成 3 年高等教育阶段学业,获得该证书,入学要求为获得剑桥国际普通中学证书或纳米比亚中学证书,毕业后直接就业
9	Bachelor of Science/Arts（Honours）	荣誉学士学位,完成 4 年高等教育阶段学业,获得该证书,入学要求为获得剑桥国际普通中学证书或纳米比亚中学证书,毕业后直接就业
10	Bachelor of Engineering	工学学士学位,学制 4 年,入学要求为获得剑桥国际普通中学证书或纳米比亚中学证书,毕业后直接就业

（续表）

序号	证　书	证　书　描　述
11	Master's Degree	硕士学位,在纳米比亚大学完成1年的研究生学业并完成论文答辩后获得该证书
12	Doctor of Philosophy（Ph.D.）	博士学位,在纳米比亚大学完成2年的研究生学业并完成论文答辩后获得该证书

南非的教育证书评估研究

一、国家概况

南非地处南半球,有"彩虹之国"之美誉,位于非洲大陆的最南端,陆地面积约为121.9万平方公里,其东、南、西三面被印度洋和大西洋环抱,陆地上与纳米比亚、博茨瓦纳、莱索托、津巴布韦、莫桑比克和斯威士兰接壤。东面隔印度洋与澳大利亚相望,西面隔大西洋与巴西、阿根廷相望。海岸线长约3 000公里。全国大部分地区属热带草原气候。

南非是一个有着5 200万人口的国家,公民有不同的起源,分黑人、有色人、白人和亚裔四大种族。有11种官方语言,英语和阿非利卡语为通用语言。约80%的人口信仰基督教,其余信仰原始宗教、伊斯兰教、印度教等。南非属于中等收入的发展中国家,也是非洲经济最发达的国家,资源丰富,财经、法律、通信、能源、交通业发达,完备的硬件建设和股票交易市场居全球前二十名。南非是非洲第二大经济体,人均生活水平在非洲名列前茅,工业体系是非洲最完善的,深井采矿技术位居世界前列,矿产是南非经济主要来源。

二、教　育

(一) 教育概况

南非因长期实行种族隔离教育制度,黑人受教育机会远低于白人。自1994年实现民主以来,高等教育发生了根本性变化,开始扭转基于种族的不平等和效率低下现象。1995年1月,南非正式实施儿童至16岁的免费义务教育,并废除了种族隔离时代的教科书。政府不断加大对教育的投入,着力对教学课程设置、教育资金筹措体系和高等教育体制进行改革。

公立高等教育机构虽受到国家大量资助和影响,但享有很大程度自主权。教

育质量保证主要由高等教育委员会、高等教育质量委员会和南非资格认证局负责。种族隔离的结束带来私立高等教育的快速增长,本地教育提供者激增,欧美的国际机构也纷纷进入。私立学校必须向国家政府注册,达到规定的标准,并获得高等教育委员会和高等教育质量委员会的认可。

(二)教育体系

南非实施6—3—3—3+教育体系。一学年包括2个学期:一般第一学期2月初开始,6月初结束;第二学期7月中旬开始,11月末结束。南非教育体系见图1。

(三)详述

1. 初等教育

南非初等教育总共7年,包含1年学前教育以及6年小学教育,为学生打下识字和数学基础。小学分为两个阶段:基础阶段(1~3年级,每周23~25学时)和中间阶段(4~6年级,每周27.5学时),考试科目为英语、南非语、算术、科学、书写、健康教育、家庭语言(针对本土非洲裔学生)、社会。学生小学毕业时没有全国性的升学考试,能否升入下一阶段学习取决于学生期末最终考试、平时成绩以及老师对学生身心评价的综合考量。

2. 中等教育

小学教育结束后,学生们开始3年的初中生活,所学习科目带有职业培训的倾向,为学生提供提前进行职业培训的机会。学习结束后,学生们获得基础教育和培训证书(General Education and Training Certificate)。初中仍为义务教育,主要课程包括母语(针对本土非洲裔学生)、除母语外的另一门语言、数学、自然科学、社会科学、技术、经济与管理学、生活规划、艺术与文化。每周27.5学时。

高中不是义务教育,需要学7门课程,其中4门必修课:2门官方语言、数学、生活规划,另外根据兴趣选择3门选修课,为大学做准备。南非的中等教育在曾以白人为主的公立学校中进行,入学要求非常高。

3. 职业教育

初中毕业后,一部分学生进入普通高中,一部分学生进入职业技术中学接受职业技术教育。南非年轻人的失业率较高,因而职业教育对于经济、政治稳定显得尤为重要。在职业技术中学,同样需要学7门课程,其中4门必修课:2门官方语言、数学和生活规划,另外3门为选修课。正规的职业技术教育学校,不管公立还是私立,都能提供全国通用的职业资格证书。私立职业技术教育学校与公立职业技术教育学校的唯一区别就是教学经费来源。公立职业技术教育学校由政府全额出资,而私立职业技术教育学校则由私人和政府共同出资。

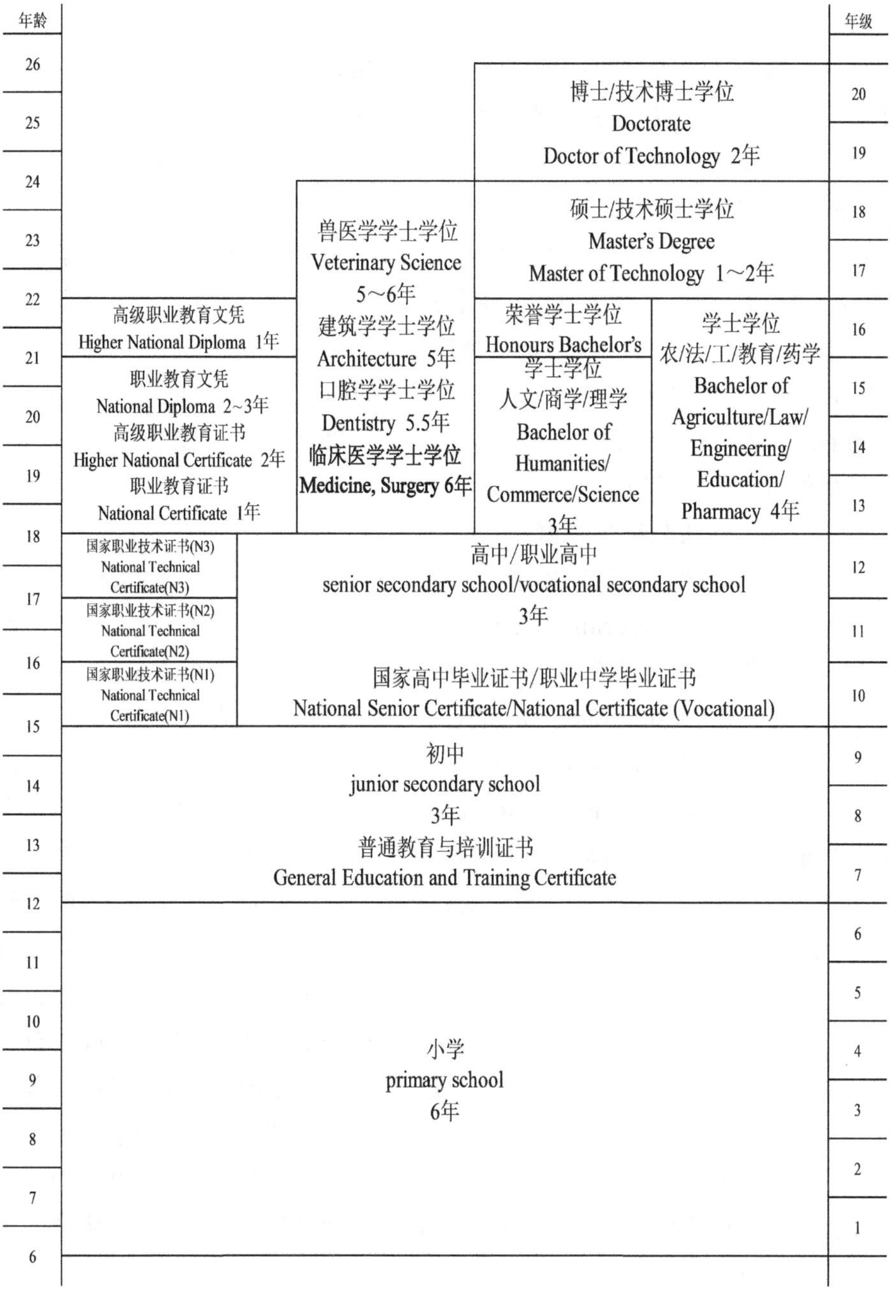

年龄				年级
26		博士/技术博士学位 Doctorate Doctor of Technology 2年		20
25				19
24		硕士/技术硕士学位 Master's Degree Master of Technology 1～2年		18
23	兽医学学士学位 Veterinary Science 5～6年			17
22				16
21	高级职业教育文凭 Higher National Diploma 1年	建筑学学士学位 Architecture 5年 口腔学学士学位 Dentistry 5.5年 临床医学学士学位 Medicine, Surgery 6年	荣誉学士学位 Honours Bachelor's 学士学位 人文/商学/理学 Bachelor of Humanities/ Commerce/Science 3年	学士学位 农/法/工/教育/药学 Bachelor of Agriculture/Law/ Engineering/ Education/ Pharmacy 4年	15
20	职业教育文凭 National Diploma 2~3年 高级职业教育证书 Higher National Certificate 2年 职业教育证书 National Certificate 1年				14
19					13
18	国家职业技术证书(N3) National Technical Certificate(N3)	高中/职业高中 senior secondary school/vocational secondary school 3年		12
17	国家职业技术证书(N2) National Technical Certificate(N2)			11
16	国家职业技术证书(N1) National Technical Certificate(N1)	国家高中毕业证书/职业中学毕业证书 National Senior Certificate/National Certificate (Vocational)		10
15		初中 junior secondary school 3年 普通教育与培训证书 General Education and Training Certificate		9
14				8
13				7
12				6
11				5
10		小学 primary school 6年		4
9				3
8				2
7				1
6				

图 1　南非教育体系

4. 高等教育

在高等教育和培训部（Department of Higher Education and Training）的监管下，许多私立和国有机构提供高等教育和培训。新的体制下，南非大学分为三类：①传统的多科研究型大学；②技术大学（university of technology，原来的technicons）；③传统大学和技术大学融合的综合大学。

南非"大学"和"技术大学"之间的区别是显著的："大学"是指传统的学术和研究性机构；"技术大学"更直接地发展技术和职业技能，两者都提供本科和研究生学位和证书项目。"大学"本科课程的录取需要一份有入学认可/豁免的高中毕业证书，而"技术大学"可以接受没有入学认可/豁免的高中毕业证书的学生。

南非最为古老的大学是开普敦大学，成立于 1829 年，该学校依南非桌山而建，建筑风格保留了希腊风格。

（四）考试、升级与证书制度

普通教育与继续教育培训质量管理委员会（General and Further Education and Training Quality Assurance Council，简称 Umalusi）是实施国家质量框架的机构，根据 2001 年第 58 号法令成立，并执行原南非证书委员会的职能，由基础教育部（Department of Basic Education）委任，同时也对高等教育与培训部负责。

南非基础教育部对 4～9 年级的语言和数学以及 1～3 年级的识字和数学进行标准化的国家年度评估（Annual National Assessments，简称 ANA）考试。试卷和阅卷备忘录（范例）由国家基础教育部提供，学校来组织考试、阅卷以及内部管理。

在南非，学生在 12 年级结束的时候需要参加全国高中毕业证书考试，通常被称为"升学考试"。考试通过的学生将获得由普通教育与继续教育质量管理委员会颁发的国家高中毕业证书（National Senior Certificate，简称 NSC）。该证书在2008 年前曾被称为高中毕业证书（Senior Certificate）。1996 年 11 月，在新当选的民主政府领导下，按照高度分权的办法进行了第一次全国考试。目前该考试已经成为一项具有重大公共意义的年度活动，标志着 12 年正规教育的结束。12 年级的在籍学生以及学校评估（school—based assessment）有效期还没结束的学生均可注册国家高中毕业证书考试。学校评估材料有效期限一般为 3 年，从第一次参加国家高中毕业证书考试日期开始计算。考试在每年 10 月开始，一般需要持续5.5 周，直到 11 月才能全部结束，考试成绩在次年 1 月公布。国家高中毕业证书基于学校评估（school—based assessment）、实践考核任务、官方语言口语评估和外部考试。要想获得证书，必须满足最低要求：包括官方本族语在内的 3 门科目取得40% 以上成绩，另外 3 门科目取得 30% 以上成绩；同时必须提供国家高中毕业证书评估所要求的所有材料。学校评估是必要材料,占总成绩的 25%,而实践考核任务(practical assessment task)分数必须占年终考核分数的 25%。

根据学生的各科成绩,总成绩被分为 3 个档次,从低到高如下:

高级证书通行证(Higher Certificate Pass): 7 门课程中 3 门课程成绩不低于 40 分,其中 1 门为家庭语言,另外 3 门课程成绩不低于 30 分。这一档次的学生可以去职业技术学校读过渡课程,也可以去读美容学校、厨师学校等,或者参加一些公司单位的内部培训,为以后就业做准备。

文凭通行证(Diploma Pass): 7 门课程中 4 门课程成绩不低于 40 分,其中 1 门为家庭语言,另外 2 门课程成绩不低于 30 分。对于不及格的那一门课将根据平时成绩和作业表现来判定是否应该给予通过。这一档次的学生可以去职业技术学校读过渡课程或者去大学读一些文凭课程。

学士学位项目通行证(Bachelor's Pass): 7 门课程中至少 5 门课程成绩不低于 40 分,其中 1 门为家庭语言,另外 2 门课程成绩不低于 30 分。这一档次的学生可以申请南非任何一所大学,只要符合招生大学的招生标准就能被录取。

目前的高中毕业证书(Senior Certificate)考试则是基于成人对国家高中毕业证书资格的需求,基础教育部长批准了对当前高中毕业证书资格的修订,以解决 2014 年 6 月之后成人没有其他途径获得高中毕业证书的问题。高中毕业证书保留其资格结构,但考试科目将使用国家考试大纲要求(National Curriculum Statement)的考试科目。修订后的高中毕业证书第一次考试于 2015 年 6 月/7 月完成。所有在 2015 年 6 月之前通过的高中毕业证书科目都得到认可。

高中毕业证书也允许考生获得大学入学资格。与国家高中毕业证书考试一样,考生也有资格进入高等教育机构的学士、文凭或高等证书课程。获得高中毕业证书必须满足以下条件:3 门科目成绩在 40% 以上,其中 1 门科目必须为官方语言,达到母语水平;2 门科目成绩在 30% 以上,其中 1 门科目为官方语言,达到第一外语或母语水平;第 6 门科目成绩在 20% 以上。

2005 年南非的大学引入国家基准测试(National Benchmark Tests),部分大学除了要求申请者提供高中毕业证书成绩外,还需要申请者参加该测试。测试包括两部分:学术与定量识字测试(Academic and Quantitative Literacy Test)、数学测试(Mathematics Test)。具体因大学和专业而有不同。

(五)成绩评价制度

南非中小学阶段都是用数字 1~7 和百分比来评定学生成绩的,数字越大,成绩越好。南非中小学成绩评价制度见表 1。

表 1 南非中小学成绩评价制度

成绩等级	百分制分数	成绩描述	对应中文意义
7	80%～100%	outstanding achievement	突出
6	70%～79%	meritorious achievement	优秀
5	60%～69%	substantial achievement	良好
4	50%～59%	adequate achievement	中等偏上
3	40%～49%	moderate achievement	中等
2	30%～39%	elementary achievement	及格
1	0～29%	no achieved	不及格

（六）常见教育证书

南非常见教育证书见表 2。

表 2 南非常见教育证书

序号	证　书	证书描述
1	General Education and Training Certificate	普通教育与培训证书,学制 3 年,准入条件为完成小学教育
2	National Senior Certificate	国家高中毕业证书,学制 3 年,准入条件为完成初中学业,持有普通教育与培训证书
3	National Certificate（Vocational）, or NC(V), or（NCV）	职业中学毕业证书,学制 3 年,准入条件为完成初中学业,持有普通教育与培训证书,毕业后可直接就业,也可以继续深造进修国家证书系列课程
4	Senior Certificate	高中毕业证书,针对年满 21 周岁以上,拥有普通教育与培训证书,未获得国家高中毕业证书,学校评估已过期的人
5	National Technical Certificate (N1)/(N2)/(N3)	国家职业技术证书(N1)/(N2)/(N3),学制 1 年/2 年/3 年,准入条件为普通教育与培训证书/国家职业技术证书(N1)/国家职业技术证书(N2),毕业后可继续深造
8	National Certificate	职业教育证书,学制 1 年,准入条件为在国家高中毕业证书或国家职业技术证书考试中获得 Certificate's Pass

序号	证　书	证 书 描 述
9	Higher National Certificate	高级职业教育证书,学制 2 年,准入条件为获得国家高中毕业证或国家职业技术证书
10	National Diploma	职业教育文凭,学制 2～3 年,准入条件为在国家高中毕业证书或国家职业技术证书考试中获得 Diploma's Pass
11	Higher National Diploma	高级职业教育文凭,完成职业技术院校(technikon)学业后额外再进修一年,准入条件为获得职业教育文凭
12	Bachelor of Technology in X (BTech in X)	技术学士学位,在职业院校完成 4 年学习后获得该证书,入学要求为在国家高中证书考试中获得 Bachelor's Pass
13	Bachelor of Arts（BA）/Science (BSc)/X(B of X)	文学/理学等学士学位,学制 3 年,准入条件为在国家高中证书考试中获得 Bachelor's Pass
14	Honours Bachelor's Degrees	荣誉学士学位,完成 3 年学士学位课程后再额外读 1 年后获得该证书
15	Bachelor of Science in Nursing (BSc Nursing)	护理学学士学位,在大学完成 4 年护理学习后获得该证书,入学要求为在国家高中证书考试中获得 Bachelor's Pass
16	Bachelor of Architecture	建筑学学士学位,在大学完成 5 年建筑学学习后获得该证书,入学要求为在国家高中证书考试中获得 Bachelor's Pass
17	Bachelor of Laws（LLB）/ Baccalaureas Procurationis（BProc）	法学学士学位,在大学完成 4 年法学学业后获得该证书,入学要求为在国家高中证书考试中获得 Bachelor's Pass
18	Bachelor of Laws(LLB)	法学学士学位,在获得商科或艺术学士学位后再读 2 年法学后获得该证书
19	Bachelor of Pharmacy (BPharm)	药学学士学位,在大学读完 4 年药学后获得该证书,该证书获得者必须完成 1 年培训后才能在南非药学协会注册,入学要求为在国家高中证书考试中获得 Bachelor's Pass

（续表）

序号	证　书	证 书 描 述
20	Bachelor of Dentistry（BDS）	口腔学学士学位,在大学完成 5.5 年口腔学学业后获得该证书,入学要求为在国家高中证书考试中获得 Bachelor's Pass
21	Bachelor of Veterinary Science（BVChM）	兽医学学士学位,完成 5～6 年兽医学学业后获得该证书,入学要求为在国家高中证书考试中获得 Bachelor's Pass
22	Bachelor of Medicine, Bachelor of Surgery	临床医学学士学位,在大学完成 6 年学业获得该证书,入学要求为在国家高中证书考试中获得 Bachelor's Pass
23	Master	硕士学位,学制一般为 1～2 年
24	Doctor of Technology（DTech）	技术博士学位,完成至少 2 年研究生学业并通过论文答辩后获得该证书
25	Doctor of Philosophy（PhD）	博士学位,完成 2～4 年研究生学业并通过论文答辩后获得该证书

斯威士兰的教育证书评估研究

一、国家概况

斯威士兰王国是非洲东南部内陆小国,北、西、南三面为南非所环抱,东与莫桑比克为邻,地处南非高原东南边缘德拉肯斯山脉的东坡。全境大部分属三级南北向延伸的高原,从东到西由海拔 100 米递升为 1 800 米,形成面积大致相等的低、中、高三级梯状地带,东部边境为山地。斯威士兰王国属亚热带气候。2018 年全国总人口为 139 万,其中斯威士族占 90%,祖鲁族和通加族占 6%,白人占 2%,其余为欧非混血人种。官方语言为英语和斯瓦蒂语。居民约 60% 信奉基督教,30% 信奉原始宗教,10% 信奉伊斯兰教。

斯威士兰是南部非洲唯一迄今仍禁止政党参加选举的国家,也是世界上少数几个仍实行绝对君主制的国家之一。斯威士兰人均国内生产总值居非洲国家前列,被世界银行列为中等偏下收入国家。工业产值在国民经济结构中居首位。

二、教　育

(一)教育概况

斯威士兰王国政府重视教育,实行小学义务教育制。2011 年教育经费占 GDP 的 7.8%,成人识字率为 86.9%。根据联合国教科文组织和世界银行的数据,斯威士兰有 541 所小学和 182 所中学。2011 年小学入学率为 107.9%,中学为 53.3%,大学为 4.4%。斯威士兰大学是全国唯一一所综合性高等学府,有学生近 4 000 人。另有 5 所师范和职业培训学校,学生 1 800 多人。

(二)教育体系

斯威士兰王国教育体系为:7—3—2—4 制度。学前教育始于 1970 年,招收 3～6 岁儿童。6 至 13 岁实行免费义务教育。斯威士兰初中和高中通常从 1 月下旬开始,一年有三个学期,分别为1月至4月、6月至8月、9月至12月。大学通常在9月开始,一年有2个学期。斯威士兰教育体系见图1。

图1 斯威士兰教育体系

（三）详解

1. 初级教育

孩子在 6 岁入初等学校,初等学校学制 7 年,这就意味着从理论上讲,孩子在 12 岁时参加一个考试,如果通过就可以获得斯威士兰小学毕业证书(Swaziland Primary Certificate,简称 SPC)。

2. 中等教育

中等教育被分为两个阶段:第一个阶段是初级中等教育,第二个阶段是高级中等教育。有几所学校则不分这两个阶段,实行的是一贯制。初级中等教育是 3 年,高级中等教育为 2 年。实行一贯制的学校则要多一年。

拿到了小学毕业证书的毕业生,并不意味着他们都能从初等学校升入中等学校,因为中等学校所容纳的学生有限。但现在教育部积极采取措施,为初等学校和中等学校提供尽可能多的必要设施,如教室、宿舍和日用器具。由于教育的财政预算非常有限,政府正和社区一起努力提供必要设施,但由于教育的需求高涨,使得这些努力面对每年的教育需求总是显得不够。

3. 高等教育

斯威士兰技术学院和斯威士兰大学提供高等教育。斯威士兰技术学院提供为期两年的工程课程,颁发文凭。斯威士兰大学提供 3 年文凭课程和 4～5 年学士学位课程。研究生课程为 2 年,需要相应领域的学士学位才能入学。论文成功答辩后,学生将获得硕士学位。斯威士兰大学不提供博士课程。

（四）考试、升级与证书制度

斯威士兰考试委员会(The Examinations Council of Swaziland,简称 ECOS)是一个半政府组织,其任务是管理考试并向斯威士兰的小学、初中和高中毕业生颁发证书。ECOS 负责以下证书考试的相关组织工作,并公布考试时间表和考试结果。ECOS 也提供可供学生下载的过去各种考试的试卷。

斯威士兰小学证书(Swaziland Primary Certificate,简称 SPC):小学证书考试科目包括英语、数学、科学、宗教教育、西斯瓦提语(SiSwati)、法语、国内经济学(home economics)、实用艺术(practical art)和体育(physical education)。

初中证书(Junior Certificate,简称 JC):在初中结束时,学生必须通过考试才能进入高中阶段。所有全日制学生考试科目有:英语、英语文学、西斯瓦提语、数学、科学、宗教教育。

斯威士兰普通教育证书（Swaziland General Certificate of Secondary Education,简称 SGCSE):在高中阶段结束时,学生也要参加公开考试,从而获得

斯威士兰普通教育证书或剑桥国际普通中等教育证书（International General Certificate of Secondary Education，简称 IGCSE）。所有全日制学生必须参加 6 门科目的考试。

斯威士兰大学的最低入学要求为在 IGCSE 或同等学历证书中至少 6 门科目获得"通过"的成绩，其中英语和其他 4 门相关科目必须取得 C 及以上成绩。此外，不同本科项目都有不同的入学要求。

（五）成绩评价制度

斯威士兰中小学阶段和大学阶段均采用百分制成绩评价制度，具体见表 1 斯威士兰成绩评价制度。

表 1　斯威士兰成绩评价制度

成绩	范围	成绩描述
A	80～100	优秀
B	70～79	良好
C	60～69	中等
D	50～59	及格
F	40～49	不及格
G	30～49	不及格
	0～29	不及格

（六）常见教育证书

斯威士兰常见教育证书见表 2。

表 2　斯威士兰常见教育证书

序号	证　书	证　书　描　述
1	Swaziland Primary Certificate	斯威士兰小学毕业证书，完成 7 年小学学业获得，学生 6 岁入学
2	Junior Certificate	初中证书，完成 3 年初中学业获得该证书，入学要求为获得斯威士兰小学毕业证书，毕业后可进一步深造
3	Primary Teachers Diploma	小学教师文凭，在教师培训学院完成 3 年学业获得该证书，入学要求为持有初中证书，毕业后可以做小学教师

序号	证　书	证 书 描 述
4	Swaziland General Certificate of Secondary Education/ International General Certificate of Secondary Education	斯威士兰普通教育证书/国际普通中等教育证书,完成 2 年高中学业获得该证书,入学要求为持有初中证书,毕业后可就业或进一步深造
5	Diploma from Swaziland College of Technology	斯威士兰理工学院文凭,完成 2 年学业,入学要求为获得斯威士兰普通教育证书/国际普通中等教育证书
6	Secondary Teachers Diploma	中学教师文凭,在教师培训学院完成 3 年学业获得该证书,入学要求为获得斯威士兰普通教育证书/国际普通中等教育证书,毕业后可做中学教师
7	Diploma from the University of Swaziland	斯威士兰大学文凭,完成 3 年高等教育学业,获得该证书,入学要求为斯威士兰普通教育证书/国际普通中等教育证书,毕业后可直接就业或进一步深造
8	Bachelor's Degree	学士学位,完成 4 年大学本科项目,获得该证书,毕业后可直接就业或进一步深造
9	Bachelor of Nursing Science	护理科学学士学位,需要在护理文凭(Diploma in General Nursing from the University of Swaziland)的基础上再完成 2 年学业,毕业后可直接就业或进一步深造
10	Bachelor of Engineering	工程学士学位,需要完成 1 年高等教育课程的基础上,再完成 4 年工程领域学业才能获得该证书,入学要求为完成 1 年高等教育,毕业后可直接就业或进一步深造
11	Bachelor of Laws	法律学士学位,完成 2 年的法律专业学业,入学要求为持有文科学士学位,毕业后可直接就业或进一步深造
12	Master of Arts, Science, Education	文学/理学/教育硕士,完成 2 年研究生课程并完成论文答辩,入学要求为获得学士学位,毕业后可直接就业或进一步深造

赞比亚的教育证书评估研究

一、国家概况

赞比亚共和国是非洲中南部的一个内陆国家,大部分属于高原地区。北靠刚果民主共和国,东北邻坦桑尼亚,东面和马拉维接壤,东南和莫桑比克相连,南接津巴布韦、博茨瓦纳和纳米比亚,西面与安哥拉相邻。

2018 年赞比亚全国总人口 1 760 万,大多属班图语系黑人。有 73 个民族,奔巴族为最大部族,约占全国人口的 33.6%,其他较大民族还有娘家族、通加族。英语是赞比亚的官方语言,也是赞比亚商业与教育的主要中介语言。此外,另有 31 种部族语言。基督教为国教,30% 的人信奉基督教和天主教,其他信奉伊斯兰教、印度教、佛教及当地原始宗教。

二、教　育

(一) 教育概况

赞比亚普及 9 年制义务教育,成人识字率约为 75%。目前全国有基础学校 8 801 所,高中 690 所,技术教育和职业培训院校 268 所,大学 3 所,即赞比亚大学、铜带大学和穆隆古希大学。约 95% 的适龄儿童能入学,其中有 20% 可继续升入中学,20～24 岁的青年中 2% 左右能享受高等教育。赞比亚政府在各地设有文化村或文化中心,以保留和发展民间传统文化和艺术。近年来,政府利用外国援助,不断加大对教育部门的资金投入。

(二) 教育体系

赞比亚的教育制度是以英国模式为基础的。赞比亚教育体系为:7—2—3 制度。义务教育从 7 岁开始,到 14 岁结束,共 7 年。小学低年级 4 年,高年级 3 年。初中为期 2 年,即 8 年级和 9 年级。高中为 3 年制,10～12 年级。

赞比亚学生学年一般从 1 月份开始，11 月份结束，一学年包括 3 个学期。赞比亚教育体系见图 1。

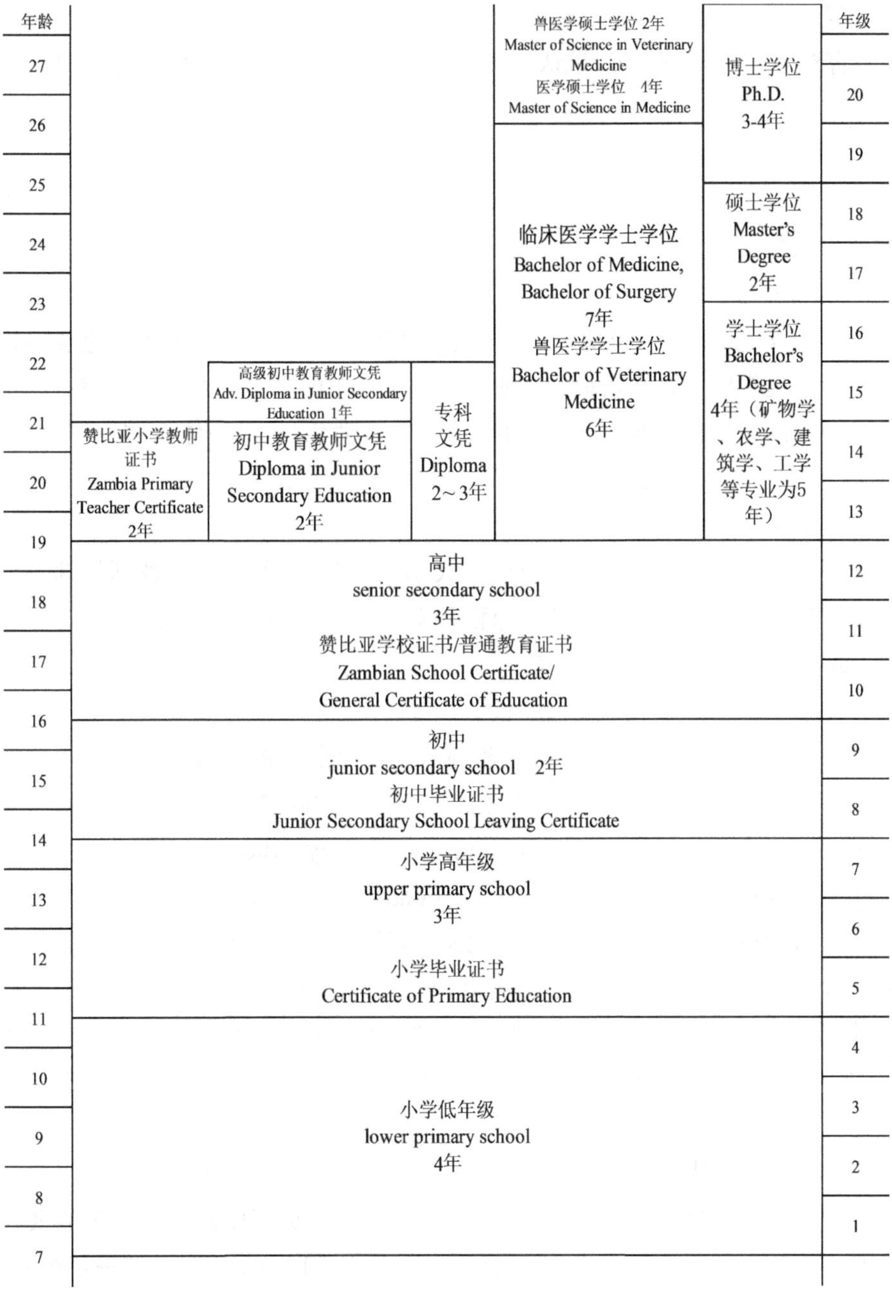

年龄						年级
27				兽医学硕士学位 2年 Master of Science in Veterinary Medicine 医学硕士学位 1年 Master of Science in Medicine	博士学位 Ph.D. 3-4年	20
26						19
25					硕士学位 Master's Degree 2年	18
24				临床医学学士学位 Bachelor of Medicine, Bachelor of Surgery 7年 兽医学学士学位 Bachelor of Veterinary Medicine 6年		17
23						学士学位 Bachelor's Degree 4年（矿物学、农学、建筑学、工学等专业为5年）	16
22		高级初中教育教师文凭 Adv. Diploma in Junior Secondary Education 1年	专科文凭 Diploma 2~3年			15
21	赞比亚小学教师证书 Zambia Primary Teacher Certificate 2年	初中教育教师文凭 Diploma in Junior Secondary Education 2年				14
20						
19						13
18		高中 senior secondary school 3年 赞比亚学校证书/普通教育证书 Zambian School Certificate/ General Certificate of Education				12
17						11
16						10
15		初中 junior secondary school 2年 初中毕业证书 Junior Secondary School Leaving Certificate				9
14						8
13		小学高年级 upper primary school 3年				7
12		小学毕业证书 Certificate of Primary Education				6
11						5
10						4
9		小学低年级 lower primary school 4年				3
8						2
7						1

图 1　赞比亚教育体系

(三) 详述

1. 基础教育

在赞比亚,1～9 年级是基础教育。有些学校提供的"基本"教育覆盖 1～9 年,9 年教育对于广大儿童来说,被认为是一个体面的教育水平。然而,学费是免费上到 7 年级。

2. 中等教育

每年只有大约 20% 的学生可继续升入高中,绝大多数学生在结束 9 年基础教育后即步入社会。

3. 职业教育

2019 年 8 月,中国—赞比亚职业技术学院成立。该学院是中国有色金属行业为非洲青年提供职业技能培训的一所开展学历教育的高等职业技术学院。获批的专业教学标准包括机械制造与自动化、信息与自动化、机电一体化、金属与非金属矿开采、机电设备维修与管理。

4. 高等教育

赞比亚大学和铜带大学这两所公立大学以及学院、研究所和教师培训学校都提供中学后课程。学院有许多证书课程和文凭课程,从 1 年到 3 年不等。

(四) 考试、升级与证书制度

赞比亚小学生 7 年级毕业时要参加 7 年级复合型考试。7 年级复合型考试是由赞比亚考试委员会组织,面向全国范围内小学毕业生的考试。该考试设置录取分数线,只有达到分数线以上的学生才能升入初中,继续初中学习。该阶段学生考试科目有:创新与技术(creative and technology studies)、英语、综合科学(integrated science)、数学、社会与发展(social and development studies)、特别考试 1 和 2(special papers 1 and 2)、赞比亚语(选考)。进入 8 年级选拔的条件是学生必须通过特别考试科目 1、科目 2 和其他 5 门科目中的 4 门,即总共要通过 6 门科目才能获得证书。分数线是由不同地区的教育当权者根据当年学校招生量来划定的,各地区的分数线不尽相同。满足以上要求的学生被授予小学毕业证书(Certificate of Primary Education)。

很多学生完成中等教育的前两年初中课程,便开始参加工作。根据当地的文化来说,学生们已经接受了良好的教育。决定继续参加高中教育的学生需要参加 9 年级或初中毕业考试。通过考试的学生可以升入 10 年级(即高中一年级)。一般来说,需要最低通过 6 门科目才能获得初中毕业证书(Junior Secondary School Leaving Certificate,简称 JSSLE),该阶段的证书是注册 12 年级考试的先决条件。

此外,参加 12 年级考试的时候还需出具 9 年级考试时的准考证号。该阶段考试基础科目有 6 科:英语、数学、环境科学、公民学、历史、地理,这 6 科也是初中阶段的必修科目。为获得初中毕业证书,所有的学生均要求参加以上所有科目的考试。此外,学生允许选择选修科目中任何两门或三门科目参加考试。必修科目和选修科目最多不能超过 9 科。

完成高中三年学业,需要参加 12 年级学校证书(School Certificate)或普通教育证书考试(General Certificate of Education,简称 GCE)。该考试决定学生能否升入第三阶段教育,即学院和大学。高中阶段科目共 7 个组别,33 门课程。所有申请学校证书考试的学生至少要求参加 6 门科目的考试。要想获得 12 年级学校证书,学生必须至少通过 6 门科目(包括英语),其中至少 1 门科目成绩为中等(credit)及以上;或至少通过 5 门科目(包括英语),其中至少 2 门科目成绩为中等及以上,而且所有的成绩均为同一次考试的成绩。

获得 GCE 证书的条件:如果考生参加 12 年级学校证书考试,但没能成功获得证书,或已经成功获得 12 年级学校证书、GCE 证书的考生,可以再次参加 GCE 证书考试。只要在考试中至少有一门科目取得 1~8 分的成绩,就可以获得 GCE 证书。参加过 GCE 证书考试的考生都可以再次参加考试,并不断获得 GCE 证书,但每次考试证书中的成绩不能合并为一张证书,也不能合并换取 12 年级学校证书。大学入学需要学生在赞比亚学校证书考试或普通教育证书考试中有 5 门科目及格。

(五)成绩评价制度

赞比亚初中毕业证书(JSSLE)等级与评价的对应关系见表 1。

表 1　赞比亚初中毕业证书等级与评价的对应关系

等级	百分比分数范围(%)	描述	对应中文意义
1	75 及以上	distinction	优秀
2	60~74	credit	良好
3	50~59	clear pass	中等
4	40~49	pass	及格
F	0~39	fail	不及格

赞比亚普通教育证书(GCE)等级与评价之间的对应关系如下:1、2 等级对应优秀(distinction),3、4 等级对应良好(merit),5、6 等级对应中等(credit),7、8 对

应及格(satisfactory),9 等级对应不及格(unsatisfactory)。普通教育证书中只显示成绩等级 1～8。等级 9 和缺考(X)尽管在成绩单(result slip)中有体现,但在证书中不体现。

(六) 常见教育证书

赞比亚常见教育证书见表 2。

表 2　赞比亚常见教育证书

序号	证书	证书描述
1	Certificate of Primary Education	小学毕业证书,完成小学 7 年级学业后获得该证书
2	Junior Secondary School Leaving Certificate	初中毕业证书,完成初中 2 年课程后获得该证书,入学要求为获得小学毕业证书
3	School Certificate/General Certificate of Education	学校证书/普通教育证书,完成高中 3 年课程后获得该证书,入学要求为获得初中毕业证书
4	Certificate in Law or Adult Education	完成 1 年大专学业获得该证书
5	Diploma in Adult Education	成人教育文凭,完成 2 年大专学业后获得该证书,入学要求为获得普通教育证书
6	Zambia Primary Teacher Certificate	赞比亚小学教师证书,完成 2 年大专学业后获得该证书,入学要求为获得普通教育证书
7	Diploma in Junior Secondary Education	初中教育教师文凭,完成 2 年大专学业后获得该证书,入学要求为获得普通教育证书
8	Craft Certificate	技工证书,完成 2 年大专学业,1 年工业实习后获得该证书
9	Technician Diploma	技师文凭,完成 2 年 4 个月大专学业获得该证书
10	Diploma	专科文凭,完成 3 年大专学业获得该证书
11	Advanced Diploma in Junior Secondary Education	高级初中教育教师文凭,获得初中教育教师文凭后再进修一年后获得该证书
12	Technology Diploma	技术文凭,3 年大专后获得该证书
13	Bachelor of Arts, Science	文学/理学学士学位,完成 4 年大学学业后获得该证书

序号	证　书	证 书 描 述
14	Bachelor of Agriculture，Engineering	农学/工学学士学位,完成 5 年大学学业后获得该证书
15	Bachelor of Veterinary Medicine	兽医学学士学位,完成 6 年大学学业后获得该学位
16	Bachelor of Medicine，Bachelor of Surgery	临床医学学士学位,学制 7 年
17	Master of Law	法律硕士,学制 1 年 3 个月
18	Master of Business Administration	工商管理硕士,学制 1.5 年
19	Master	硕士学位,完成 2 年的研究生课程学业
20	Master of Science in Medicine	医学硕士,完成 4 年研究生学业后获得该证书
21	Doctorate	博士学位,在有限的专业领域完成长达 4 年的研究生学业后获得该证书

西非国家

贝宁的教育证书评估研究

一、国家概况

贝宁位于西非中南部,东邻尼日利亚,西北、东北与布基纳法索、尼日尔交界,西与多哥接壤,南濒大西洋。海岸线长 125 公里,国土面积 112 622 平方公里,人口 1 150 万,共 60 多个部族。官方语言为法语。居民中约 65%信奉传统宗教,20%信奉基督教,15%信奉伊斯兰教。贝宁是联合国公布的最不发达国家之一和重债穷国。农业和转口贸易是国民经济两大支柱。主要经济作物有棉花、腰果、油棕榈等,其中棉花是主要出口创汇产品。贝宁是西非重要转口贸易国,到港货物多转口销往尼日利亚等周边国家。工业基础薄弱,主要为农产品加工及纺织业。资源较贫乏。

二、教 育

(一)教育概况

2010 年,贝宁教育支出占国内生产总值 5.4%。现有大学 2 所,分别为阿波美—卡拉维大学(原贝宁国立大学)和帕拉库大学,在校大学生超过 8 万。技术、专科学校约 112 所,普通中学约 246 所,小学约 3 558 所。成人识字率 38.4%。

(二)教育体系

贝宁教育体系为 6—4—3—3。学年一般 10 月份开始,次年 7 月结束,分为 3 个学期:10—12 月,次年 1—3 月,4—7 月。贝宁 2008 年实施 L—M—D 教育改革,教育体系见图 1。

(三)详解

1. 基础教育

6 至 12 岁为免费义务教育,但不强制上学。地区间入学严重不平衡,沿海省份入学率接近 100%，而北部撒哈拉地区则低得多。辍学率和复读率都很高，仅有大约 32% 的入学儿童读到 6 年级，仅有 16% 小学毕业。生师比全国平均数为 35：1，但地区间差异很大，大城镇教室拥挤不堪，农村地区生师比只有 15：1。私立学校（主要是宗教附属学校）在马克思列宁政权下被取消，不过现在都重新出现。小学（幼儿期初等教育）从 6 岁开始，为期 6 年。

2. 中等教育

普通中等教育分别由 4 年和 3 年两个阶段组成。新的教育政策开始实施之初，注册学生下降了约 25%，主要源于进入每一阶段都要进行考试。初中为 4 年制，可获得第一阶段学习文凭（Brevet d'Etudes du Premier Cycle，简称 BEPC）。普通高中提供三年课程，毕业时学生参加外部考试，通过者可获得高中文凭（Baccalauréat de l'Enseignement Secondaire）。

3. 职业教育

职业初中（collège technique）为 3 年制，学生毕业时可取得专业能力证书（Certificat d'Aptitude Professionnelle，简称 CAP）。职业高中（lycée technique）为 3 年制，可获得中等技术教育文凭（Baccalauréat de l'Enseignement Secondaire Technique）或工业技术人员文凭（Diplômede Technicien Industriel，简称 DTI）。

4. 高等教育

贝宁现有大学 2 所，分别为阿波美—卡拉维大学（原贝宁国立大学）和帕拉库大学，在校大学生超过 8 万。技术、专科学校约 112 所。在新政策实施时，中小学阶段的注册率和注册人数都有所下降，但大学的注册人数反而增加了。原因是中学毕业生的就业机会减少，而且 30% 的大学生得到奖学金，所有学生都提供住宿和餐补，使得上大学的机会成本为负。

（四）考试、升级与证书制度

基础教育阶段结束，学生参加初等教育证书考试，对写作、阅读、数学计算、历史地理、应用科学等基础知识的掌握程度进行测试，通过的学生获得小学毕业证书（Certificat d'Etudes Primaires/CEP）。

初中为 4 年制，可获得第一阶段学习文凭，即 Brevet d'Etudes du Premier Cycle/BEPC。

贝宁的普通高中教育分为很多领域，具体为 A1（外语—西班牙语、文学、英语类）、A2（外语—德语、文学、英语等）、B（地理和历史类）、C（数学类）、D（生物、数学、物理类，但也会学习法语、英语、哲学等）、E（工程和制造类）、G1（贸易类）、G2（财务、计算、管理类）、G3（管理类）、F（F1、F2、F3，主要关于机械、建筑类）。学生

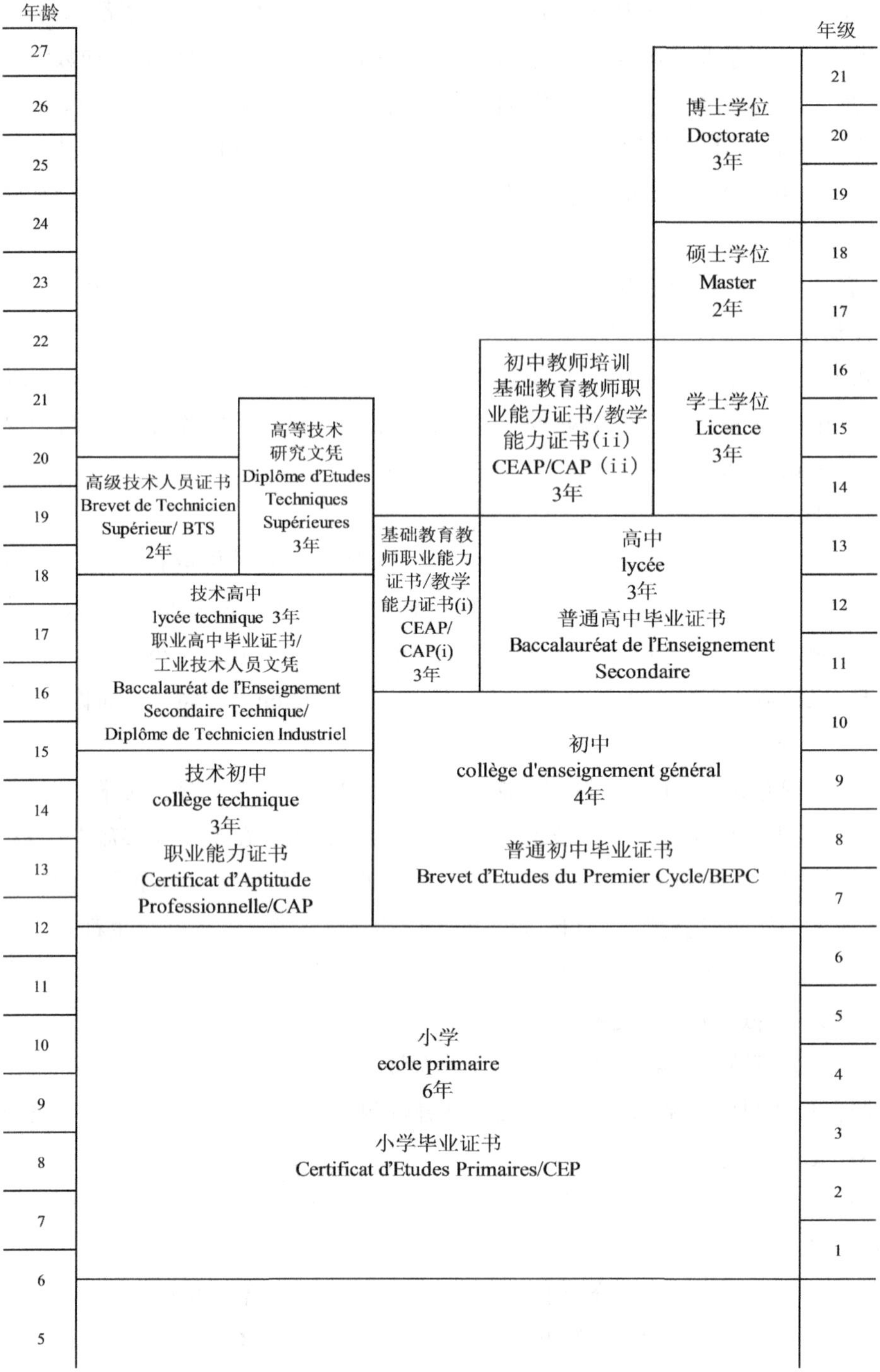

年龄

年级

27	
26	21
25	博士学位 Doctorate 3年
24	20
23	19

硕士学位
Master
2年

18

17

初中教师培训
基础教育教师职
业能力证书/教学
能力证书(ii)
CEAP/CAP（ii）
3年

学士学位
Licence
3年

16

15

高等技术
研究文凭
Diplôme d'Etudes
Techniques
Supérieures
3年

14

高级技术人员证书
Brevet de Technicien
Supérieur/ BTS
2年

基础教育教
师职业能力
证书/教学
能力证书(i)
CEAP/
CAP(i)
3年

高中
lycée
3年
普通高中毕业证书
Baccalauréat de l'Enseignement
Secondaire

13

12

11

技术高中
lycée technique 3年
职业高中毕业证书/
工业技术人员文凭
Baccalauréat de l'Enseignement
Secondaire Technique/
Diplôme de Technicien Industriel

10

初中
collège d'enseignement général
4年

普通初中毕业证书
Brevet d'Etudes du Premier Cycle/BEPC

9

8

7

技术初中
collège technique
3年
职业能力证书
Certificat d'Aptitude
Professionnelle/CAP

6

5

小学
ecole primaire
6年

小学毕业证书
Certificat d'Etudes Primaires/CEP

4

3

2

1

年龄: 27, 26, 25, 24, 23, 22, 21, 20, 19, 18, 17, 16, 15, 14, 13, 12, 11, 10, 9, 8, 7, 6, 5

图 1　贝宁教育体系

在高中毕业时参加外部考试（Baccalauréat de l'Enseignement Secondaire，简称BAC），是法系教育体系中通过高中毕业考试后获得的学历。该毕业考试分为三个学科组：科学（理科）、经济学与社会科学（人文学科）、文学。具体测试的科目分为第一组的法语、历史与地理，第二组的第一外语、第二外语、数学、物理和化学、生命科学、工程科学、生物和生态学、哲学、体育等，一般来说学生会考 7 门科目，但也视学生的具体学习领域而定。该考试每年 6 月或 7 月举行，事实上贝宁的所有考试几乎都在 6 月和 7 月举行，由教育部进行统一计划和安排。

高中毕业证书持有者都有资格升入大学。贝宁大学有两种形式：开放式和封闭式，前者没有选拔，凭高中毕业证书就可以进入，后者则分级考试和其他方法进行选拔。在申请大学时，一般除了要求提供 Baccalauréat 证书外，还要求提供BEPC 或 CAP 等初中学历证书。

（五）成绩评价制度

贝宁采用法国成绩评价制度，成绩满分 20 分。老师很少给到学生 18～20 分。和大多数采用法国教育体系的国家一样，8～9 分通常被认为是不及格等级，但如果学生学年平均分在 10 分及以上，则被认为"勉强通过"，具体由学校管理者来决定。但在高等教育阶段，获得 8～9 分的学生通常被要求重修课程。贝宁成绩评价制度见表 1。

表 1　贝宁成绩评价制度

等级	分数	描述	对应中文意义
A	16～20	très bien	优秀
B+	14～15	bien	好
B	12～13	assez bien	良好
C	10～11	passable	一般
F	0～9	ajourné	不及格

（六）常见教育证书

贝宁常见教育证书见表 2。

表 2　贝宁常见教育证书

序 号	证　书	证书描述
1	Certificat d'Etudes Primaires/CEP	小学毕业证书,完成 6 年小学学业,考试通过后获得该证书,入学年龄为 6 岁
2	Certificat d'Aptitude Professionnelle/CAP	职业能力证书,完成 3 年职业初中学业,通过考试后获得该证书,准入条件为获得小学毕业证书
3	Brevet d'Etudes du Premier Cycle/BEPC	普通初中毕业证书,即第一周期学习文凭,学制 4 年,准入条件为获得小学毕业证书
4	Certificat Élémentaire d'Aptitude Professionnelle/Certificat d'Aptitude Pédagogique CEAP/CAP(i)	基础教育教师职业能力证书/教学能力证书(i),学制 3 年,准入条件为获得普通初中毕业证书,毕业后可做小学教师
5	Baccalauréat de l'Enseignement Secondaire Technique	职业高中毕业证书,完成 3 年职业高中学业,通过考试获得该证书,入学要求为获得职业能力证书
6	Diplôme de Technicien Industriel/DTI	工业技术人员文凭,完成 3 年职业高中学业可获得该文凭,准入条件为获得职业能力证书
7	Baccalauréat de l'Enseignement Secondaire	普通高中毕业证书,学制 3 年,准入条件为获得普通初中毕业证书
8	Brevet de Technicien Supérieur/BTS	高级技术人员证书,学制 2 年,准入条件为获得职业高中毕业证书或普通高中毕业证书
9	Certificat Élémentaire d'Aptitude Professionnelle/Certificat d'Aptitude Pédagogique CEAP/CAP (ii)	基础教育教师职业能力证书/教学能力证书(ii),在师范学校完成 3 年学业后获得,入学要求为获得普通高中毕业证书,毕业后可做初中教师
10	Diplôme d'Etudes Techniques Supérieures	高等技术研究文凭,完成理工专科学院 3 年学业,入学要求为获得职业高中毕业证书
11	Licence	学士学位,学制 3 年,准入条件为高中毕业证书
12	Master	硕士学位,学制 2 年,准入条件为学士学位
13	Doctorate	博士学位,学制 3 年

布基纳法索的教育证书评估研究

一、国家概况

布基纳法索是位于非洲西部的内陆国。东北与尼日尔为邻,东南与贝宁相连,南与科特迪瓦、加纳、多哥交界,西、北与马里接壤。属热带草原气候,年平均气温27℃。原名上沃尔特共和国,1984年8月4日由托马斯·桑卡拉总统更名为"布基纳法索"。布基纳法索的意思是"正直人民的土地"。这个名字是为了反映这个国家所说的两种主要语言。"布基纳法索"在摩罗语中是指"正直的人","法索"在迪乌拉语中是指"父亲的家"。

布基纳法索人口1 919万,识字率为21.8%,为非洲最低。官方语言为法语,但并不广泛使用。布基纳法索90%的人说的语言来自苏丹语系。50%的居民信奉原始宗教,30%信奉伊斯兰教,20%信奉天主教。它是世界上最贫穷的国家之一,自然资源很少。

二、教　育

(一)教育概况

2002/2003年,布基纳法索国民教育投入占国家预算支出的14.7%。2005年小学入学率为45%,中学入学率为11%。有小学3 368所,在校学生705 927人。中学293所,在校学生146 850人。高等学府3所,即瓦加杜古大学、博博工科综合大学和库杜古高等师范学校,其中瓦加杜古大学为综合性大学,注册学生约1万人。除本国学生外,还有非洲国家的留学生。2005年成人识字率23.6%。2002/2003年,国民教育投入占国家预算支出的14.7%。此外,还有各种扫盲、培训中心3 978个,约11万人学习。

（二）教育体系

布基纳法索实施 6—4—3—2＋教育体系，小学 6 年，初中 4 年，高中 3 年。高等教育第一阶段 2 年，在此基础上再学习 1 年获得学士学位。布基纳法索学年一般始于 10 月，结束于次年 7 月。布基纳法索教育体系见图 1。

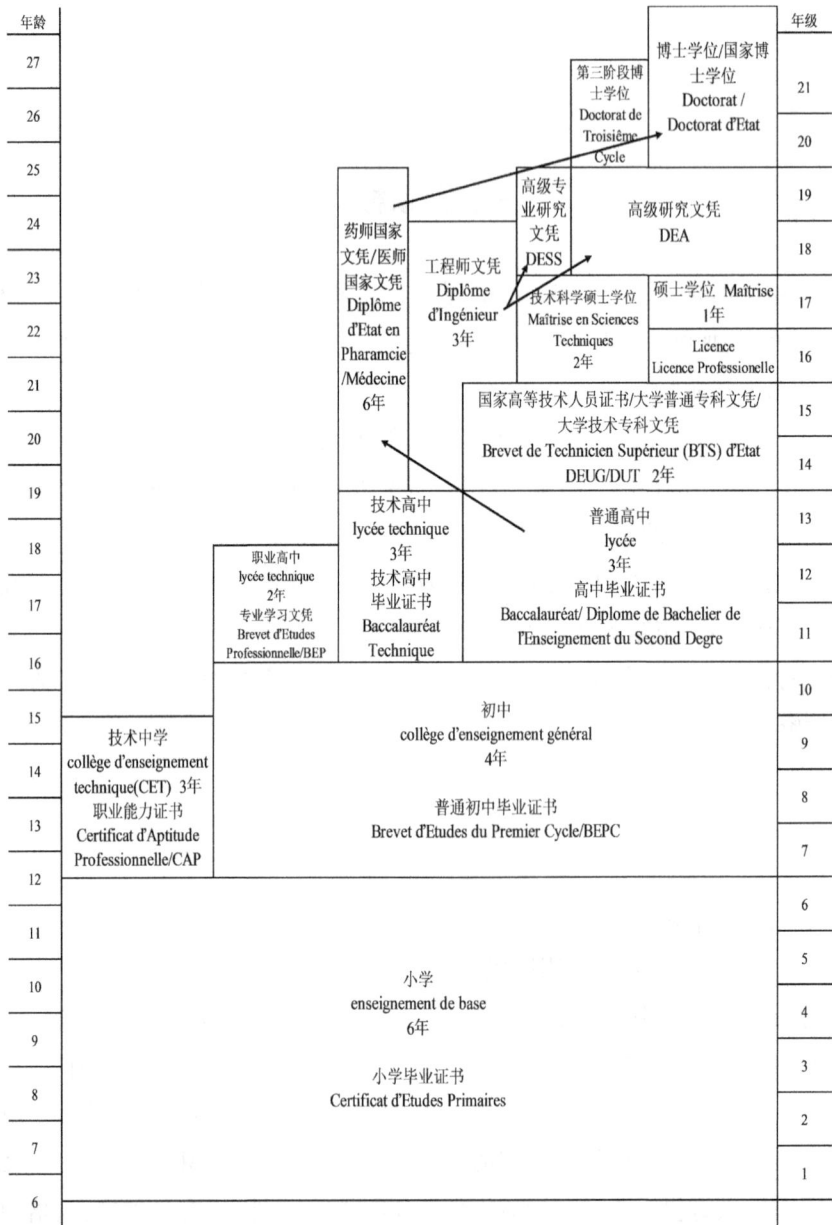

图 1　布基纳法索教育体系

（三）详解

1. 基础教育

从 6 岁到 16 岁是义务教育，但达到小学入学年龄的儿童中只有 40% 入学，在所有在读学生中，女生仅占 35%。基础教育（enseignement de base）为 6 年，完成学业的学生将授予小学毕业证书（Certificat d'Etudes Primaires）。

2. 中等教育

完成基础教育后，学生可以继续初中阶段的普通学习或技术/职业学习。达到中学入学年龄的儿童中只有 9.2% 入学。完成普通初中（collêges d'enseignement général）学业后，学生将获得第一阶段学习证书（Brevet d'Etudes du Premier Cycle/BEPC），即初中毕业证书。

初中毕业后，学生可以选择继续在高中阶段学习技术或常识。普通中学的高中学制 3 年，完成学业的学生通过考试将获得高中毕业证书（Baccalauréat Diplôme de Bachelier de l'Enseignement du Second Degre）。

3. 职业教育

基础教育结束后，一部分学生进入职业学校。技术初中（collêges d'enseignement technique/CET）提供技术/职业初中课程，该课程为期 3 年，毕业生可获得专业能力证书（Certificat d'Aptitude Professionnelle/CAP）。

技术高中提供高级技术课程，分 2 年制和 3 年制课程。2 年制课程技术性较高，学术性较低，毕业生将获得专业研究证书（Brevet d'Etudes Professionnelles/BEP）。3 年制课程是学术性和技术性相结合的课程，毕业生将获得技术文凭（Baccalauréat Technique）。

4. 高等教育

布基纳法索共有 3 所公立大学：瓦加杜古大学（Université de Ouagadougou）、波博—迪乌拉索理工大学（Université Polytechnique de Bobo—Dioulasso）和库杜古大学（Université de Koudougou）。申请大学需要提供高中毕业证书（Baccalauréat）。

此外，公立和私立院校提供大专课程。国立液压和农村装备高级技师学校（Ecole Inter—Etats des Techniciens Supérieurs de rHydraulique et de l'Equipement Rural）是一所公共机构，提供为期 2 年的课程，向毕业生授予高级技师证书。

（四）考试、升级与证书制度

完成普通初中（collêges d'enseignement général）学业后，学生将获得第一阶段学习证书（Brevet d'Etudes du Premier Cycle/BEPC），即初中毕业证书。普通高中学制 3 年，完成学业的学生通过考试将获得高中毕业证书（Baccalauréat Diplôme de Bachelier de l'Enseignement du Second Degre）。完成 3 年的技术初中学业，学生可获得专业能力证书（Certificat d'Aptitude Professionnelle/CAP）。完成 2 年技术高中学业，学生将获得专业研究证书（Brevet d'Etudes Professionnelles/BEP）。完成 3 年制技术高中，学生将获得技术文凭（Baccalauréat Technique）。

布基纳法索的普通高中分为 A、B、C、D、F 等不同的领域，不同领域学习的科目和侧重点不同，如 A 类侧重文科学习，B3 类侧重财会知识的学习，C 类侧重数学，D 类是文科及普通理科学习，F3 类侧重电力学习，F4 类侧重技术学习，每一类所修科目不同，如 D 类学生需要修法语、英语、物理、化学、生命科学、地理科学、数学、哲学、体育、家庭经济。高中教育的毕业考试为 Baccalauréat，测试学生在高中所学的所有科目，通常在 7 月份进行考试，该考试也是衡量学生是否能够进入大学继续学习的标准。

（五）成绩评价制度

布基纳法索采用法国成绩评价制度，20 分为满分。学校很少给到学生 18～20 分。和大多数采用法国教育体系的国家一样，8～9 分通常被认为是不及格等级，但如果学年平均分在 10 分及以上，则被认为"勉强通过"，具体由学校管理者来决定。但在高等教育阶段，获得 8～9 分的学生通常被要求重修课程。布基纳法索成绩评价制度见表 1。

表 1 布基纳法索成绩评价制度

等级	分数	描述	对应中文意义
A	16～20	très bien	优秀
B+	14～15	bien	好
B	12～13	assez bien	良好
C	10～11	passable	一般
F	0～9	ajourné	不及格

（六）常见教育证书

布基纳法索常见教育证书见表 2。

表 2　布基纳法索常见教育证书

序号	证　书	证书描述
1	Certificat d'Etudes Primaires	小学毕业证书，完成 6 年基础教育后，授予该证书，入学年龄为 6 岁
2	Certificat d'Aptitude Professionnelle/CAP	专业能力证书，在技术初中完成 3 年学业，准入条件为获得小学毕业证书，毕业后可继续下一级教育
3	Brevet d'Etudes du Premier Cycle/BEPC	普通初中毕业证书，即第一周期学习证书，完成普通中学 4 年学业，准入条件为获得小学毕业证书
4	Brevet d'Etudes Professionnelles/BEP	专业研究证书，完成两年制技术高中学业，准入条件为获得普通初中毕业证书
5	Baccalauréat Technique	技术文凭，完成三年制技术高中学术性和技术性结合的课程，准入条件为获得普通初中毕业证书
6	Baccalauréat/Diplome de Bachelier de l'Enseignement du Second Degre	普通高中毕业证书，完成三年制普通高中学业，准入条件为获得普通初中毕业证书，毕业后可直接就业或继续下一级教育
7	Brevet de Technicien Supérieur（BTS）d'Etat	国家高等技术人员证书，完成大学第一阶段 2 年学业，准入条件为普通高中毕业证书或技术文凭
8	Diplôme d'Etudes Universitaires Générales/DEUG	大学普通专科文凭，完成 2 年大学第一阶段学业，可获得该证书，入学要求为获得普通高中毕业证书或技术文凭，毕业后可就业或继续下一级教育
9	Diplôme Universitaire de Technologie/DUT	大学技术专科文凭，学制 2 年，准入条件为获得普通高中毕业证书或技术文凭
10	Licence	学士学位，学制 1 年，准入要求为获得 DEUG 证书

（续表）

序号	证　书	证　书　描　述
11	Licence Professionelle	专业学士学位,学制1年,准入要求为获得DEUG/DUT/BTS证书
12	Maîtrise	硕士学位,学制1年,准入要求为获得学士学位证书
13	Maîtrise en Sciences Techniques	技术科学硕士学位,学制2年,准入要求为获得DEUG证书,毕业后可就业或继续下一级教育
14	Diplôme d'Ingénieur	工程师文凭,学制3年,准入要求为获得DEUG证书,毕业后可就业或继续下一级教育
15	Diplôme d'Etat de Docteur en Pharamcie/Médecine	药师国家文凭/医师国家文凭,完成6年药学学业后获得该证书,准入条件为获得普通高中毕业证书或技术文凭
16	Diplôme d'Etudes Supérieures Spécialisées/DESS	高级专业研究文凭,完成2年大学第三阶段学业,准入条件为获得硕士学位（Maîtrise）或工程师文凭（Diplôme d'Ingénieur）
17	Diplôme d'Etudes Approfondies/DEA	高级研究文凭,完成2年大学第三阶段(研究生)学业,准入条件为获得硕士学位或工程师文凭
18	Doctorat de Troisième Cycle	第三阶段博士学位,完成2年研究生学业后授予该学位,准入条件为持有DEA证书
19	Doctorat/Doctorat d'Etat	博士学位/国家博士学位,完成3～5年研究生学业,准入条件为持有DEA证书

多哥的教育证书评估研究

一、国家概况

多哥位于非洲西部,南濒几内亚湾,东邻贝宁,西接加纳,北与布基纳法索接壤。海岸线长 56 公里。南部属热带雨林气候,北部属热带草原气候。年平均气温沿海地区为 27℃,北部为 30℃。多哥国土面积 56 785 平方公里。2018 年人口 790万。全国有 41 个部族:南部以埃维族和米纳族为主,分别占全国人口的 22% 和6%;中部阿克波索、阿凯布等族占 33%;北部卡布列族占 13%。官方语言为法语。民族语言以埃维语和卡布列语较通用。居民中约 70% 信奉拜物教,20% 信奉基督教,10% 信奉伊斯兰教。

二、教 育

(一)教育概况

全国小学 5 019 所,在校学生 91.5 万人,入学率达 88%,小学教师 2.3 万人;初中 686 所,学生 20.4 万人,升学率 22%,教师 5 400 多人;高中 105 所,学生 3.9 万,教师 1 700 多人。此外,全国技术教育和职业培训学校共有 68 所(包括公立、私立和教会学校)。2010 年,共有 39 725 名高中生和 11 403 名技校学生参加大学入学考试。据世界银行统计,2008 年成人总体识字率为 65%。

高等学校有洛美大学(原名贝宁大学,2001 年改称现名),1970 年建校,设 5 个学院、5 个系、2 个研究所和 2 个培训中心,现有学生约 1.7 万人,教师约 1 000 人。1999 年初政府决定在埃亚德马总统的家乡卡拉兴建第二所大学,2004 年建成,有学生 6 000 至 7 000 人。

(二)教育体系

多哥的教育分为一级教育(小学)、二级教育(初中)、三级教育(高中)和四级教

育(大学),共四级。一级教育即小学教育,学制 6 年。二级教育分为职业初中和普通初中,学制 4 年。三级教育为高中教育,学制 3 年。四级教育为高等教育。多哥学年一般始于 9 月份,结束于次年 6 月。多哥教育体系见图 1。

年龄					年级
27					22
26			博士 Doctorat Unique 2~3年 Doctorat de Spécialité de Troisième Cycle 1~2年		21
25					20
24					19
23			DESS/DEA 1~2年		18
22		硕士学位 Maîtrise 2年		硕士学位 Maîtrise 1年	17
21	高级专业技术人员文凭 DTSS 1年	学士学位 Licence 1年		学士学位 Licence 1年	16
20	大学技术专科文凭 DUT 2年	大学 Université de Lomé 2年 大学理学专科文凭 DUES		大学 Université de Lomé 2年 文学专科/普通专科文凭 DUEL/DEUG	15
19					14
18		普通高中 lycée 3年 高中会考证书（第一阶段） Baccalauréat de l'Enseignement Secondaire(1ère partie) 2年 高中会考证书（第二阶段） Baccalauréat de l'Enseignement Secondaire(2ème partie) 3年 中学毕业证书 Certificat de Fin d'Etudes Secondaires 3年			13
17					12
16					11
15	职业/技术初中 collège d'enseignement technique 4年 职业能力证书/中等专业文凭 Certificat d'Aptitude Professionnelle/CAP Brevet d'Etudes Professionnelles/BEP	普通初中 collège d'enseignement général 4年 普通初中毕业证书 Brevet d'Etudes du Premier Cycle du Second Degré/BEPC			10
14					9
13					8
12					7
11					6
10					5
9		小学 ecole primaire 6年 小学毕业证书 Certificat d'Etudes du Premier Degré/CEPD			4
8					3
7					2
6					1
5					

图 1 多哥教育体系

（三）详解

1. 一级教育（基础教育）

虽然多哥从 5 岁到 15 岁是义务教育，从 5 岁开始进行幼儿园教育，但学生入学率很低。小学教育为期 6 年，即一级教育。顺利完成小学学业后，学生将获得一级教育证书（Certificat d'Etudes du Premier Degré/CEPD）。

2. 二级教育（初中教育）

小学毕业后，学生进入职业/技术初中或普通初中进行二级教育。职业/技术初中提供职业/技术课程，普通初中提供普通课程，学制均为 4 年。

3. 三级教育（高中教育）

高中教育即三级教育，由普通高中、中专或长期技术学校提供，已完成普通初中学业的学生可以申请。高中 3 年制，分普通高中课程和技术课程两类。

4. 四级教育（高等教育）

多哥的高等教育分三级。洛美大学和其他几所学校提供高等教育，卡拉大学（Université de Kara）最近开始授课。如学生想接受高等教育，需要通过高中第二阶段会考（Baccalauréat de l'Enseignement Secondaire Deuxième Partie），并获得相应证书。

（四）考试、升级与证书制度

顺利完成 6 年小学学业，学生将获得一级教育证书（Certificat d'Etudes du Premier Degré/CEPD）。进入中学后，根据学习课程的不同，学生完成职业/技术初中学业，可获得专业能力证书（Certificat d'Aptitude Professionnelle/CAP）或专业研究证书（Brevet d'Etudes Professionnelles），普通初中学生毕业时将获得初中毕业证书（Brevet d'Etudes du Premier Cycle du Second Degré/BEPC）。

高二学习结束时，学生将参加高中第一阶段会考（Baccalauréat de l'Enseignement Secondaire Premiere Partie）。完成全部三年高中课程但未参加或未通过第二阶段会考（Baccalauréat de l'Enseignement Secondaire Deuxième Partie，简称 BAC）的学生，将被授予中学文凭证书（Certificat de Fin d'Etudes Secondaires）。

多哥学生在高中学习多门科目，包括数学、科学、化学、生物、法语、物理、地理等，学生可以进行选修。高中第二阶段会考一般 6 月或 7 月份举行，学生根据自己的学习领域（社会科学、理科等）选择 8～10 门进行考试，该考试也是衡量学生是否能够进入大学学习的标准。2019 年，多哥有 17 000 名学生参加 BAC 考试。获得

Baccalauréat 证书才有机会进入大学。每所大学有自己的录取标准,一般来说平均分达到 12 分才有机会进入大学本科项目。

(五)成绩评价制度

多哥采用法国成绩评价制度,成绩满分为 20 分。老师很少给到学生 18~20 分,8~9 分通常被认为是不及格等级,但如果学生学年平均分在 10 分及以上,则被认为"勉强通过",具体由学校管理者来决定。多哥成绩评价制度见表 1。

表 1 多哥成绩评价制度

等级	分数	描述	对应中文意义
A	16~20	très bien	优秀
B+	14~15	bien	良好
B	12~13	assez bien	中等
C	10~11	passable	一般
F	0~9	ajourné	不及格

(六)常见教育证书

多哥常见教育证书见表 2。

表 2 多哥常见教育证书

序号	证　书	证书描述
1	Certificat d'Etudes du Premier Degré/CEPD	小学毕业证书,即一级教育证书,小学 6 年学业(一级教育)顺利完成后,学生将获得该证书,入学年龄为 6 岁
2	Brevet d'Etudes du Premier Cycle du Second Degré/BEPC	普通初中毕业证书,4 年初中学业完成后,学生将获得该证书,准入条件为获得小学毕业证书
3	Certificat d'Aptitude Professionnelle/CAP	职业能力证书,4 年职业/技术学业完成后,可获得专业能力证书,准入条件为获得小学毕业证书
4	Brevet d'Etudes Professionnelles/BEP	中等专业文凭,完成 4 年职业学业后,可获得该证书,准入条件为获得小学毕业证书

序号	证 书	证书描述
5	Baccalauréat de l'Enseignement Secondaire (1ère partie) /(2ème partie)	高中会考证书(第一阶段)/(第二阶段),完成 2 年/3 年高中学业,通过外部考试,准入条件为获得普通初中毕业证书/高中会考证书(第一阶段)
6	Certificat de Fin d'Etudes Secondaires	中学毕业证书,完成三年学业但未参加或参加未通过高中毕业会考证书(第二阶段)的学生将被授予该证书。准入条件是获得高中毕业会考证书(第一阶段),但该证书不建议作为升入中国大学的录取材料依据
7	Diplôme Universitaire de Technologie/ DUT	大学技术专科文凭,学制 2 年,准入条件为获得高中会考证书(第二阶段),毕业后可就业或继续下一级教育
8	Diplôme Universitaire d'Etudes Scientifiques/DUES	大学理学专科文凭,完成 2 年大学第一阶段理科专业领域学业后将获得该证书,准入条件为获得高中会考证书(第二阶段),毕业后可就业或继续下一级教育
9	Diplôme Universitaire d'Etudes Littéraires/DUEL	大学文学专科文凭,学制 2 年,准入条件为获得高中会考证书(第二阶段),毕业后可就业或继续下一级教育
10	Diplôme d'Etudes Universitaires Générales/DEUG	大学普通专科文凭,学制 2 年,准入条件为获得高中会考证书(第二阶段),毕业后可就业或继续下一级教育
11	Diplôme de Technicien Supérieur Specialisé/DTSS	高级专业技术人员文凭,获得 DUT 的学生再继续学业 1 年,拿到该证书,准入条件为获得 DUT 证书
12	Diplôme de Technicien Supérieur	高级技术人员文凭,完成大学第一阶段 3 年学业,准入条件为获得高中会考证书(第二阶段),毕业后直接就业
13	Licence	学士学位,学制 1 年,准入条件为 DUES/ DUEL/DUEG 等

（续表）

序号	证　书	证　书　描　述
14	Certificat de Maîtrise	硕士证书,在学士学位的基础上再完成 1 年学业或在 DUES 的基础上再完成 2 年学业
15	Master Recherche	研究型硕士学位,学制 4 年,准入条件为获得高中会考证书(第二阶段),从学习年限上讲,该学位仅相当于中国学士学位
16	Diplôme d'Ingénieur	完成 5 年学业,建筑和工程专业的学生将获得工程师文凭
17	Docteur en Médecine	医师专业学位,学制 7 年,入学要求为获得高中会考证书(第二阶段)
18	Diplôme d'Etudes Supérieures Spécialisées/DESS	高等专业研究文凭,完成大学第三阶段 1~2 年的研究生学业,准入条件为获得硕士证书(Certificat de Maîtrise),毕业后可就业或继续下一级教育
19	Diplôme d'Etudes Approfondies/DEA	高等研究文凭,完成大学第三阶段 1~2 年研究生学业,准入条件为持有硕士证书
20	Doctorat d'Ingénieur	工程博士学位,学制 3 年,准入条件为获得设计工程师文凭
21	Doctorat de Spécialité de Troisième Cycle	第三阶段专业博士,完成 1~2 年的博士研究生学业,并完成论文答辩,入学要求为获得 DESS/DEA 证书
23	Doctorat Unique	博士学位证书,学制 2~3 年,准入条件为获得 DEA 证书

佛得角的教育证书评估研究

一、国家概况

佛得角在北大西洋的佛得角群岛上,东距非洲大陆最西点佛得角(塞内加尔境内)500 多公里,海岸线长 912.5 公里,1495 年沦为葡萄牙殖民地,1975 年 7 月 5 日宣布独立。

佛得角国土面积 4 033 平方公里。2017 年,人口为 54 万人,绝大部分为克里奥尔人,占人口总数的 71%;黑色人种占 28%,欧洲人种占 1%。官方语言为葡萄牙语,民族语言为克里奥尔语。98% 的居民信奉天主教,少数人信奉基督教新教等其他宗教。

二、教 育

(一)教育概况

佛得角政府重视发展教育事业,2012—2017 年教育支出占国内生产总值的平均比例为 5.4%。实行中小学义务教育,小学适龄儿童入学率已达 100%,小学辍学率为 8.6%,中学入学率为 93%。重视成人教育,设有各类培训中心。全国共有 516 家幼儿园,419 所小学,49 家中学,2013/2014 学年共有注册学生 142 266 人,教师 7 105 名。2006 年 11 月,佛得角成立第一所公立大学——佛得角大学。目前,佛得角共有 11 所高等教育机构,其中 6 所大学,5 所学院。2011/2012 学年共有 1 316 名大学教师,其中 63.5% 拥有学士及以上学位;共有 1.18 万名大学生在读,相当于全国 18~22 岁人口中的 20.7%。2015 年全国成人识字率达 86.8%,其中 15~24 岁青年人口中女性识字率达 98.7%,男性识字率达 97.6%。

(二)教育体系

佛得角教育体系参照葡萄牙 6—6—3 教育体系,小学 6 年,中学 6 年,大学本

科 3 年。佛得角学年始于 10 月,结束于次年 6 月。佛得角教育体系见图 1。

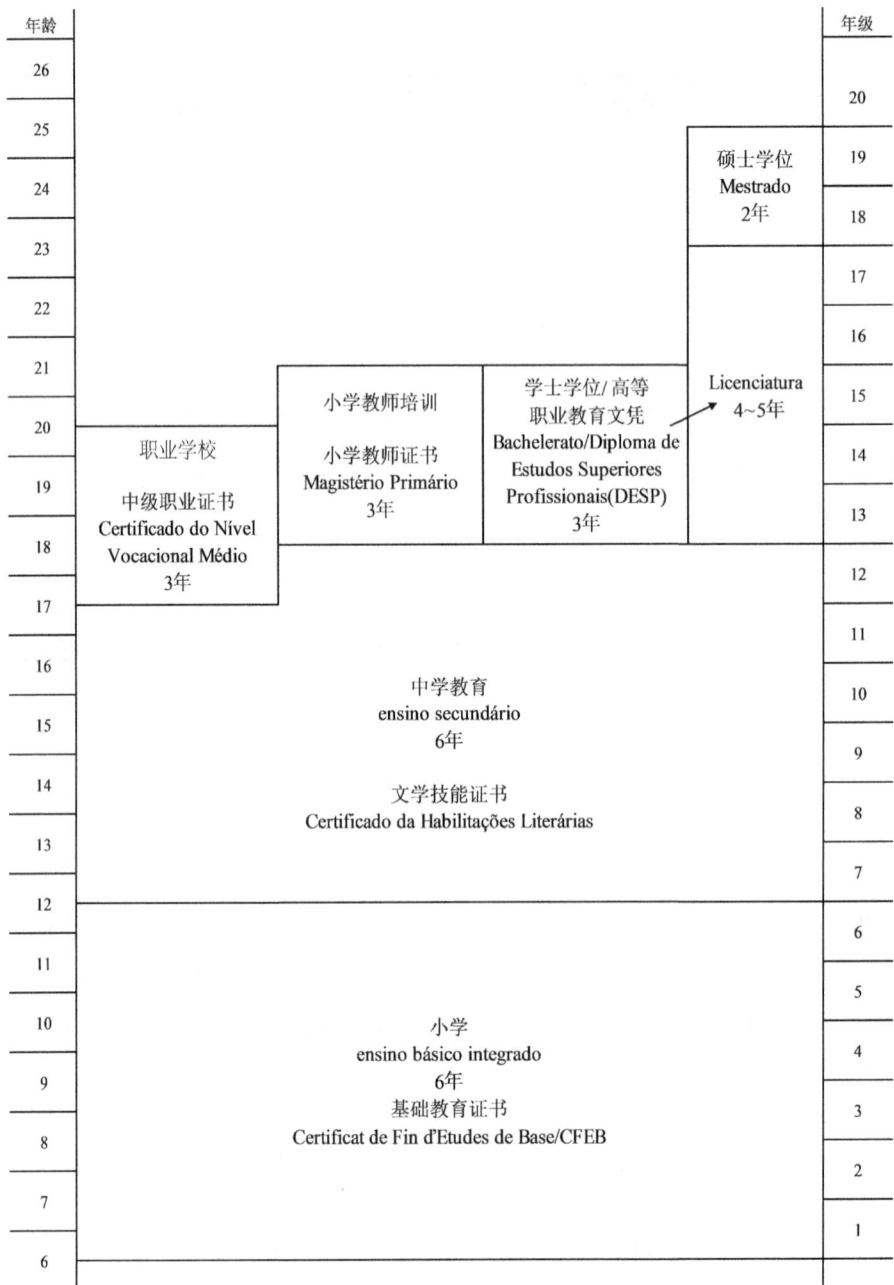

图 1　佛得角教育体系

（三）详解

1. 初等教育

在佛得角，孩子们 6 岁开始上小学，但如果没有参加过学前教育的学生必须等到 7 岁才可以上小学。小学 6 年，被分为 3 个周期，每个周期各 2 年。90% 的孩子都能拿到教科书。

2. 中等教育

中学（ensino secundério）6 年，同样被分为 3 个周期，每个周期各 2 年。第 1 个周期内，所有学生课程一样，是通用课程。第 2 个周期开始，学生分普通（geral）方向和技术（técnica）方向。完成后，学生参加国家考试，获得文学技能证书（Certificado da Habilitações Literárias）。

3. 职业教育

学生在完成 5 年中学教育后，可进入职业学校学习 3 年，完成学业被授予中级职业证书（Certificado do Nível Vocacional Médio）。

4. 高等教育

佛得角大学是佛得角第一所公立大学，2006 年成立，2014 年开始建设新校园。近年来，佛得角新建了多家大学。2001 年，第一家私立大学让皮亚杰大学（Jean Piaget University of Cape Verde）成立。

佛得角目前没有博士学位教育项目。

（四）考试、升级与证书制度

在佛得角，小学毕业时，学生统一参加考试，合格的学生将获得基础教育证书（Certificat de Fin d'Etudes de Base）。

完成 6 年中学教育，学生将参加全国性考试，考试合格者将被授予文学技能证书（Certificado da Habilitações Literárias ），即中学毕业证书。该全国性考试即为大学入学考试，学生凭该考试成绩申请大学。

（五）成绩评价制度

佛得角的评价制度采用葡萄牙的 0～20 分模式，10 分为最低及格分数。佛得角成绩评价制度见表 1。

表 1　佛得角成绩评价制度

分数	描述	对应中文意义
16～20	muito bom	优秀
13～15	bom	良好

（续表）

分数	描述	对应中文意义
10～12	suficiente	及格
0～9	insuficiente	不及格

（六）常见教育证书

佛得角常见教育证书见表2。

表2　佛得角常见教育证书

序列	证　书	证书描述
1	Certificat de Fin d'Etudes de Base/CFEB	基础教育毕业证书，完成小学6年学业后获得该证书，6岁入学
2	Certificado da Habilitações Literárias	文学技能证书，完成中学6年学业后获得该证书
3	Diploma de Especialização Tecnológica/DET	技术专业文凭，完成3年继续教育后获得该证书
4	Certificado do Nível Vocacional Médio	中级职业证书，完成中学5年教育后再完成3年职业教育
5	Magistério Primário	小学教师证书，在佛得角师范学院完成3年学业获得该证书
6	Diploma de Estudos Superiores Profissionais/DESP	高等职业教育文凭，大学完成3年学业后获得该证书
7	Bachelerato	学士学位，完成3年高等教育学业后获得该证书，入学要求为获得中学毕业的文学技能证书
8	Licenciatura	学士学位，完成4年高等教育学业后获得该证书，法律专业为5年，入学要求为获得中学毕业的文学技能证书或高等职业教育文凭，相当于中国的本科学士学位
9	Mestrado	硕士学位，完成2年研究生教育学业，入学要求为获得硕士学位（Licenciatura），相当于中国的硕士学位

冈比亚的教育证书评估研究

一、国家概况

冈比亚位于非洲西部,为一狭长平原,嵌入塞内加尔共和国境内。西濒大西洋,海岸线长 48 公里。属热带草原气候,内地平均气温约 27℃。

冈比亚国土面积 11 295 平方公里。2017 年,人口 235 万。官方语言为英语,民族语言有曼丁哥语、沃洛夫语、富拉语(又称颇尔语)和塞拉胡里语等。居民 90%信奉伊斯兰教,其余信奉基督教新教、天主教和原始宗教。

二、教　育

(一) 教育概况

2005—2014 年冈比亚每年教育支出平均占国内生产总值的 4.1%。成人识字率为 52%,小学适龄儿童入学率为 87%,小学辍学率为 27%。全国设有 270 个扫盲中心。低阶基础教育实行免费教育。冈比亚大学为最高学府,成立于 1999 年,设医学、农业与生物、科技、人文、社科、教育及经济学院,年招生约 1 000 名。冈比亚学院的教育工作者设计的全国小学教育课程是统一的。一些学生在私立幼儿园开始他们的教育,大约 4~5 岁入园。政府指导的教育从 1 年级开始,学生 7 岁入学。学校的课程是用英语授课的。

(二) 教育体系

冈比亚实施 9—3—4 教育制度。基础教育为 9 年,前 6 年为低阶基础教育(lower basic school),后 3 年为高阶基础教育(upper basic school)。高中 3 年,大学本科 4 年。学生一般 7 岁入学,学校授课语言为英语。一学年为 3 个学期,一般在 1 月份、5 月份和 9 月份开学。冈比亚教育体系见图 1。

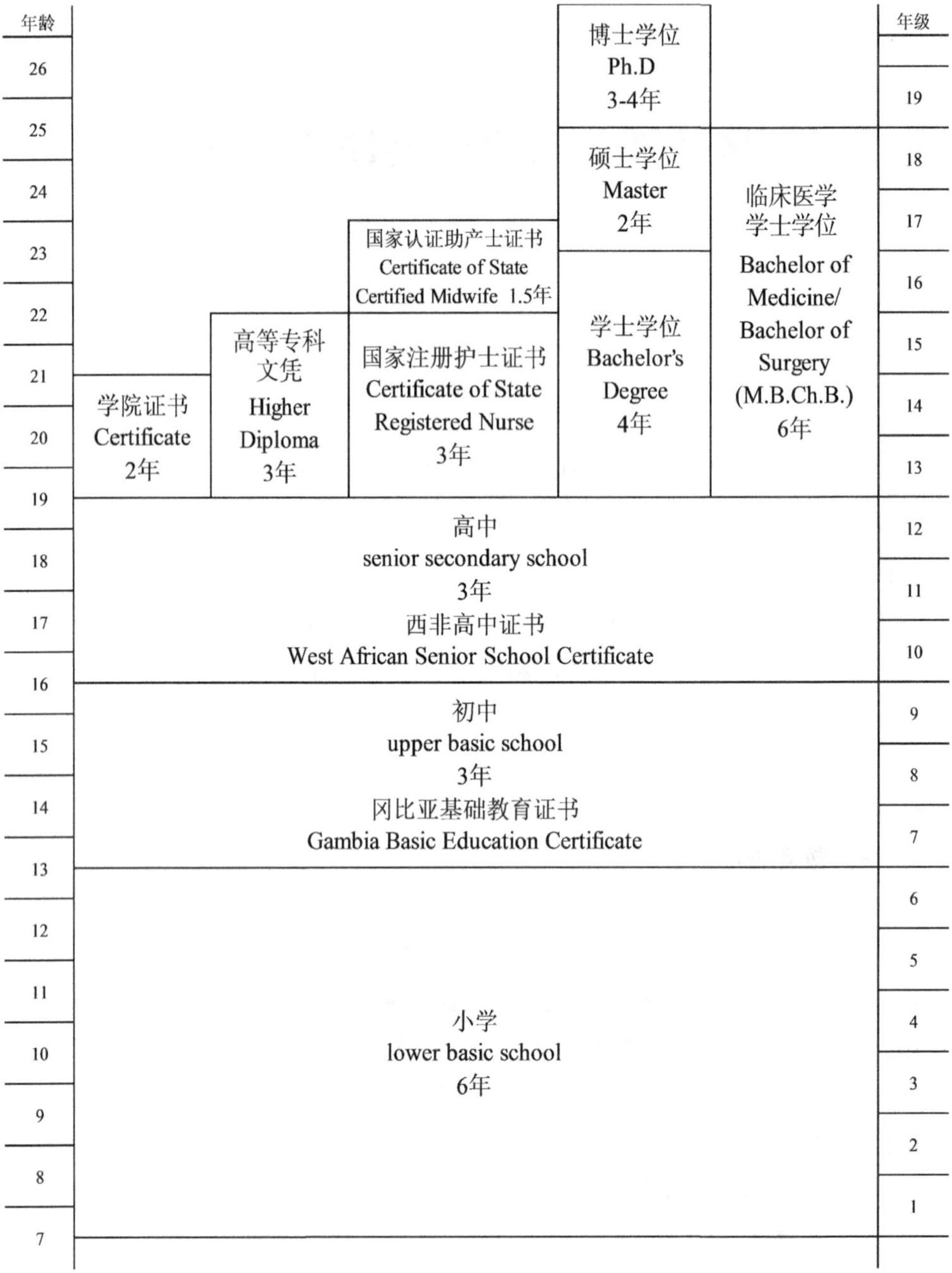

年龄							年级

博士学位
Ph.D
3-4年

| 26 | | | | | | | |

| 25 | | | | | | | 19 |

硕士学位
Master
2年

| 24 | | | | | | | 18 |

国家认证助产士证书
Certificate of State
Certified Midwife 1.5年

临床医学
学士学位

| 23 | | | | | | | 17 |

Bachelor of
Medicine/
Bachelor of
Surgery
(M.B.Ch.B.)
6年

| 22 | | | | | | | 16 |

高等专科
文凭
Higher
Diploma
3年

国家注册护士证书
Certificate of State
Registered Nurse
3年

学士学位
Bachelor's
Degree
4年

| 21 | | | | | | | 15 |

学院证书
Certificate
2年

| 20 | | | | | | | 14 |

| 19 | | | | | | | 13 |

高中
senior secondary school
3年
西非高中证书
West African Senior School Certificate

18							12
17							11
16							10

初中
upper basic school
3年
冈比亚基础教育证书
Gambia Basic Education Certificate

15							9
14							8
13							7

小学
lower basic school
6年

12							6
11							5
10							4
9							3
8							2
7							1

图 1　冈比亚教育体系

（三）详解

1. 基础教育

基础教育分为 2 个阶段：低阶基础教育和高阶基础教育。冈比亚的教育对大多数人来说是昂贵的，政府协助女孩支付学费。在过去，如果父母有一点儿钱，男孩上学的可能性要大得多，而女孩上学的机会小得多，除非她们出身富裕。在1988—2003 年教育政策制定之前，只有不到 50% 的冈比亚儿童上学。

2. 中等教育

在基础教育结束时，学生参加统一考试，来决定学生是否有资格继续接受高中教育。不幸的是，许多学生被迫在此时终止教育，原因可能是经济困难、考试不及格，或是对教育价值的无望。这种无望来自工作的缺乏。即使是读到 12 年级，毕业了也很难找到工作。如果父母有钱，他们会将子女送到贸易学校或技能中心开始下一阶段的教育。

3. 高等教育

在 12 年级结束时，参加西非高中证书考试。对于通过考试又有钱的孩子来说，可以继续高等教育。高等教育院校包括冈比亚技术培训学院（Gambia Technical Training Institute）、管理发展学院（Management Development Institute）、乡村发展学院（Rural Development Institute）和冈比亚学院（Gambia College）。1999 年以前，冈比亚没有大学。目前，冈比亚只有一所公立大学，即冈比亚大学。不幸的是，很少学生有钱或有机会进入这所大学，更不用说出国留学。

（四）考试、升级与证书制度

基础教育阶段结束，学生参加国考（national examination），即冈比亚基础教育证书考试（The Gambia Basic Education Certificate Examination），低阶基础教育阶段结束，不需要参加考试。参加国考的考生需要从 3 个学科组别中至少选取 7 门科目、最多 9 门科目的考试。组别 A 是核心科目，也是必修科目，包括英语、数学、科学、社会和环境科学 4 门科目。组别 B 是普通科目，学生至少从中选取一门科目，该组别包括阿拉伯语、法语、伊斯兰宗教研究、基督教教育、农业、体育与健康教育、英语文学。组别 C 是职业前教育科目，学生至少从中选取一个科目，该组别包括家庭经济学、艺术与手工艺、技术绘图、金工、木工。该级别考试一共有 16 个科目，4 个核心科目为必考科目，其他考试科目从另外 2 个组别中选择，每个组别中至少要选择 1 门科目。考试证书只制作一次，丢失或损毁无法补发。

高中学业结束，学生参加国际考试，即西非高中证书考试（The West Africa Senior School Certificate Examination）。该考试每年组织两次，5 月/6 月的考试

针对学校考生,11月/12月的考试针对社会考生。5月/6月考试一般在10—12月份报名,11月/12月考试在2—5月份报名。西非考试委员会提供32门科目供考生选择,其中核心科目有:英语,数学,科学(科学、化学、物理、生物四选一),英语文学、地理或历史三选一,农业科学、职业科目或技术科目三选一。这五个核心科目是必选科目。此外,学校考生还需要选三个或四个其他科目参加考试。社会考生再选取一门或多门科目。学生需保管好自己的证书,西非考试委员会不颁发任何证书复印件,丢失或损毁一律不能补发。

美国西非国际大学(American International University West Africa)是一所2011年建立的国际学校,但目前是冈比亚排名第一的大学,录取率仅为20%～30%。冈比亚大学(University of Gambia)的入学要求是西非高中证书考试(WASSCE)或GCE普通水平考试中至少获得C5及以上成绩,其中包括英语和数学,最多不超过两次考试证书成绩合并。

(五)成绩评价制度

西非高中证书考试成绩从A1到F9分为六个等级。A1级为最高等级,F9为最低等级。冈比亚成绩评价制度见表1。

表1　冈比亚成绩评价制度

等级	描述	对应中文意义
A1	excellent	优秀
B2	very good	良好
B3	good	中等
C4	credit	一般
C5	credit	一般
C6	credit	一般
D7	pass	及格
E8	pass	及格
F9	fail	不及格

(六)常见教育证书

冈比亚常见教育证书见表2。

表 2　冈比亚常见教育证书

序号	证　书	证 书 描 述
1	Gambia Basic Education Certificate	冈比亚基础教育证书,完成初中三年级学业,通过国考获得该证书
2	West African Senior School Certificate/ WASSC	西非高中证书,完成高中三年学业后,通过外部考试获得该证书
3	Certificate from Gambia College	冈比亚学院证书,完成 2 年高等教育学业获得该教育证书,一般入门要求为 WASSC 考试至少通过 4~5 门课程
4	Gambia Primary Teachers' Certificate	冈比亚小学教师证书,学制 3 年,一般入学要求为 WASSC 考试至少 3 门课程通过,毕业后可做小学教师
5	Gambia Higher Teachers' Certificate	冈比亚高级教师证书,学制 3 年,一般入学要求为至少在 WASSC 考试中通过 4 门课程,毕业后可做初中教师
6	Higher Diploma	高等专科文凭,完成高等教育阶段 3 年学业,一般入学要求为至少在 WASSC 考试中通过 4 门课程
7	Certificate of State Registered Nurse	国家注册护士证书,完成高等教育阶段 3 年学业,一般入学要求为至少在 WASSC 考试中通过 5 门课程
8	Certificate of State Certified Midwife	国家认证助产士证书,学制 18 个月,入学要求为取得国家注册助产士证书,并有 5 年工作经验
9	Bachelor's Degree	学士学位,学制 4 年,入学要求为至少在 WASSC 考试中通过 5 门课程
10	Bachelor of Medicine/Bachelor of Surgery（M.B. Ch.B.）	临床医学学士学位,学制 6 年,入学要求为至少在 WASSC 考试中通过 5 门课程
11	Master	硕士学位,学制 2 年
12	Doctorate	博士学位,一般全日制 6 学期,非全日制 8 个学期

几内亚的教育证书评估研究

一、国家概况

几内亚位于西非西岸,北邻几内亚比绍、塞内加尔和马里,东与科特迪瓦、南与塞拉利昂和利比里亚接壤,西濒大西洋。海岸线长约 352 公里。沿海地区为热带季风气候,内地为热带草原气候。年平均气温为 24～32℃。国土面积 245 857 平方公里。2017 年人口 1 270 万。全国有 20 多个民族,其中富拉族(又称颇尔族)约占全国人口的 40%以上,马林凯族约占 30%以上,苏苏族约占 20%。官方语言为法语。各民族均有自己的语言,主要语种有苏苏语、马林凯语和富拉语(又称颇尔语)。全国约 85%的居民信奉伊斯兰教,5%信奉基督教,其余信奉原始宗教。

二、教 育

(一)教育概况

1984 年 5 月起几内亚实行教育改革,规定法语为教学语言,允许私人开办学校。2004 年,全国共有小学 6 140 所,教员 2.5 万人,学生 114.7 万人,入学率为 77%;中学 615 所,教员 8 886 人,在校学生 34 万人,入学率估计为 20.1%;高等院校 13 所,在校生 2.2 万人,教员 853 人。2011 至 2014 年,几内亚共新建教室 5 098 间,修缮 400 间,新招收教师 1 447 人。2010 至 2014 年,小学注册率从 82%提高至 88%,入学率提高至 86%。

(二)教育体系

几内亚实施 6—4—3—3 教育制度,初等教育 6 年,中等教育第一阶段 4 年,中等教育第二阶段 3 年。几内亚学年一般 10 月开始,次年 6 月结束。几内亚教育体系见图 1。

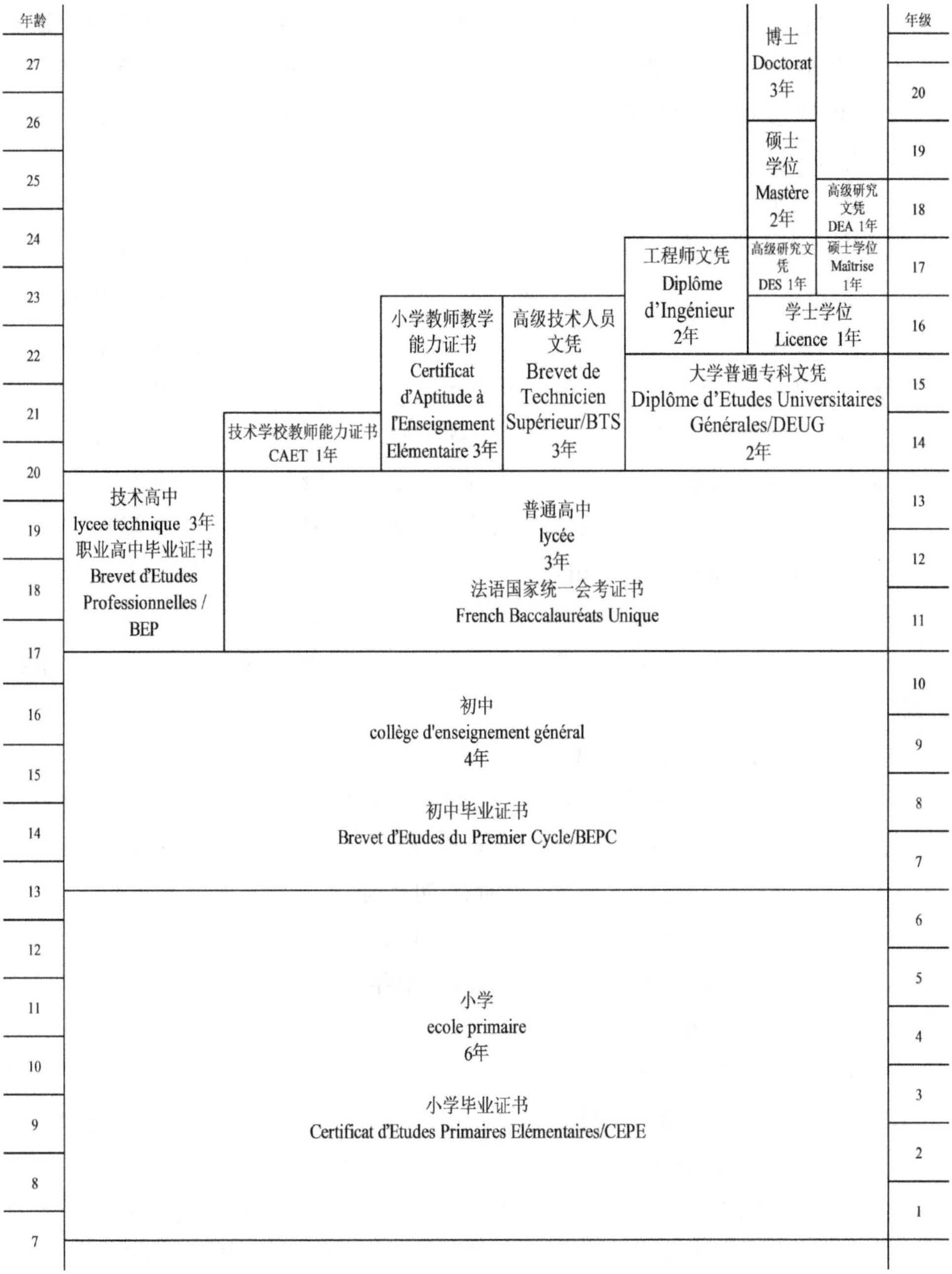

年龄

27					博士 Doctorat 3年		年级
26							20
25					硕士 学位 Mastère 2年	高级研究 文凭 DEA 1年	19
24				工程师文凭 Diplôme d'Ingénieur 2年	高级研究文 凭 DES 1年	硕士学位 Maîtrise 1年	18
23					学士学位 Licence 1年		17

博士
Doctorat
3年

硕士
学位
Mastère
2年

高级研究
文凭
DEA 1年

工程师文凭
Diplôme
d'Ingénieur
2年

高级研究文凭
DES 1年

硕士学位
Maîtrise
1年

学士学位
Licence 1年

小学教师教学
能力证书
Certificat
d'Aptitude à
l'Enseignement
Elémentaire 3年

高级技术人员
文凭
Brevet de
Technicien
Supérieur/BTS
3年

大学普通专科文凭
Diplôme d'Etudes Universitaires
Générales/DEUG
2年

技术学校教师能力证书
CAET 1年

技术高中
lycee technique 3年
职业高中毕业证书
Brevet d'Etudes
Professionnelles /
BEP

普通高中
lycée
3年

法语国家统一会考证书
French Baccalauréats Unique

初中
collège d'enseignement général
4年

初中毕业证书
Brevet d'Etudes du Premier Cycle/BEPC

小学
ecole primaire
6年

小学毕业证书
Certificat d'Etudes Primaires Elémentaires/CEPE

年级: 20 19 18 17 16 15 14 13 12 11 10 9 8 7 6 5 4 3 2 1

图1 几内亚教育体系

（三）详解

1. 初等教育

初等教育从 7 岁开始,学制 6 年。但在现实生活中,城市儿童一般 6 岁开始上学,乡村儿童 9 岁上学。教学基本上是教授阅读、书写和数学。在初等教育结束时,学生可以参加小学毕业证书(Certificat d'Etudes Primaires Elémentaires/CEPE)考试。

2. 中等教育

学生通过小学毕业证书考试,就可以进入中等学校。初中(collège d'enseignement général)为 4 年制,完成后,学生可获得第一阶段学习文凭(Brevet d'Etudes du Premier Cycle/BEPC)。技术高中为 3 年制,顺利完成者可获得职业高中毕业证书(Brevet d'Etudes Professionnelles/BEP)。普通高中也是 3 年制,完成高中教育的几内亚学生统一参加高中毕业会考(French Baccalauréats Unique),并以此次考试成绩作为是否能够进入大学继续学习的衡量标准。国家专业学校提供技术高中培训,课程为 3 年制,顺利完成者可获得高级技术文凭(Brevet de Technicien Supérieur, BTS)。

3. 高等教育

科纳克里大学是几内亚最高学府,1962 年建立,分社会科学、自然科学和生物科学 3 个学科。

（四）考试、升级与证书制度

国家考试机构,在行政区和专区教育督导处的配合下,负责组织每个教育阶段的毕业考试。这些考试有小学毕业证书(Certificat d'Etudes Primaires Elémentaires/CEPE)考试,初中毕业时的初中毕业证书(Brevet d'Etudes du Premier Cycle/BEPC)考试,和 13 年级举行的法语国家统一会考(French Baccalauréats Unique)。在各个教育阶段,每个年级末学校要举行校内考试。通过考试的学生可以升级。

几内亚学生高中教育分为三个领域:社会科学(social science)、理科(mathematics science)和实验科学(experimental science)。学生学习法语、数学、物理、化学、生物、地理、哲学、历史、地质学、经济、英语等科目。学习实验科学的学生进入大学后可以学习医学、化学、化学工程、药学、生物、地理、矿业等专业。学习社会科学的学生进入大学后可以学习经济、政治、法律、新闻、哲学、历史、社会学、地理学等专业。在高中,学生学习 12 门科目,完成高中教育的几内亚学生统一参加高中毕业会考(French Baccalauréats Unique),从 12 门科目中选择 7 门参加考试,并以此次考试成绩作为能否进入大学继续学习的衡量标准。该考试每年 6 月或 7 月举行。

(五)成绩评价制度

几内亚采用法国成绩评价制度,成绩满分为 20 分。老师很少给到学生 18～20 分。和大多数采用法国教育体系的国家一样,8～9 分通常被认为是不及格等级,但如果学生学年平均分在 10 分及以上,则被认为"勉强通过",具体由学校管理者来决定。但在高等教育阶段,获得 8～9 分的学生通常被要求重修课程。几内亚成绩评价制度见表 1。

表 1 几内亚成绩评价制度

等级	分数	描述	对应中文意义
A	16～20	très bien	优秀
B+	14～15	bien	良好
B	12～13	assez bien	中等
C	10～11	passable	及格
F	0～9	ajourné	不及格

(六)常见教育证书

几内亚常见教育证书见表 2。

表 2 几内亚常见教育证书

序号	证书	证书描述
1	Certificat d'Etudes Primaires Elémentaires/CEPE	小学毕业证书,完成 6 年小学学业后,学生可获得该证书,入学年龄为 6 岁
2	Brevet d'Etudes du Premier Cycle/BEPC	初中毕业证书,即第一周期学习文凭,学制 4 年,准入条件为获得小学毕业证书
3	Brevet d'Etudes Professionnelles/BEP	职业高中毕业证书,即专业研究文凭,完成 3 年职业高中学业后,可获得该证书,准入条件为获得初中毕业证书
4	French Baccalauréats Unique	法语国家统一会考证书,完成普通高中 3 年学业,在第三学年末学生参加法语国家统一高中会考,准入条件为获得初中毕业证书

序号	证　书	证书描述
5	Certificat d'Aptitude à l'Enseignement Technique/CAET	技术学校教师能力证书,在高等教育科学学院(Institut Supérieur des Sciences de l'Education)完成 1 年学业,准入条件为获得法语国家统一会考证书,毕业后可做技术学校教师
6	Certificat d'Aptitude à l'Enseignement Elémentaire	小学教师教学能力证书,师范学院(ecole normale d'instituteurs)完成 3 年学业,准入条件为获得法语国家统一会考证书,毕业后可做小学教师
7	Brevet de Technicien Supérieur/BTS	高级技术人员文凭,完成 3 年职业高等教育获得该文凭,准入条件为获得法语国家统一会考证书
8	Diplôme d'Etudes Universitaires Générales/DEUG	大学普通专科文凭,完成大学第一阶段 2 年学业,顺利完成后可获得该文凭,准入条件为获得法语国家统一会考证书,毕业后可就业或继续下一级教育
9	Certificat d'Aptitude à l'Enseignement Professionnel/CAEP	职业院校教师能力,在教育科学学院(institut supérieur des sciences de l'education)完成 2 年学业,获得该证书。准入条件为获得大学普通专科文凭(DEUG),毕业后可做职业中学教师
10	Licence	学士学位,在大学普通专科文凭(DEUG)的基础上再完成 1 年学业获得该证书,准入条件为获得 DEUG 证书,毕业后可就业或继续下一级教育
11	Maîtrise	硕士学位,在学士学位的基础上再完成 1 年学业,获得该学位,准入条件为获得学士学位
12	Diplôme d'Etudes Supérieure/DES	高级研究文凭,在学士学位的基础上再完成 1 年学业,准入条件为获得学士学位

序号	证　书	证书描述
13	Diplôme d'Ingénieur	工程师文凭，在大学普通专科文凭（DEUG）的基础上再完成 2 年学业获得该证书，准入条件为获得 DEUG 证书，毕业后可就业或继续下一级教育
14	Diplôme de Docteur en Pharmacie	药师文凭，学制 5 年，准入条件为获得法语国家统一会考证书，毕业后可做药剂师
15	Diplôme de Docteur en Odonto—Stomatologie	口腔科医师文凭，学制 6 年，准入条件为获得法语国家统一会考证书，毕业后可做牙科医生
16	Diplôme de Docteur en Médecine	医师文凭，完成 6 年大学学业获得该证书，准入条件为获得法语国家统一会考证书，毕业后可做医生
17	Mastère	硕士学位，完成两年研究生学习，并顺利通过论文答辩者，可获得该文凭，准入要求为获得 DES 证书
18	Diplôme de Etudes Approfondies/DEA	高级研究文凭，学制 1 年，并顺利完成论文答辩可获得该文凭，准入条件为获得 Maîtrise 证书
19	Diplôme d'Etat de Docteur	国家博士文凭，学生完成两年研究生学习后，再进行三年的博士学习，顺利通过论文答辩后，将获得国家博士文凭（Diplôme d'Etatde Docteur）
20	Doctorat	学制 3 年，完成论文答辩，获得博士学位

几内亚比绍的教育证书评估研究

一、国家概况

几内亚比绍共和国位于非洲西部，包括比热戈斯群岛等岛屿。大陆部分北接塞内加尔，东、南邻几内亚，西濒大西洋。海岸线长约 300 公里。属热带海洋性季风气候，全年高温，年平均气温约 25℃。国土面积 36 125 平方公里。2017 年，人口 186 万。有 27 个民族，其中巴兰特族占总人口的 27%、富拉族占 23%、曼丁哥族占 12%。官方语言为葡萄牙语，通用克里奥尔语。45% 的居民信奉伊斯兰教，其余信奉天主教、基督教新教和原始宗教。

二、教　育

（一）教育概况

几内亚比绍重视发展教育事业。教育经费约占国家财政预算的 12%，相当于 GDP 的 3.2%。2013 年成人识字率为 56.7%。全国主要有小学、中学和技术职业培训学校。卡布拉尔大学为几内亚比绍第一所公立大学，2004 年 1 月成立。科利纳斯德博埃大学为几内亚比绍第一所私立大学，2003 年成立。几内亚比绍每年向国外派出一定数量的留学生。2012 年军事政变以来，因政府拖欠各级公立学校教职员工工资，教师罢工、学生罢课此起彼伏，国家教育事业发展严重受挫。

在几内亚比绍，整个教育过程都是葡萄牙语教授，尽管葡萄牙语不是母语，但它是书写语言，国家历史记载等均由葡萄牙语完成。事实上，几内亚比绍人说的是他们不写的语言（克里乌洛语或民族语言），写的是他们不说的语言（葡萄牙语）。语言对教育体系存在较大影响。

目前的教育制度遵循 2003 年国家全民教育行动计划，分三个阶段开展，即 2003 年至 2005 年、2006 年至 2010 年、2011 年至 2015 年。教育部（Ministério da

Educação Nacional)负责各级教育。

（二）教育体系

几内亚比绍采用6—3—3—3教育体系，即小学6年，初中3年，高中3年，本科3年。普通基础教育为6年。1～6年级被分为两个阶段：1～4年级为义务基础教育（ensino básico elementar），5～6年级为基础教育补充阶段（ensino básico complementar）。中学教育也被分为两个阶段：7～9年级为普通中学教育阶段（以前的第一周期教育），10～11/12年级为辅助中等教育（以前的第二周期教育）。几内亚比绍学年一般10月开始，次年7月结束。几内亚比绍教育体系见图1。

（三）详解

1. 初等教育

几内亚比绍初等教育前4年为义务基础教育，属于义务教育。在全国各种教育机构就读的学生中（1980年的统计数字），义务基础教育阶段的学生超过75%。

基础教育补充阶段为2年。1977—1978年度，几内亚比绍只有14所基础教育补充阶段的学校，1981年增加到21所。1982—1989年期间又增加了6所。教师和学生的师生比较低，只有很少的教师（不到35%）接受过教师培训。5年级、6年级学生的教学没有专门的教材。

2. 中等教育

中学包括7～9年级或7～12年级两种。国民中等学校包括7～12年级，其他类型的中学则只有7～9年级，有超过半数的中学生进入国民中等学校。9年级后，有2所"中级学校"：国家体育运动学校和法律学校。小学教师培训（formação de professores）由中等教育师范学校（escolas normais）负责，而中学教师由高等教师培训学校（escola normal superior tchico—té，非大学的高等教育层次）负责组织。

3. 高等教育

高等教育主要通过政府文化与教育协议而在外国高校进行，主要有巴西、俄罗斯、葡萄牙、德国、美国。学生也由私营部门资助。在几内亚比绍，目前只有3年的学士学位项目、5年的学士学位项目和6年的医学学位项目。目前没有博士研究生层次项目。

（四）成绩评价制度

几内亚比绍采用葡萄牙教育0～20分的评分制度，10分为最低及格等级。几内亚比绍成绩评价制度见表1。

年龄		年级
24		
23		18
22	执业资格学士学位 Licenciatura 1~2年	17
21		16
20	学士学位 Bacharelato 3年	15
19		14
18	高中 escola secundária 3年	13
17	11年级教育证书 Certidão (de 2° ano), Onze Anos de Escolaridade 2年	12
16	中学教育毕业证书 Certificado de Conclusao do Ensino Secundrio 2~3年	11
15	12年级教育证书 Certidão (de 3° ano) Doze Anos de Escolaridade 3年	10
14	初中 escola secundária 3年	9
13	9年级证书/ 9年级教育学业证书 Certificade de Conclusao de 9° Ano Certidão (de 3° ano), Nove Anos de Escolaridade	8
12		7
11	小学 义务基础教育 ensino básico elementar 4年	6
10		5
9	补充基础教育阶段 ensino básico complementar 2年	4
8	6年级证书 /基础教育毕业证书 Certidão de 6° Ano Certificado de Conclusão do Ensino Básico	3
7		2
6		1

图 1　几内亚比绍教育体系

表 1　几内亚比绍成绩评价制度

分数	描述	对应中文意义
18~20	muito bom	优秀
14~17	bom	良好
10~13	suficiente	及格
0~9	insuficiente	不及格

（五）常见教育证书

几内亚比绍常见教育证书见表 2。

表 2　几内亚比绍常见教育证书

序号	证　书	证 书 描 述
1	Certidão de 6° Ano	6 年级证书,完成小学 6 年学业,6 岁入学
2	Certificado de Conclusão do Ensino Básico	基础教育毕业证书,完成小学 6 年学业
3	Certificade de Conclusao de 9° Ano	9 年级证书,完成 3 年初中学业,准入条件为 6 年级证书或基础教育毕业证书
4	Certidão（de 3° ano）, Nove Anos de Escolaridade	9 年级教育学业证书,完成 3 年初中学业,准入条件为 6 年级证书或基础教育毕业证书
5	Certidão（de 2° ano）, Onze Anos de Escolaridade	11 年级教育证书,完成 2 年高中学业,准入条件为 6 年级证书或基础教育毕业证书
6	Certificado de Conclusao do Ensino Secundrio	中学教育毕业证书,完成高中 2~3 年学业,准入条件为 6 年级证书或基础教育毕业证书
7	Certidão（de 3° ano）Doze Anos de Escolaridade	12 年级教育证书,完成 3 年高中学业,准入条件为 6 年级证书或基础教育毕业证书
8	Bacharelato	学士学位,完成大学 3 年学业,获得该证书,准入条件为获得 11 年级教育证书、12 年级教育证书或中学教育毕业证书
9	Licenciatura	执业资格学士学位,学制 1~2 年,准入条件为获得 Bacharelato 学士学位,相当于中国的学士学位

加纳的教育证书评估研究

一、国家概况

加纳位于非洲西部、几内亚湾北岸,西邻科特迪瓦,北接布基纳法索,东毗多哥,南濒大西洋,海岸线长约 562 公里。沿海平原和西南部阿散蒂高原属热带雨林气候,沃尔特河谷和北部高原地区属热带草原气候。

加纳国土面积 238 537 平方公里,2018 年人口 2 950 万。官方语言为英语。居民 69% 信奉基督教,15.6% 信奉伊斯兰教,8.5% 信奉传统宗教。矿产品、可可和木材为三大支柱产业。2011 年,加纳 GDP 增长率达 15%,成为非洲乃至世界经济增长最快的国家之一。

二、教　育

(一) 教育概况

1957 年,加纳成为第一个获得独立的非洲殖民地。独立初期,恩克鲁玛非常重视发展教育事业,实行免费教育政策,宣布教育是国家发展的关键。加纳的教育结构仿照英国的教育体制,当时的加纳人对教育积极热衷。20 世纪 50 年代和 60 年代可以被认为是加纳教育的黄金时代,学校的建设速度非常快,因此被称为"蘑菇学校"。到了 20 世纪 70 年代和 80 年代,经济衰退和政治不稳定对教育造成影响,影响了加纳在识字率和教育程度方面的早期领先地位。大众教育受到较大影响,失学儿童不能读、写或说英语引起人们极大关注。但在上层社会,加纳学生的高标准和世界一流的竞争力仍然很强。1988 年政府提出"普及义务基础教育计划"。到 2005 年,每个学龄儿童都享受义务基础教育,经费主要来自政府拨款和外国援助。2018 年实现从幼儿园到高中的免费教育。全国现有公立小学约 1.2 万所,学生约 410 万人;公立初中 6 418 所,学生约 145 万人;公立高中 474 所,学生约

90万人（包括技工学校学生）；私立初高中在校生约5万人。

（二）教育体系

现行学制：小学6年，初中3年，高中3年（或中等技术学校3～4年），大学4年。

学年一般从9月开始，次年8月结束。加纳教育体系见图1。

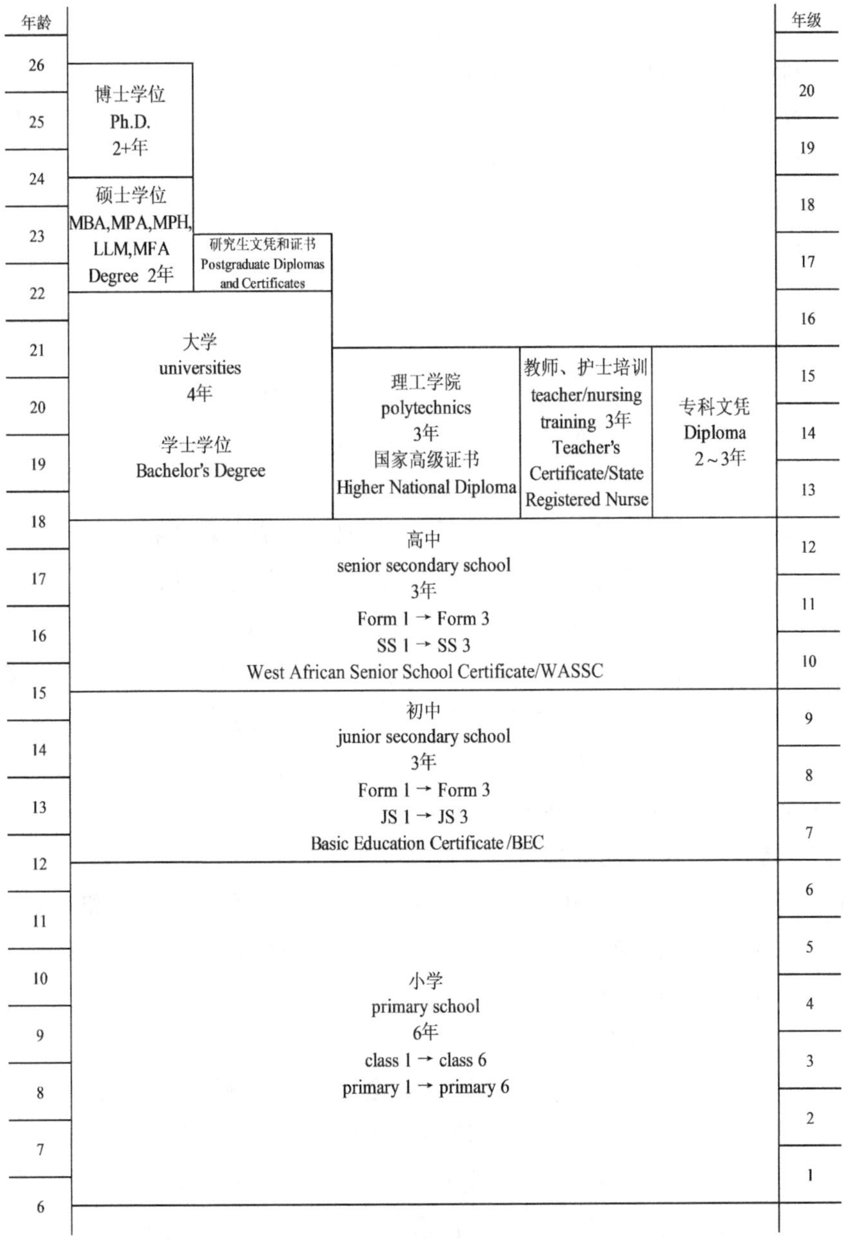

图1　加纳教育体系

（三）详述

1. 初等教育

加纳现在的教育制度开始于 1987 年,所有 6～14 岁的加纳青少年要接受 9 年义务教育,包括小学和初中。学生们 6 岁开始进入小学学习。

2. 中等教育

初中教育所学习科目包括加纳语、基础设计和技术、英语、法语、信息技术、综合科学、数学、社会研究和伦理教育。私立初中获得更多的资助,教师资质也更高。初中毕业时,学生参加基础教育证书考试。

顺利通过基础教育证书考试的学生可以升入高中学习,多数高中都是公立的,学制 3 年,学习科目包括英语、数学、科学、社会研究、体育等。此外,学生们还可选修农学、商务、技术、职业方向等科目。

3. 职业教育

职业培训项目近年来发生了一些变化,旨在保证 16 岁及以上的学生能够获得在不同行业培训的机会,人们修建了新的学校,并增添了附加科目。

4. 高等教育

加纳重要的大学有 6 所,其中加纳大学、库马西恩克鲁玛科技大学和海岸角大学较为有名。另有 38 所师范学院、10 所地方技术学院、50 余所私立大学及学院。2012/2013 学年度在校接受各类高等教育的学生 26 万人。

加纳的高等教育通常学制 4 年,最优秀的学生在国立大学学习,名义上接受免费教育,其他学生在私立学校学习,学生们也可接受研究生教育。加纳大学由殖民者建立于 1948 年,建立之初名为黄金海岸大学。学生们在那里进行传统学历生教育,也可接受技术培训及职业课程。

（四）考试、升级与证书制度

1987 年,加纳教育部重建教育体系,逐步取代了英国的 O Level 和 A Level 教育体系。2006 年开始,参加西非考试委员会组织的西非高中证书考试（West African Senior School Certificate Examination）。

在基础教育阶段,学生自动升级。在小学 6 年级结束时所有学生都升入初中。初中结束时,学生需要参加西非考试委员会组织的基础教育证书考试（Basic Education Certificate Examination,简称 BECE）,根据学生成绩并结合学生的平时成绩颁发给合格学生基础教育毕业证书。一般来说,平时成绩占 30%,考试成绩占 70%。考试科目一般为 8～9 门,包括:英语、加纳语言与文化、社会学、综合科学、数学、基础设计与技术、宗教与道德教育、信息与通信技术、法语（选修）。

高中三年级时,学生参加西非考试委员会组织的高中证书考试(The West African Senior School Certificate Examination,简称 WASSCE)。一年 2 次考试,5/6 月份的考试针对在校生,9/10 月份考试针对社会考试。考生除了要考英语、综合科学、数学、社会科学 4 门必修科目外,还要选择一个学科方向,并从中选择 3~4 门选修科目,考试科目一共 7~8 门。学科方向有农学、商务(包括会计与秘书两个方向)、技术、职业(包括家庭经济学与视觉艺术两个方向)与普通教育项目(包括普通的文科与理科两个方向)。针对在校生的考试一般 7 月份公布成绩,这样保证达到高等教育入学条件的学生能够在学年初入学。

一般加纳大学对招生的最低要求为各科成绩在 C6 以上,同时设置总分上限,并根据不同专业设置不同单科成绩要求。西非考试委员会对通过任一考试科目的考生均颁发证书,证书一般在成绩公布 3 个月后发放。证书只颁发一次,如有丢失或损毁,不再补发。

(五)成绩评价制度

西非考试委员会组织的考试采用字母与数字组合的成绩评价制度,A1 表示最高成绩,F9 表示最低成绩。总成绩按照等级数字值计算,数字越低,学生越优秀。加纳成绩评价制度见表 1。

表 1 加纳成绩评价制度

等级	成绩描述	对应中文意义	定义	与中国成绩对应情况
A1	excellent	优秀	75%~100%	优秀/良好
B2	very good	良好	70%~74%	中等
B3	good	中等	65%~69%	一般
C4	credit	一般	60%~64%	及格
C5	credit	一般	55%~59%	不及格
C6	credit	一般	50%~54%	不及格
D7	pass	及格	45%~49%	不及格
E8	pass	及格	40%~44%	不及格
F9	fail	不及格	0%~40%	不及格

(六)常见教育证书

加纳常见教育证书见表 2。

表2　加纳常见教育证书

序号	证书	证书描述
1	Basic Education Certificate/BEC	基础教育考试证书,完成初中三年级学业,通过考试获得该证书
2	West African Senior School Certificate Examination/WASSC	西非高中考试证书,完成高中三年级学业通过考试获得该证书
3	General Business Certificate	普通商科证书,相当于西非高中证书,完成商科职业高中学业,通过考试获得该证书
4	Advanced Business Certificate	高级商科证书,获得普通商科证书的学生才可以参加该考试,通过所有科目获得该证书,相当于专科文凭
5	Certificate from National Vocational Training Institute	国家职业培训学院证书,完成职业培训学院学业获得该证书,准入条件为获得初中毕业证书,凭借该证书不能升入高等教育机构
6	Diploma	专科文凭,在大学或学院学习2~3年后获得该证书
7	Post—secondary Teacher's Certificate	教师证书,完成3年师范学院学业获得该证书,相当于专科,入学要求为高中毕业
8	State Registered Nurse/SRN	国家注册护士,完成护士培训学院三年学业后,由护士及助产士委员会颁发该证书
9	Higher National Diploma	国家高级文凭,在理工学院完成商业和技术等应用领域三年学业,由国家专业技术考试委员会(NABPTEX)颁发该证书
10	Bachelor's Degree	学士学位,一般学制4年。医学、外科、牙科学士学位一般在获得理科学士学位后再在医学领域学习3年
11	Postgraduate Diplomas and Certificates	研究生文凭和证书,公立大学学制1年的研究生课程
12	Master	硕士,一般学制2年
13	MBA,MPA,MPH,LLM,MFA Degrees	硕士学位,学制一般为2年
14	Doctor of Philosophy/PhD/DPhil	博士学位,一般学制3年,包括论文答辩

科特迪瓦的教育证书评估研究

一、国家概况

科特迪瓦（Coate d'Ivoire）全名科特迪瓦共和国（The Republic of Côte d'Ivoire，La République de Côte d'Ivoire），是西非国家，与加纳、利比里亚、几内亚、马里和布基纳法索相邻，海岸线长约500公里。

科特迪瓦国土面积322 463平方公里。2018年人口2 490万。全国有69个民族，4大族系。近年来，来自布基纳法索、加纳、几内亚、马里和利比里亚等国的外国侨民人口数目增长较快，目前约占人口总数的26%。各民族均有自己的语言，全国大部分地区通用迪乌拉语（无文字）。官方语言为法语。42%的居民信奉伊斯兰教，34%信奉基督教，16.7%无宗教信仰，其余信奉原始宗教等。科特迪瓦外贸连年顺差，在国民经济中占重要地位。

二、教　育

（一）教育概况

在持续不断的内战及余波的影响下，科特迪瓦的教育步履蹒跚，识字率仅在50%徘徊。科特迪瓦政府重视教育事业。2008年度全国教育、培训投入约为11.24亿美元，占国家预算的17.5%。2012年小学入学率60.8%，成人文盲率43.8%。科特迪瓦的教育体系包括3个层面，即初等教育、中等教育和高等教育。初等教育确保基础教育，中等教育保障普通教育和技术教育，第三级教育计划为人们提供高等教育，培养顶尖技能人才并使其成为专家。然而，在整个过程中，部分贫困儿童不得不辍学。

（二）教育体系

科特迪瓦沿用法国6—4—3教育体制。初等教育6年，中等教育分两个阶段共 7 年,高等教育 3 至 4 年。通常一学年有 3 个学期,秋季学期 9 月初开学,15 个教学周,4 周假期;春季学期 15 个教学周,2 周假期;夏季学期 8 个教学周,紧随 8 周假期。科特迪瓦教育体系见图 1。

图1 科特迪瓦教育体系

（三）详述

1. 初等教育

初等教育的对象是 6～11 岁的所有儿童,细分为 3 级,每级 2 个阶段:预备级 I 和 II 级,基础级 I 和 II 级,中间级 I 和 II 级。根据它们的法语词头区分为 CP1、CP2、CE1、CE2、CM1、CM2。完成初等教育,学生需通过入学考试并在国家相关机构登记过的学生可以接受普通中等教育。初等教育毕业学生多在 11～15 岁之间,取决于他们在小学最后一年复读的次数。

2. 中等教育

中学是两级制的,学制共 7 年。第一级初级普通中学毕业后,学生可以进入社会工作,进入学院或高中学习,或者进入教师培训机构。第二级高级普通中学,学制 3 年,学生准备参加中学毕业考试,凭中学毕业考试证书申请大学学习。

3. 职业教育

为使其意识形态与殖民政策相一致,法国教育政策强调职业培训。实际上,早在 1892 年在科特迪瓦东南部阿波斯(Aboiss)地区的维尔迪尔(Verdier)农场就开办了第一所农业学校。尽管如此,直到技术和职业培训部成立、赢得认可之前,它仅仅被视为普通教育的附属品。最初,决策者将教育看作对学术教育的一种投资,最终是为了得到一份白领工作,而不是进行实际的职业或技术培训。除了直接归属特定部门的机构外,技术教育和职业培训部负责对中等和第三级阶段所有与技术和职业教育相关的机构进行管理。

4. 高等教育

科特迪瓦大学是一所综合性大学,成立于 1959 年,全盛期在校生曾达到 18 000 人,设 2 个分校和 12 个学院。独立后很长一段时间以来,法国政府仍然继续对法律、科学、写作、农业、市政工程、管理和美术系进行补贴。根据联合国教科文组织统计,科特迪瓦 2007 年高等教育普及率为 9%,在国外就读学生约 4 万人。

（四）考试、升级与证书制度

初等教育学习结束时,学生参加两个考试,考试结果对未来的前程具有不同的影响。第一个是离校证书考试,该证书既不能提供社会收益也没有经济回报,第二个是全国升学考试,通过考试者可以申请进入初中,即中学第一阶段。

到中学阶段,学生会遇到更激烈的选拔,而人们接受教育的机会进一步缩减。学生要参加 2 次考试:中学第一阶段考试和中学第二阶段考试。中学第二阶段考试也是大学入学考试,通过考试获得 Baccalauréat 的学生都有资格升入大学。连

续的选拔参数导致形成金字塔形的教育系统,其特征表现为底座巨大(基础教育1年级80%的学龄儿童),而朝向第三级时猛地变窄(中学第一年的17%在中间,高等教育第一年的1%在顶端)。

(五)成绩评价制度

科特迪瓦采用法国成绩评价制度,成绩满分为20分。老师很少给到学生18~20分。和大多数采用法国教育体系的国家一样,8~9分通常被认为是不及格等级,但如果学生学年平均分在10分及以上,则被认为"勉强通过",具体由学校管理者来决定。但在高等教育阶段,获得8~9分的学生通常被要求重修课程。科特迪瓦成绩评价制度见表1。

表1 科特迪瓦成绩评价制度

等级	分数	描述	对应中文意义
A	16~20	très bien	优秀
B+	14~15	bien	良好
B	12~13	assez bien	中等
C	10~11	passable	及格
F	0~9	ajourné	不及格

(六)常见教育证书

科特迪瓦常见教育证书见表2。

表2 科特迪瓦常见教育证书

序号	证 书	证 书 描 述
1	Certificat d'Etudes Primaires Elémentaires/CEPE	小学毕业证书,完成6年小学(ecole primaire)教育获得该证书
2	Brevet d'Etudes du Premièr Cycle/BEPC	初中毕业证书,即第一周期学习证书,完成4年初中获得该证书,准入条件为获得小学毕业证书
3	Baccalauréat/Diplôme de Bachelier de l'Enseignement du Second Degré/Baccalauréat Technique	普通高中毕业证书/职业高中毕业证书/技术高中毕业证书,在普通高中/职业高中/技术高中完成3年学业后获得该证书,准入条件为获得初中毕业证书

序号	证 书	证 书 描 述
4	Brevet de Technicien Supérieur	高级技术人员证书,完成 2～3 年高等教育后获得该证书
5	Diplôme Universitaire d'Etudes Générales/DEUG	大学普通专科文凭,学制 2 年,准入条件为获得高中毕业证书,毕业后可直接就业或继续下一级教育
6	Diplôme Universitaire de Technologie/DUT	大学技术文凭,学制 3 年,准入条件为获得高中毕业证书,毕业后可就业或继续下一级教育
7	Licence	学士学位,学制 1 年,该证书自 2008 年开始颁发,准入条件为获得 DEUG 或 DUT 证书
8	Title of Professeur de Lycée Professionnel	职业技术学院教师资格,学制 4 年,准入条件为持有高中毕业证书,并通过入学考试
9	Certificat d'Aptitude Pédagogique pour l'Enseignement du Second Degré/CAPES	高中教师教学能力证书,完成 1 年大学学业和 1 年教学实践后获得该证书,准入条件为持有学士学位证书,毕业后可做高中教师
10	Maîtrise	在学士学位的基础上完成 1 年大学学业获得该证书
11	Master	在学士学位的基础上完成 1 年大学学业获得该证书,该证书自 2008 年开始颁发
12	Diplôme d'Agronomy Générale/d'Ingénieur	高等农学文凭/工程师文凭,学制 4 年,准入条件为获得高中毕业证书
13	Doctorat en Pharmacie	药师专业学位,完成 5 年药学专业学业获得该文凭,准入条件为获得高中毕业证书
14	Doctorat en Médecine	医师专业学位,完成 7 年医学专业学业获得该文凭,准入条件为获得高中毕业证书
15	Diplôme d'Etudes Supérieures Spécialisées/DESS, Diplôme d'Etudes Approfondies/DEA	高级专业研究证书/高级研究证书,完成 1 年研究生学业获得该证书,准入条件为获得 Maîtrise 证书

（续表）

序号	证　书	证　书　描　述
16	Docteur—Ingénieur	工程博士,完成3年工程研究生学业获得该证书,准入条件为获得工程师文凭
17	Doctorat	博士学位,完成3年研究生学业获得该学位,准入条件为获得 Master 学位,2008年开始颁发

利比里亚的教育证书评估研究

一、国家概况

利比里亚位于非洲西部,北接几内亚,西北接塞拉利昂,东邻科特迪瓦,西南濒大西洋。9～10世纪,靠近撒哈拉沙漠中、西非地区的部分居民移居利比里亚。1820年起,在美国获得解放的黑奴被陆续安置于此,于1839年成立利比里亚联邦,并于1847年7月26日宣告独立,建立利比里亚共和国。之后百余年均由美国黑人移民后裔统治。

利比里亚国土面积111 370平方公里,人口470万(2017年)。官方语言为英语。大多数民族均有自己的语言。居民85.6%信奉基督教,12.2%信奉伊斯兰教,2.2%信奉当地传统宗教等其他宗教或无宗教信仰。

二、教　育

(一)教育概况

由于战乱摧毁了利比里亚的许多学校,中小学校舍和教师严重不足,利比里亚教育长期处于停滞状态。成人识字率为64.7%,适龄儿童入学率为65.3%。

女孩在入学和学校中面临着特别大的挑战。一般来说,很多家庭都会送男孩子去上学,而去上学的女孩子则会面对遭受性侵或者劳动剥削的窘境。因此,女孩的辍学率非常高,少女怀孕也很普遍。

(二)教育体系

利比里亚实行小学、中学12年义务教育制。小学6岁开始,共6年。初中3年,高中3年。大专院校提供2年制副学士、4年制学士学位和2年制硕士课程。利比里亚学年一般始于9月份,次年6月结束,有3个学期:9月初—12月下旬,1月初—2月上旬,2月中旬—6月底。假期一般为2周、1周和7周。利比里亚教育体系见图1。

年龄

						年级

图1 利比里亚教育体系

（三）详述

1. 初等教育

在战争肆虐的利比里亚，教育也受到了战争的严重冲击，资源匮乏，主要集中在首都蒙罗维亚。公立学校运营不利，而穷人又无法承担私立学校的费用。

在幼儿园的儿童学习识字和初浅的阅读，此后开始 6 年的小学学习，科目有算数、科学、英语和圣经。

2. 中等教育

初中主要集中分布在蒙罗维亚以及郊区的孤立教会，所有初中都在教育部的管理之下，教授教育部规定的大纲课程，其中包括代数、化学、地理、几何和自然科学。初中学习结束后，学生们参加西非考试委员会组织的考试。

学生进入高中后继续学习初中所学科目，是初中所学科目的更高阶段，并为大学做准备。98%的学校都坐落在蒙罗维亚，因此显而易见，利比里亚的教育体系实际上仅仅为其富人所设计。

3. 职业教育

除了联合国儿童基金会和其他组织的帮助外，利比里亚的职业教育就像一个笑话。许多年轻人的前途都被近些年来的宗派暴力事件毁于一旦。如果年轻人获得了工作（尤其是在农村地区），无论让他们干什么，他们都会心存感激。

4. 高等教育

高等教育在过去 20 年也饱受其害。高等教育机构包括利比里亚大学（于 1863 年作为学院成立）、卡廷顿大学和哈珀技术学院，另有其他私立宗教机构。利比里亚大学为公立综合性大学，全国最高学府，成立于 1862 年，是非洲最古老的大学之一。现设 6 个本科学院，3 个专业学院及 3 个研究生项目，2012 年注册学生约 2.38 万人，教师 375 名，员工 980 名。卡廷顿大学于 1888 年在马里兰州哈珀市成立，1949 年迁至利比里亚。利比里亚目前还没有博士学位项目。

（四）考试、升级与证书制度

每年 5 月份，利比里亚小学 6 年级的学生参加西非考试委员会组织的利比里亚小学毕业证书考试（The Liberia Primary School Certificate Examination，简称 LPSCE）。考试有 4 门科目：数学、普通科学、语言艺术、社会科学。这 4 门科目所有考生必须参加，每科最低及格分为 60%。LPSCE 的成绩由平时成绩（40%）和最终考试成绩或西非考试委员会组织的考试成绩（60%）构成，只有通过至少 3 个科目的学生才有资格获得利比里亚小学毕业证书。近年考生数量大幅增加，2005 年考生 22 472 人，2008 年增长到 40 746 人。

初中 3 年级时,学生参加 5 月份的利比里亚初中证书考试(The Liberia Junior High School Certificate Examination,简称 LJHSCE)。考试同样有 4 门科目:数学、普通科学、语言艺术和社会科学,最低及格分为 60%。平时成绩占 40%,最终考试成绩占 60%,只有通过 3 门及以上的学生可以获得证书。

高中 3 年级时,学生参加利比里亚高中证书考试(The Liberia Senior High School Certificate Examination,简称 LSHSCE)。考试科目分为三类:核心科目、普通科目和科学科目。核心科目包括英语、数学。普通科目包括经济学、地理、历史、英语文学。科学科目包括生物、化学、物理。所有考生参加最少 8 门科目、最多 9 门科目的考试。考生的最终成绩由平时成绩的 30% 和证书考试成绩的 70% 构成。考生只有通过至少 6 门科目的考试,其中包括数学和英语,才能获得证书。通过考试、成功获得证书的学生分为三等。一等:至少 6 门科目及格,最好的 6 门科目总分最高不超过 24 分,数学和英语成绩在 credit 及以上;二等:至少 6 门科目及格,最好的 6 门科目总分在 25～36 分,数学和英语成绩在 credit 及以上;三等:至少 6 门科目及格,最好的 6 门科目总分在 37～48 分,数学和英语成绩至少为 pass。

利比里亚高中证书对学生的等级和学校成绩均有标识。入读利比里亚大学(University of Liberia),除了提供利比里亚高中证书或相同学历证书外,还须参加大学组织的入学考试。

(五)成绩评价制度

利比里亚高中证书考试采用西非考试委员会 1～9 分的评价体系,具体见表 1 利比里亚高中证书成绩评价制度。

表 1 利比里亚高中证书成绩评价制度

绩点	成绩描述	对应中文意义
1	excellent	优秀
2	very good	良好
3	good	中等
4	credit	一般
5	credit	一般
6	credit	一般
7	pass	及格
8	pass	及格
9	fail	不及格

（六）常见教育证书

利比里亚常见教育证书见表2。

表2 利比里亚常见教育证书

序号	证 书	证 书 描 述
1	Liberia Primary School Certificate	利比里亚小学证书，完成小学6年学业，通过考试获得该证书，一般5月份考试
2	Liberia Junior High School Certificate	利比里亚初中证书，完成初中3年学业，通过考试获得该证书，一般5月份考试
3	Liberia Senior High School Certificate	利比里亚高中证书，完成高中3年学业，通过考试获得该证书，一般5月份考试
4	Primary Teacher's Certificate/Grade C Teaching Certificate	小学教师证书/C级教学证书，完成3年师范学校学业获得该证书。相当于中国原来的中师，入学条件为获得初中证书，毕业可做小学教师
5	Grade B Teaching Certificate	B级教学证书，完成2年师范学院学业获得该证书，入学要求为获得高中证书并通过入学考试，毕业可做初中教师
6	Associate's Degree	副学士学位，学制2年，入学要求为获得高中证书并通过入学考试
7	Diploma in Journalism	新闻专科文凭，学制3年，入学要求为获得高中证书并通过入学考试
8	Nursing Certificate	护理学证书，学制3年，入学要求为获得高中证书并通过入学考试
9	Bachelor's Degree	学士学位，一般学制4年，入学要求为获得高中证书并通过入学考试
10	Bachelor of Laws	法学学士学位，一般学制5年，完成2年大学本科学业，再继续3年的法律学习
11	Doctor of Medicine	医师专业学位，学制5年，入学要求为获得高中证书并通过入学考试
12	Grade A Teaching Certificate	A级教学证书，完成1年教育学研究生阶段学业，入学要求为获得学士学位，毕业可做高中教师

（续表）

序号	证　书	证书描述
13	Master's Degree	硕士学位,学制为 2 年,入学要求为获得学士学位

马里的教育证书评估研究

一、国家概况

马里位于非洲西部撒哈拉沙漠南缘,西邻毛里塔尼亚、塞内加尔,北、东与阿尔及利亚和尼日尔为邻,南接几内亚、科特迪瓦和布基纳法索,为内陆国。国土面积124.1万平方公里。马里全境主要由塞内加尔河上游盆地、尼日尔河中游和撒哈拉沙漠的一部分组成。沙漠主要在北部,面积30多万平方公里。境内地势平坦,多为海拔300米的平原和台地。北部为热带沙漠气候,干旱炎热。

马里2017年人口1 869万,全国有23个民族,各民族均有自己的语言。官方语言为法语,通用班巴拉语(1972年形成文字)。80%的居民信奉伊斯兰教,18%信奉传统拜物教,2%信奉天主教和基督教新教。

二、教　育

(一)教育概况

马里素有"西非文化摇篮"之称,但长期的殖民统治使其教育事业发展受到影响。马里沿用法国教育体制,由基础、中等和职业技术以及高等教育三部分组成。2015年5月,世界银行向马里提供200亿西非法郎,旨在帮助马里政府推进高等教育改革,提高高校竞争力。2015/2016学年,新开设4所职业培训学校。2017年教育预算占GDP的3.8%。2017年小学入学率为77%。2016年成年文盲率为66.9%。

这里特别提一下古兰经学校和寺院学校。前者提供阿拉伯—法语的双语宗教教育。虽然有80%的人口是穆斯林,但仅有6%的人能够读《古兰经》。为了降低高文盲率,提供更多的教育场所,政府着手实施一项改革,旨在创建"改善的"古兰经学校和更为世俗化的寺院。新的古兰经学校尽管保持着宗教性的特点,但也将实施基本的道德、公民和乡村化教育,开设教授使用国家语言或法语阅读、写作和计算的课程。

（二）教育体系

马里的教育体系为：6—3—3—4。小学6年，中学分为2个阶段，分别为3年。中小学学年一般10月开始，至次年6月。马里教育体系见图1。

图1 马里教育体系

（三）详述

1. 初等教育

马里的教育存在着不平衡因素，因为初等教育部努力扩招，而中等及高等教育部却没有足够的学校。因此，许多高中学生失去了继续受教育的机会，其中女生更为明显。7～16 岁教育为免费的义务教育。小学阶段 6 年，包括 2 年启蒙、2 年技能和 2 年的儿童指导教育。政府尽管加大了学校资源投入力度，许多贫困儿童由于高额的教育附加费用，仍然无法入学。

2. 中等教育

高中集中在城镇地区，其中最好的高中是私立高中。这一现实决定了成功之路仅为那些父辈富裕或有社会地位的年轻人所敞开。

3. 职业教育

马里有大量的机构提供初等教育第一阶段水平以上的各级职业、技术和商业教育。但是这些学校主要集中在中等教育水平。

4. 高等教育

马里的桑乔伊斯兰教寺院（Sankore）是世界上最古老的教育机构之一。时至今日，仍然在廷巴图克作为学习伊斯兰教的地方而运营。此外，马里还有巴马科大学，成立于 1996 年，得名于其所在城市。该大学拥有五个系，分别为科学与技术、医学、人文艺术和科学、法律和公共服务、经济和管理，同时还有管理研究所、培训和应用研究所，授课语言为法语。

（四）考试、升级和证书制度

在马里，完成 6 年小学学业时，学生通过考试获得第一阶段教育证书（Certificat de Fin d'Etudes du Premier Cycle de l'Enseignement Fundamental，简称 CFEPCEF）。完成初中学业，学生参加基础教育文凭（Diplôme d'Etude Fondamentale，简称 DEF）考试。考试成绩决定学生进入普通高中、技术高中还是职业高中。职业高中和技术高中学制 2 年，毕业时通过考试获得职业能力证书（Certificat d'Aptitude Professionnelle，简称 CAP）和技术文凭（Baccalauréat Technique）。普通高中学制 3 年，毕业时参加马里普通中学毕业证书（Baccalauréat Malien）考试。Baccalauréat 证书考试是马里大学的入学考试，获得 Baccalauréat 证书是升入马里高等教育机构的必要条件。

（五）成绩评价制度

受法国教育体系影响，马里采用 1～20 分的成绩评价制度。马里成绩评价制

度见表 1。

表 1 马里成绩评价制度

分数	描述	对应中文意义
16～20	tres bien	优秀
14～15	bien	良好
12～13	assez bien	中等
10～11	passable	及格
8～9	médiocre	勉强及格
6～7	faible	不及格
3～5	très faible	很差
0～2	nul	零分

（六）常见教育证书

马里常见教育证书见表 2。

表 2 马里常见教育证书

序号	证　书	证　书　描　述
1	Certificat de Fin d'Etudes du Premier Cycle de l'Enseignement Fundamental/CFEPCEF	第一阶段教育证书,完成小学 6 年学业获得该证书,入学年龄为 7 岁
2	Diplôme d'Etudes Fondamentales/DEF	基础教育文凭,完成 3 年初中教育学业获得该证书,准入条件为获得第一阶段教育证书
3	Certificat d'Aptitude Professionnelle/CAP	职业能力证书,完成 2 年职业高中学业,获得该证书,准入条件为获得基础教育文凭
4	Baccalauréat Technique	技术文凭,完成 2 年技术高中学业,获得该文凭,准入条件为获得基础教育文凭,毕业后可直接就业或继续下一级教育

序号	证　书	证　书　描　述
5	Baccalauréat Malien	马里普通中学毕业证书,完成3年普通高中获得该证书,准入条件为获得基础教育证书
6	Diplôme des Etudes Normales Secondaires	中等师范教育文凭,完成4年职业中专师范学院学业获得该文凭,准入条件为获得马里普通中学毕业证书或技术文凭
7	Brevet de Technicien（BT）	技术人员证书,完成4年职业高中后获得该证书,准入条件为获得基础教育证书
8	Diplôme de Dessin et d'Arts Plastiques	艺术设计文凭,在国家艺术学院完成4年学业获得该证书,准入条件为获得基础教育证书
9	Diplôme Universitaire de Technologie（DUT）	大学技术文凭,学制2年,准入条件为获得马里普通中学毕业证书或技术文凭,毕业后可直接就业或继续下一级教育
10	Diplôme de Technicien Supérieur	高级技术人员文凭,完成2年高等教育相关学业获得该文凭,准入条件为获得技术文凭或技术人员证书
11	Diplôme de l'Enseignement Fondamental	基础教育教师文凭,学制2年,准入条件为获得马里普通中学毕业证书,从1989年开始颁发
12	Diplôme d'Etudes Universitaires Générales（DEUG）	大学普通专科文凭,学制2年,准入条件为获得马里普通中学毕业证书或技术文凭,从1996年开始颁发
13	Licence	学士学位证书,在专科文凭的基础上再完成1年大学学业获得该文凭,从1996年开始颁发
14	Maîtrise	硕士文凭,完成1年研究生学业,获得该文凭,准入条件为获得学士学位证书,从1996年开始颁发

（续表）

序号	证　书	证书描述
15	Certificat d'Etudes Spécialisées	专业研究证书,学制4年,相当于大学本科毕业证书,准入条件为获得马里普通中学毕业证书或技术文凭
16	Diplôme d'Ingénieur	工程文凭,完成3～4年大学工程领域专业相关学业获得该证书,准入条件为获得高级技术人员文凭或普通大学专科文凭
17	Diplôme de Pharmacien	药师文凭,完成5年高等教育阶段药学专业学业获得该证书,准入条件为获得高级技术人员文凭或普通大学专科文凭
18	Diplôme de Docteur en Médecine	医师文凭,完成6年高等教育阶段医学专业学业获得该证书,准入条件为获得高级技术人员文凭或普通大学专科文凭
19	Diplôme d'Etudes Approfondies/DEA	高级研究文凭,学制1～2年,准入条件为获得硕士文凭(Maîtrise),从1996年开始颁发,相当于中国的硕士学位
20	Diplôme d'Etudes Supérieures Spécialisées/DESS	高级专业研究文凭,学制2年,准入条件为获得硕士文凭(Maîtrise),从1996年开始颁发,相当于中国的硕士学位
21	Doctorat	博士学位证书,学制3年,完成论文答辩获得该学位,准入条件为获得高级研究文凭(DEA),从1996年开始颁发
22	Doctorat de Spécialité	专业博士学位,学制2～4年,准入条件为获得高级研究文凭(DEA),从1996年开始颁发

毛里塔尼亚的教育证书评估研究

一、国家概况

毛里塔尼亚位于非洲撒哈拉沙漠西部，与西撒哈拉、阿尔及利亚、马里和塞内加尔接壤。西濒大西洋，海岸线全长 667 公里。属热带沙漠性气候，高温少雨。

毛里塔尼亚国土面积 103 万平方公里。2018 年人口 450 万，总体上分为摩尔族和黑非民族（非洲黑人）两大类。阿拉伯语为官方语言，法语为通用语言。约 96% 的居民信奉伊斯兰教。

二、教　育

（一）教育概况

从 6 岁到 14 岁，教育是免费和义务的，但不强制要求入学。以前有两种教育制度：一种是只教阿拉伯语，另一种是双语（阿拉伯语和法语）制度。1999 年 4 月的一项改革规定只使用一种教育制度。目前，阿拉伯语是小学的教学语言，法语是外语。在中学阶段，所有的科学和数学课程都用法语授课。

政府重视发展教育事业，把提高全民教育水平作为脱贫的重要途径。全国有 5 所高等院校：努瓦克肖特大学（建于 1981 年，是毛里塔尼亚第一所综合性大学）、国家行政学校、高等师范学院、高等科学院和高等伊斯兰学院，另外还有 5 所技术学校。除现代教育外，毛里塔尼亚全国各地存在传统的古兰经学校（音译为马哈德拉学校）。

（二）教育体系

毛里塔尼亚教育体系是：6—3—3—3。初等教育为 6 年，初中 3 年，高中 3 年。学年一般 10 月开始，次年 6 月结束。毛里塔尼亚教育体系见图 1。

年龄					年级
25				博士 Doctorat 3年	19
24					18
23				硕士 Master 2年	17
22					16
21	高级技师证书 Brevet de Technicien Supérieur/BTS			本科 Licence 3年	15
20					14
19			Certificat d'Aptitude aux Fonctions de Professeur du Premier Cycle		13
18	技术人员证书 Brevet de Technicien/BT 2年	技术高中 lycée technique 3年		普通高中 lycée 3年	12
17	小学教师培训 2年 Certificat d'Aptitude Pédagogique				11
16		职业教育证书 Brevet d'Enseignement Professionnel/BEP		中学毕业文凭 Baccalauréat de l'Enseignement Secondaire	10
15					
14		初中 collège d'enseignement général 3年			9
13					8
12		第一周期学业证书 Brevet d'Etudes du Premier Cycle/BEPC			7
11					6
10		小学 ecole primaire 6年			5
9					4
8		基础学业证书 Certificat d'Etudes Fondamentales/CEF			3
7					2
6					1

图 1　毛里塔尼亚教育体系

（三）详述

1. 初等教育

在毛里塔尼亚，学生们4～6岁开始在古兰经学校接受学前教育，在那里老师鼓励他们背诵《古兰经》经文。6岁时，他们开始接受正式教育，这种正式教育在理论上为免费的义务教育，然而贫困家庭，尤其是农村地区的贫困家庭，经常无法承担教学资料和学校膳食的费用。小学6年学习结束时，学生们需要参加初中入学考试（concours d'entrée en première année du collège）。

2. 中等教育

中等教育分为两个阶段：第一阶段和第二阶段。第一阶段是初中，学制3年。第二阶段高中也是3年。高中教育分为职业高中（lycée technique）和普通高中（lycée）。普通高中分4个学科方向：阿拉伯语＆伊斯兰教、现代语言、自然科学和数学。

3. 职业教育

毛里塔尼亚政府意识到技术和职业培训对于兴起工业经济的重要性，因此借助世界银行的贷款，采取了许多深远的措施。完成2年以上职业高中学业的学生可以进入技术人员证书（Brevet de Technicien/BT）项目，学制2年。获得技术人员证书后，才可以进入高级技师证书（Brevet de Technicien Supérieur/BTS）项目学习，学制2年。

4. 高等教育

毛里塔尼亚现在有些较低层次的教育机构，包括国家行政学院、国家教师培训学校和国家公共卫生学校。全国仅有一所大学，即努瓦克肖特大学（the University of Nouakchott），成立于1981年。由于大学水平的学习名额非常少，入学竞争非常激烈，而且是根据中学教育文凭考试的成绩录取的，有些专业可能需要入学考试。

（四）考试、升级与证书制度

在毛里塔尼亚，升级依赖于是否通过学校考试。不同阶段之间的升级，学生必须通过外部的竞争性考试。小学6年学习结束时，学生们需要参加初中入学考试。初等学校毕业时，学生参加竞争性考试，通过后可以获得基础学业证书（Certificat d'Etudes Fondamentales/CEF）进入中学。

中等教育第一阶段结束时，学生通过考试拿到该阶段的第一周期学业证书（Brevet d'Etudes du Premier Cycle/BEPC）。学生在20分中至少得10分及以上才可以进入第二阶段。第二阶段结束时，参加高中毕业考试，通过考试获得中学毕

业文凭(Baccalauréat de l'Enseignement du Secondaire)。中学毕业文凭是进入大学的必要条件,一般大学的最低入学要求为获得 12 分及以上。

(五) 成绩评价制度

毛里塔尼亚采用法国成绩评价制度,满分为 20 分。老师很少给到学生 18~20 分。和大多数采用法国教育体系的国家一样,8~9 分通常被认为是不及格等级,但如果学生学年平均分在 10 分及以上,则被认为"勉强通过或宽恕通过",具体由学校管理者来决定。但在高等教育阶段,获得 8~9 分的学生通常被要求重修课程。毛里塔尼亚成绩评价制度见表 1。

表 1　毛里塔尼亚成绩评价制度

分数	描述	对应中文意义
16~20	très bien	优秀
14~15	bien	良好
12~13	assez bien	中等
10~11	passable	及格
0~9	ajourné	不及格

(六) 常见教育证书

毛里塔尼亚常见教育证书见表 2。

表 2　毛里塔尼亚常见教育证书

序号	证　书	证 书 描 述
1	Certificat d'Etudes Fondamentales/CEF	基础学业证书,完成小学 6 年级学业,获得该证书,学生 6 岁入学
2	Brevet d'Etudes du Premier Cycle/BEPC	第一周期学业证书,完成初中(collège)3 年学业可获得该证书,入学要求为获得基础学业证书
3	Certificat d'Aptitude Pédagogique	教学能力证书,学制 2 年,入学要求为获得第一周期学业证书,毕业后可做小学教师

序号	证 书	证 书 描 述
4	Brevet d'Enseignement Professionnel/BEP	职业教育证书,完成 3 年职业高中学业将获得该证书,入学要求为获得第一周期学业证书
5	Baccalauréat de l'Enseignement du Secondaire	中学毕业文凭,在普通高中完成 3 年学业将获得该证书,入学要求为获得第一周期学业证书
6	Brevet de Technicien/BT	技术人员证书,学制 2 年,入学要求为完成 2 年高中学业
7	Certificat d'Aptitude aux Fonctions de Professeur du Premier Cycle/CAPPC	初中教师资格证书,学制 1 年,入学要求为获得中学毕业文凭,毕业后可做初中教师
8	Brevet de Technicien Supérieur/BTS	高级技师证书,学制 2 年,入学要求为持有技术人员证书
9	Licence	学士学位,学制 3 年,入学要求为持有中学毕业文凭,毕业后可继续下一级学业,2011 年第一次颁发该学位
10	Certificat d'Aptitude au Professorat de l'Enseignement Secondaire/CAPES	高中教学能力证书,持有学士学位的学生需再完成 1 年学业,可获得该文凭,毕业后可做高中教师
11	Master	硕士学位,学制 2 年,入学要求为持有学士学位(Licence),2013 年第一次颁发该学位
12	Doctorat	博士学位,入学要求为持有硕士学位,学制 3 年,完成研究生学业和论文答辩,2016 年第一次颁发该学位

尼日尔的教育证书评估研究

一、国家概况

尼日尔共和国位于非洲中西部,是撒哈拉沙漠南缘的内陆国。北部属热带沙漠气候,南部属热带草原气候,全年分旱、雨两季,年平均气温 30℃,是世界上最热的国家之一。国土面积 126.7 万平方公里,2018 年人口 2 240 万。尼日尔官方语言为法语,各民族均有自己的语言,豪萨语可以在全国大部分地区通用。尼日尔 88%的居民信奉伊斯兰教,11.7%信奉原始宗教,其余信奉基督教。

二、教　育

(一) 教育概况

20 世纪 90 年代以前,国民教育在各年度预算中一直占国家拨款的 20%以上,但从 90 年代中期开始,所占比例不足 10%。2004 年有小学 7 532 所,学生 980 033 人;中学、师范学校及各类职业学校 654 所,学生 136 982 人;基础教育系统教职员工共 22 427 人。2003—2004 学年小学入学率为 50%,成人识字率仅 28.7%。尼日尔有尼亚美综合大学和伊斯兰大学两所高等学府。

(二) 教育体系

尼日尔的教育体系为:6—4—3—3,沿袭了法国的教育体系。7~15 岁为免费义务教育,一学年分为 2 个学期。尼日尔学年 10 月开始,次年 6 月结束。其教育体系见图 1。

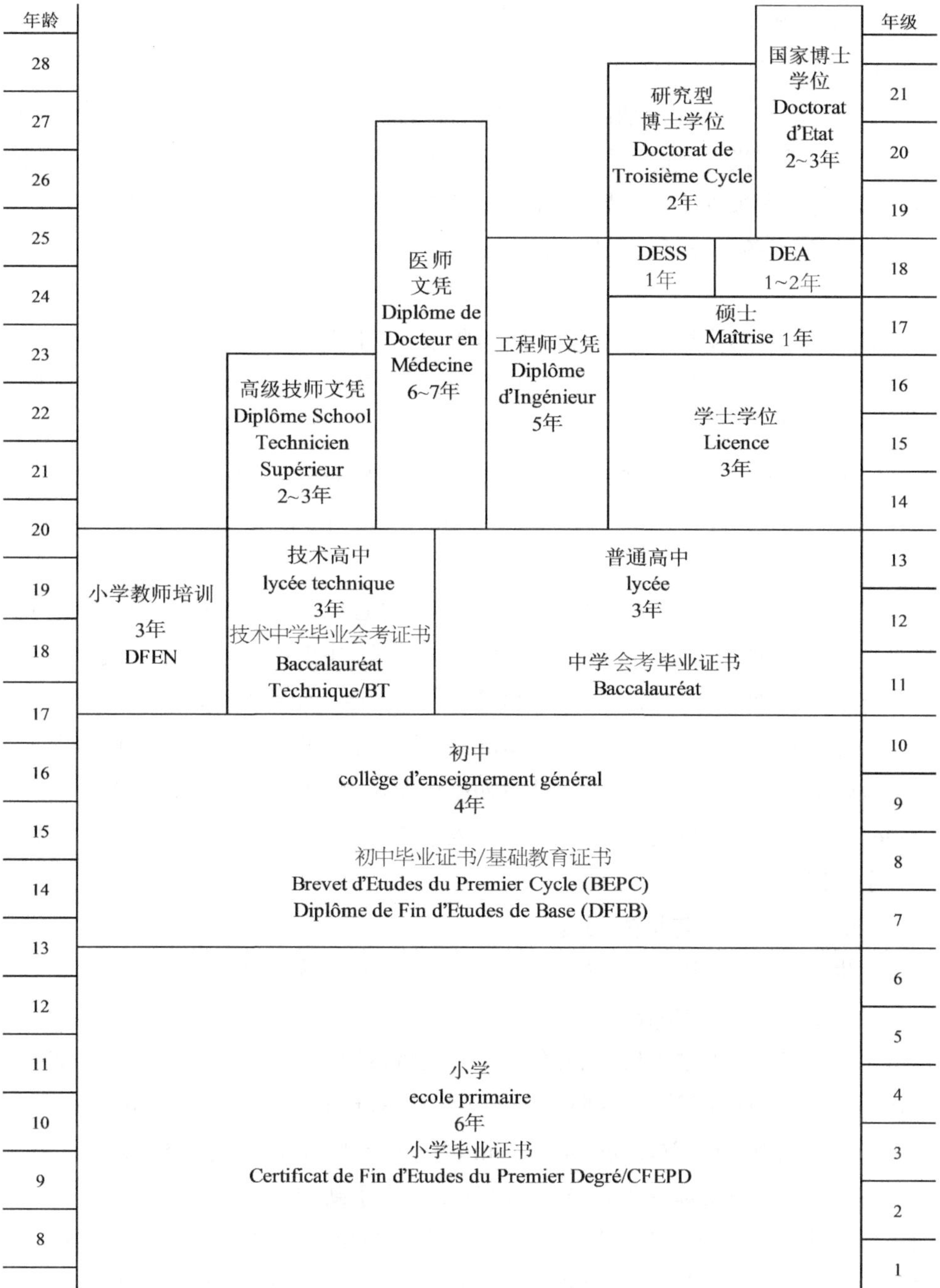

年龄 / 年级

| 28 | | | | | 国家博士学位 Doctorat d'Etat 2~3年 | 21 |

28
27
26
25
24
23
22
21
20
19
18
17
16
15
14
13
12
11
10
9
8
7

国家博士学位
Doctorat d'Etat
2~3年

研究型博士学位
Doctorat de Troisième Cycle
2年

医师文凭
Diplôme de Docteur en Médecine
6~7年

工程师文凭
Diplôme d'Ingénieur
5年

DESS 1年

DEA 1~2年

硕士 Maîtrise 1年

高级技师文凭
Diplôme School Technicien Supérieur
2~3年

学士学位
Licence
3年

小学教师培训
3年
DFEN

技术高中
lycée technique
3年
技术中学毕业会考证书
Baccalauréat Technique/BT

普通高中
lycée
3年
中学会考毕业证书
Baccalauréat

初中
collège d'enseignement général
4年

初中毕业证书/基础教育证书
Brevet d'Etudes du Premier Cycle (BEPC)
Diplôme de Fin d'Etudes de Base (DFEB)

小学
ecole primaire
6年
小学毕业证书
Certificat de Fin d'Etudes du Premier Degré/CFEPD

年级: 21 20 19 18 17 16 15 14 13 12 11 10 9 8 7 6 5 4 3 2 1

图 1　尼日尔教育体系

（三）详解

1. 初等教育

像许多被传统思想禁锢的贫困国家一样，尼日尔也面临着相同的教育问题。这些问题包括促进文化的自我实现，以及由于资源分配不平等造成的性别不平等，对女孩教育的积极性不高。尽管如此，法定的义务教育年龄为 7～15 岁。与女孩相比，更多的男孩完成了小学学业。

2. 中等教育

对于那些足够幸运继续学习的学生，将按照法国模式标准学术课程的规定，学习中等教育。城市外地区和游牧部落地区教育设施稀少，受教育的机会大大降低。

3. 职业教育

学生有机会学习专业学科，并且可以选择在技术中学学习。技术中学毕业通过考试后将获得技术中学会考毕业证书（Baccalauréat Technique）。

4. 高等教育

尼日尔有 2 所大学，分别是成立于 1973 年的尼亚美阿卜杜·穆穆尼大学和成立于 1987 年的西非伊斯兰大学。前者是国立大学，主要部门有农学院、艺术和人文科学学院、自然科学学院等院系。后者是伊斯兰会议组织开设的。

此外，还有培训教师的 Ecoles Normales 等特殊高等教育机构。两年时间获得小学教师文凭，但要求学生入学时持有初中毕业证书（Brevet d'Etudes du Primier Cycle/BEPC）；初中教师教学能力文凭的入学要求为持有大学通识教育文凭，并通过入学考试。

（四）考试、成绩与证书制度

学生完成小学学业，通过考试后获得小学毕业证书（Certificat de Fin d'Etudes du Premier Degré，简称 CFEPD）。

初中四年的学业结束后，尼日尔的年轻人将参加初中毕业考试，通过考试后获得初中毕业证书（即第一周期教育证书，Brevet d'Etudes du Premier Cycle/BEPC）或基础教育证书（Diplôme de Fin d'Etudes de Base，简称 DFEB）。

高中阶段学习持续三年，2011 年尼日尔引进了新课程。目前，学生需要学习四个核心科目，分别为数学、英语、公民教育和一门贸易课程。除了四门必修课程之外，学生可选修四到五门选修课程，分别为数学、科学、技术、人类学和商学。每年的 5 月/6 月，应届高中毕业生参加西非高中毕业证书考试。他们需要考 8～9 个科目，顺利通过考试的学生将会获得中学毕业会考证书（Baccalauréat）。技术中学的学生通过考试后会获得技术中学毕业会考证书（Baccalauréat Technique）。

（五）成绩评价制度

尼日尔采用法国成绩评分制度，满分为 20 分。老师很少会给到学生 18～20 分。和其他采用法国教育体系的国家一样，8～9 分通常是不及格的分数，但当一个学生全年学分平均分达到 10 分或 10 分以上时，也可以作为"宽恕通过或勉强通过"，这由学校管理者来判定。通常，在高等教育阶段，如果学生得到"宽恕通过或勉强通过"的分数，学生需要在接下来的学期中重考。尼日尔成绩评价制度见表1。

表1 尼日尔成绩评价制度

分数	描述	对应中文意义
16～20	très bien	优秀
14～15	bien	良好
12～13	assez bien	中等
10～11	passable	及格
0～9	ajourné	不及格

（六）常见教育证书

尼日尔常见教育证书见表2。

表2 尼日尔常见教育证书

序号	证书	证书描述
1	Certificat de Fin d'Etudes du Premier Degré/CFEPD	小学毕业证书，完成 6 年小学学业授予该证书，入学年龄为 6 岁
2	Diplôme de Fin d'Etudes de Base/DFEB	基础教育证书，完成 4 年初中学业授予该证书，准入条件为获得小学毕业证书
3	Brevet d'Etudes du Premier Cycle/BEPC	初中毕业证书（第一周期教育证书），完成 4 年初中学业授予该证书，准入条件为获得小学毕业证书
4	Diplôme de Fin d'Etudes Nigeriens/DFEN	尼日尔高中结业证书，学生完成 3 年高中学业，但没通过中学毕业会考证书（Baccalauréat）考试或技术中学毕业会考证书（Baccalauréat Technique）考试，准入条件为获得初中毕业证书（Brevet d'Etudes du Premier Cycle）

（续表）

序号	证 书	证 书 描 述
5	Baccalauréat	中学毕业会考证书,完成3年高中学业,并通过外部考试获得该证书,准入条件为获得初中毕业证书(Brevet d'Etudes du Premier Cycle)
6	Baccalauréat Technique	技术中学毕业会考证书,完成3年技术高中学业并通过外部考试获得该证书,准入条件为获得初中毕业证书(Brevet d'Etudes du Premier Cycle)
7	Diplôme de Fin d'Etudes Normales/ DFEN following a BEPC	小学教师文凭,在师范学院完成3年学业获得该证书,准入条件为获得初中毕业证书(Brevet d'Etudes du Premier Cycle),毕业后可做小学教师
8	Diplôme de Technicien Supérieur	高级技师文凭,完成2~3年高等教育后获得该证书,准入条件为获得中学毕业会考证书(Baccalauréat)或技术中学毕业会考证书(Baccalauréat Technique)
9	Diplôme Universitaire d'Etudes Littéraires/DUEL	大学文学文凭,完成2年高等教育阶段人文学科学业,获得该证书,准入条件为获得中学毕业会考证书(Baccalauréat)或技术中学毕业会考证书(Baccalauréat Technique)
10	Diplôme Universitaire d'Etudes Scientifiques/DUES	大学理学文凭,完成2年高等教育阶段理科学业,获得该证书,准入条件为获得中学毕业会考证书(Baccalauréat)或技术中学毕业会考证书(Baccalauréat Technique)
11	Diplôme Universitaire d'Etudes Économiques Générales/DUEEG	大学经济学文凭,完成2年高等教育阶段经济学学业,获得该证书,准入条件为获得中学毕业会考证书(Baccalauréat)或技术中学毕业会考证书(Baccalauréat Technique)

序号	证　书	证书描述
12	Diplôme Universitaire d'Etudes Générale/DEUG	大学通识教育文凭,完成 2 年高等教育阶段通识教育学习,获得该证书,准入条件为获得中学毕业会考证书(Baccalauréat)或技术中学毕业会考证书(Baccalauréat Technique)
13	Licence	学士学位,在任何 2 年制大专文凭的基础上再完成 1 年学业,准入条件为获得任何 2 年制大专文凭
14	Licence Professionnelle	专业学士学位,在中学毕业会考证书基础上完成 3 年学业或在任何 2 年制大专文凭的基础上再完成 1 年学业,准入条件为获得 Baccalauréat,或任何 2 年制大专文凭
15	Maîtrise	硕士学位,在学士学位(Licence)的基础上再完成 1 年大学学业后获得该证书,准入条件为获得学士学位(Licence)
16	Diplôme d'Ingénieur	工程师文凭,学制 5 年,准入条件为获得中学毕业会考证书或技术中学毕业会考证书
17	Diplôme de Docteur en Médecine	医师文凭,在医学专业完成 6～7 年大学学业,准入条件为获得中学毕业会考证书或技术中学毕业会考证书
18	Certificat d'Aptitude Professionnelle à l'Enseignement Secondaire/CAPES	高中教师职业能力证书,在师范学院完成 1 年研究生学业,准入条件为获得硕士学位(Maîtrise)并通过入学考试
19	Diplôme d'Etudes Supérieures Spécialisées/DESS	高级专业研究文凭,完成 1 年研究生学业和实习,准入条件为获得硕士学位(Maîtrise)
20	Diplôme d'Etudes Approfondies/DEA	高级研究文凭,完成 1～2 年研究生学业后获得该文凭,准入条件为获得硕士学位(Maîtrise)

（续表）

序号	证　书	证书描述
21	Doctorat de 3ème Cycle	第三阶段博士学位，一般完成不超过3年的研究生学业，该项目内完成1年研究生课程时授予DEA证书，准入条件为获得硕士学位（Maîtrise）
22	Doctorat d'Etat	国家博士学位，一般需完成5年研究生学业和论文答辩，且基本只在理学领域颁发

尼日利亚的教育证书评估研究

一、国家概况

尼日利亚位于西非东南部,东邻喀麦隆,东北隔乍得湖与乍得相望,西接贝宁,北接尼日尔,南濒大西洋几内亚湾。全国总人口 1.73 亿(2014 年),是非洲人口最多的国家。尼日利亚人口分布不均衡,南部雨林区和北部草原区人口较多,尤其是南部沿海地带和三角洲地区,面积占国土面积的 20%,却聚集着全国近一半的人口。中部地区人口相对稀少。人口分布比较集中的城市为拉各斯、卡诺、伊巴丹和首都阿布贾等。居民中 50%信奉伊斯兰教,40%信奉基督教,10%信仰其他宗教。

尼日利亚是非洲第一大经济体,非洲最大的石油生产国和世界第六大石油出口国,也是石油输出国组织 OPEC(欧佩克)成员国之一。石油工业是国民经济的支柱,20 世纪 70 年代起成为非洲最大的产油国。尼日利亚原为农业国。为改变本国经济对石油工业的过多依赖,政府已实施天然气开发战略,大力开发国内丰富的天然气资源,以达到推动经济发展和增加政府收入的目的,农业日渐萎缩。尼日利亚石油天然气资源十分丰富。自 1970 年代以来,石油出口逐渐成为该国最主要的经济来源。石油出口收入占出口总收入的 98%,占国家总收入的 83%。

二、教　育

(一) 教育概况

尼日利亚 1976 年起实行小学免费教育,但由于经济困难,自 1985 年起改为收费。1999 年 9 月,政府出台全国基础教育计划,恢复小学免费义务教育。全国21%的人口只受过小学教育,成年人 36.7%为文盲。大多数学校教学设施陈旧,师资不足。

（二）教育体系

尼日利亚教育体系为小学 6 年,初中 3 年,高中 3 年,大学 4 年。中小学一学年为 3 个学期,第一学期一般是 9 月初—12 月中旬,共 14 个教学周,紧随 3 周假期;第二学期一般是 1 月初—3 月底,共 12 个教学周,假期 3 周;第三学期是 4 月下旬—7 月下旬,共 13 个教学周,假期 6 周。尼日利亚教育体系见图 1。

（三）详情

1. 初等教育

在尼日利亚,对于富裕的城市人和贫困的农村人来说,受教育的机会相差很大。农村设施的贫乏始于小学,孩子们花 6 年学习圣经或伊斯兰教研究、英语、数学、科学和基于地理位置的民族语言(有 3 种民族语言)。但在城市的小学生可以学习计算机、法语和艺术。

2. 中等教育

6 年中等教育的前三年,学生在初中学习,但是一些国有机构要求学生购买书籍和制服,这对于贫困学生来说几乎没有可能。

高中三年教育很不理想。私立精英中学的学费特别高,学生要参加普通水平考试为高级考试做准备。农村地区的高中完全不同,教师普遍教育能力不足,而且学校可能耗尽分配到的资金。即便是通过教育体系考试的年轻人,如果想要获得成功,仍然面临极大困难。

3. 职业教育

有人说,职业教育和就业培训是尼日利亚发展计划中缺失的一环。当然,在农村地区教育资源匮乏,入学意愿不足,因为毕竟对于大多数学生来说,即使读书后也还是要以农耕为生,只有那些漂流到城市的人有幸找到工作。那些做收购贸易的通常是精英阶层的孩子。政府已计划解决这个现实问题。

4. 高等教育

政府已将高等教育作为一种机制来发展。自从独立以后,尼日利亚大力发展高等教育,1993 年私立大学被允许设立。截至 2019 年,尼日利亚共有大学 170 所,132 所理工学院(Polytechnics),89 所教育学院,26 所单科技术学院。授课语言为英语,学年一般从 10 月到第二年 9 月。

（四）考试、升级与证书制度

初等教育结束后,学生参加国家普通入学考试(National Common Entrance Examination,简称 NCEE),小学最后一年报考。考试科目包括数学、基础科学与技术、英语、民族价值观教育。

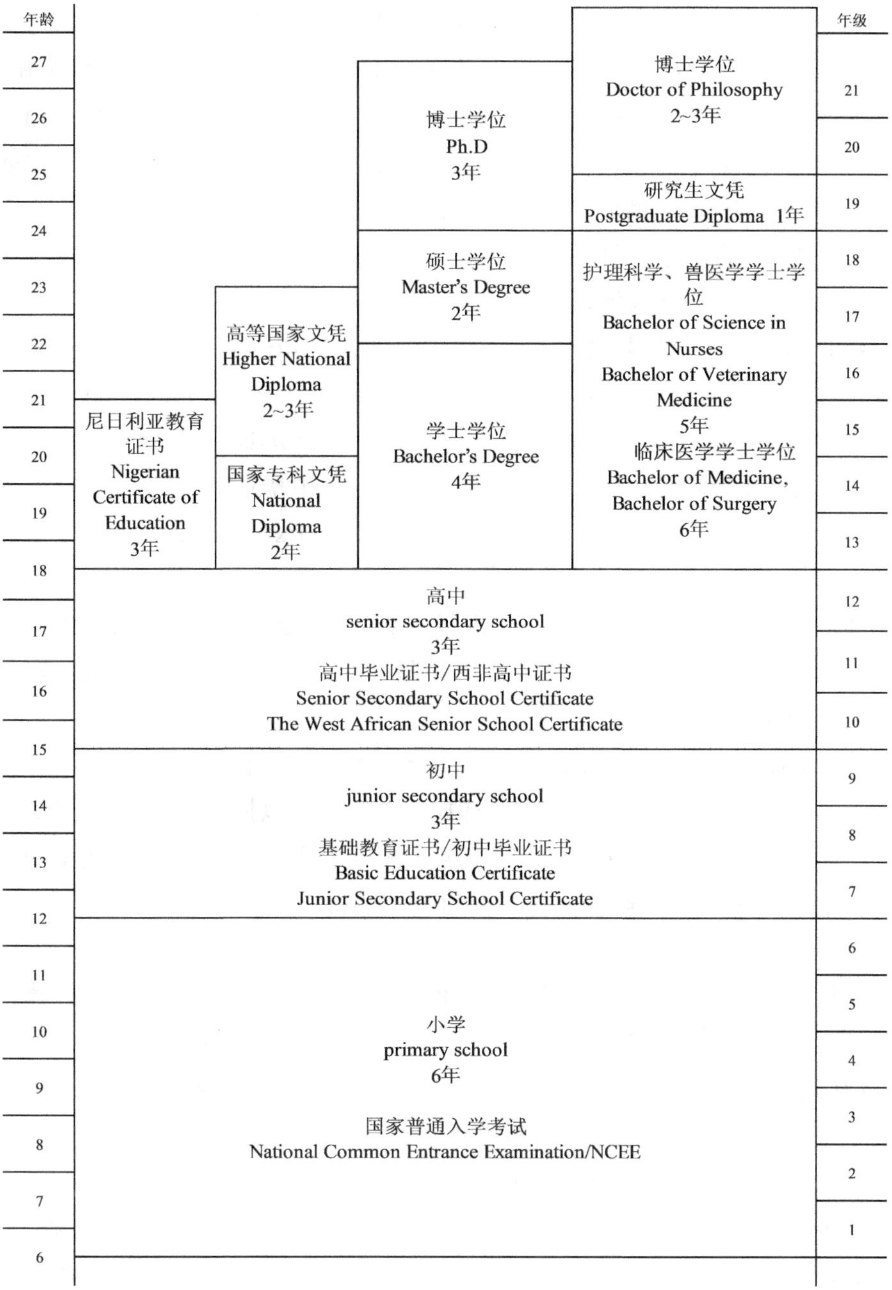

年龄

| | | | 年级 |

图1 尼日利亚教育体系

初中和高中毕业考试有两个体系，一个是西非考试委员会（West African

Examination Council,简称 WAEC)组织的证书考试,一个是尼日利亚国家考试委员会(National Examination Council,简称为 NECO)组织的证书考试(National Common Entrance Examination,简称 NCEE)。两类考试证书具有同等作用。

随着尼日利亚高中生对高中证书考试(Senior Secondary School Certificate Examination)需求的剧增,西非考试委员会的工作负荷严重超出其能力范围,无法满足尼日利亚实际需求,尼日利亚急需建立另外一个考试实体,来减少西非考试委员会的工作负荷。几经发展,尼日利亚国家考试委员会于 1999 年诞生。目前,负责组织国家普通入学考试(National Common Entrance Examination,简称 NCEE)、基础教育证书考试(Basic Education Certificate Examination,简称 BECE)、高中毕业证书内部考试〔Senior Secondary School Certificate Examination (SSCE) Internal,针对高三学生〕、高中毕业证书外部考试〔Senior Secondary School Certificate Examination (SSCE) External,针对已高中毕业的校外人员〕。

基础教育证书考试在初中第三年进行。学生只有通过初中毕业证书考试才有资格进入高中。基础教育证书考试中,考生最少选 9 门、最多 10 门课程的考试,有 18 门课程供考生选择。

高中毕业证书考试在高中最后一年进行,考生可以选择 8 门,最多 9 门课程的考试。西非考试委员会要求考生必须选择的核心科目包括:英语,数学,至少一门尼日利亚民族语言,物理、化学和生物中至少选择一门科目,英语文学、历史和地理中至少选择一门科目,农业科学或至少一门职业科目。此外,每个学生还必须要从以下科目中至少选择 3 门科目:生物学、经济学、物理学、簿记、化学、打字、高等数学、速记、商业、历史、地理、英语文学、农业科学、木工、卫生科学、汽车机械、建筑施工、音乐、服装和纺织品、艺术、基督教宗教知识、法语、伊斯兰研究、体育、阿拉伯研究、政府、金属工程、应用电力、电子、食品与营养、技术制图、家庭管理。国家考试委员会有 76 门课程供考生选择,被分为必修交叉核心科目(compulsory cross—cutting core subjects)、科学与数学(science and mathematics)、技术(technology)、人文(humanities)、商务(business studies)、贸易或企业/创业(trade/entrepreneurship)六大类。所有考生必须选择 4 门核心科目,专业领域内的 3～4 门科目及专业领域外的 1 门选修科目,至少 8 门,最多不可以超过 9 门。

在尼日利亚,和中国类似,也有专门的大学升学考试(Unified Tertiary Matriculation Examination,简称 UTME),该考试由专门的联合招生与考试委员会(Joint Admissions and Matriculation Board,简称 JAMB)组织。能否被录取到

高等学府学习,高中毕业证书考试成绩非常重要。一般来说,大学、学院的本科项目或国家文凭、国家创新文凭等大专项目的录取,需要综合大学升学考试和毕业证书考试成绩。学生毕业证书考试至少取得 5 个 credit 成绩及以上,其中必须包括数学和英语,才有资格进入高等学府学习。

（五）成绩评价制度

尼日利亚 BECE 采用字母成绩评价制度。具体如下：A 表示优秀（distinction）、B 表示良好（upper credit）、C 表示较好（lower credit）、P 表示及格（pass）、F 表示不及格（fail）。西非高中证书（WASSC）成绩评价制度见加纳成绩评价制度。

普通教育证书（GCE）采用 A、B、C、D、E 评分制度,而国家考试委员会（NECO）高中证书则采用类似于西非高中证书 A1、B2、B3、C4、C5、C6、D7、D8、E8、F9 的成绩评价制度。

（六）常见教育证书

尼日利亚常见教育证书见表 1。

表 1　尼日利亚常见教育证书

序列	证　　书	描　　述
1	National Common Entrance Examination/NCEE	国家普通入学考试,小学 6 年级结束时统一参加该考试,并获得成绩证书
2	Basic Education Certificate	基础教育证书,即初中毕业证书,由国家考试委员会组织,初中学制 3 年
3	Junior Secondary School Certificate	初中毕业证书,由西非考试委员会组织
4	Senior Secondary School Certificate	高中毕业证书,由国家考试委员会组织,高中学制 3 年
5	The West African Senior School Certificate	西非高中毕业证书,由西非考试委员会组织
6	Nigerian Certificate of Education	尼日利亚教育证书,完成教师培训学院 3 年学业获得该证书,准入要求为获得高中毕业证书
7	National Diploma	国家专科文凭,在技术领域完成 2 年学习,准入要求为获得高中毕业证书

（续表）

序列	证　书	描　述
8	Higher National Diploma	高等国家文凭,在获得国家专科文凭后再在技术领域学习 2～3 年
9	Bachelor's Degree	学士学位,一般学制 4 年,护理科学、兽医学学制 5 年,临床医学学制 6 年
10	Postgraduate Diploma	特殊领域 1 年学制的研究生文凭
11	Master's Degree	硕士研究生学位,一般学制 2 年
12	Doctor of Philosophy	博士学位,一般学制 2～3 年,准入要求为获得硕士学位

塞拉利昂的教育证书评估研究

一、国家概况

塞拉利昂位于非洲西部,北、东北与几内亚接壤,东南与利比里亚交界,西、西南濒临大西洋。面积 71 740 平方公里。2017 年,人口 760 万。全国有 20 多个民族。南部的曼迪族最大,北部和中部的泰姆奈族次之,两者各占全国人口的 30% 左右;林姆巴族占 8.4%;由英、美移入的"自由"黑人后裔克里奥尔人占 10%。官方语言为英语,但一般只有识字的人会说。民族语言主要有曼迪语、泰姆奈语、林姆巴语和克里奥尔语。60%的居民信奉伊斯兰教,30%的居民信奉基督教,10%信奉拜物教。

塞拉利昂是最不发达国家之一。经济以农业和矿业为主,粮食不能自给。长期内战使塞拉利昂基础设施毁坏严重,国民经济濒于崩溃。内战结束后,政府集中精力重建经济。

二、教 育

(一)教育概况

由于内战,塞拉利昂许多学校被毁,大多数学龄儿童没有上学。自战争结束以来,政府已开始重建学校,上学人数有所增加。20 世纪 90 年代初成立国家基础教育委员会,实行 9 年义务教育制。截至 2014 年,有小学 2 773 所,中学 234 所,师范学校 6 所,大学 2 所,即塞拉利昂大学和尼贾拉大学。英语是所有层次的教学语言。

(二)教育体系

塞拉利昂教育体系为:6—3—3—3。初等教育 6 年,中等教育分别为 3 年初中和 3 年高中,大学本科基本学制为 3 年。一般学年从 9 月开始,次年 7 月结束。塞拉利昂教育体系见图 1。

年龄						年级
26					博士 Ph.D. 2+年	20
25						19
24					硕士 Master's Degree 1~2年	18
23		高等国家文凭 Higher National Diploma (HND) 1年		研究生文凭 Postgraduate Diploma		17
22		普通国家文凭 Ordinary National Diploma (OND) 2年		荣誉学士学位 Bachelor's (Honours) Degree 4年		16
21						15
20		技术/职业证书 Technical/Vocational Certificate Stage 3 - 3年 Stage 2 - 2年 Stage 1 - 1年	高级教师证书 Higher Teacher's Certificate 2年	学士学位 Bachelor's Degree 3年		14
19						13
18						
17	教师资格 证书 Teacher's Certificate 3年	高中 upper secondary school 3年				12
16						11
15		高中证书 Senior School Certificate				10
14		初中 lower secondary school 3年				9
13						8
12		基础教育证书 Basic Education Certificate				7
11						6
10		小学 primary school 6年				5
9						4
8		国家小学证书 National Primary School Certificate				3
7						2
6						1

图 1　塞拉利昂教育体系

（三）详述

1. 初等教育

非洲湾地区的塞拉利昂,法律规定前 9 年的教育是义务教育,但事实上,战争摧残后所剩的教育资源为数不多。因此,义务教育无法推行。6 年的小学教育是免费的。小学升入中学要通过选拔入学考试,这项考试是由西非考试委员会（WAEC）负责开展,包括对英语、数学、口头表达能力和算数能力的考查,通过考试的学生可以进入中学学习。

2. 中等教育

3 年的初中教育,对于北部及东部地区的女生来说是免费的。学生们在 12 岁左右进入初中学习,直到 15 岁左右,所学课程学术性为主。城镇儿童享有结构优势,最不利的是农村地区女生,那里的文化信仰并不支持女生受教育。

初中教育结束后,学生们需要通过西非考试委员会主办的基础教育证书考试。初中结束,只有少数学生进入高中,有机会参加西非考试委员会举办的高中证书考试。通过高中证书考试最主要的动力是为了进入大学继续深造。此后或进入大学继续理论学习,或转入职业教育学习更多的实际技能。尽管学生们有这些机会和选择,但 15 至 24 岁年轻人的识字率仍不到 60%。

3. 职业教育

职业培训方面的努力侧重于重组行动,塞拉利昂 2/3 的成年人均从事自给自足的农业生产,因此培训主要为农业技能,其他相关技能包括机械、木工等。

4. 高等教育

塞拉利昂只有两所大学,1827 年作为符拉湾学院成立的塞拉利昂大学和 1910 年作为农业试验站成立的尼贾拉大学。

尼贾拉大学有教育、社区卫生服务、社会科学、农业、环境科学和技术专业,而塞拉利昂大学在众多专业中教育、社区服务两个专业尤为突出。

（四）考试、升级与证书制度

塞拉利昂的孩子们 6 岁上小学,小学学制 6 年,小学毕业时参加国家小学毕业考试（National Primary School Examination）。教学语言是英语,法语是小学和初中必修科目。

初中三年,毕业时参加西非考试委员会组织的基础教育证书考试（Basic Education Certificate Education）。考试结果决定学生高中阶段就读什么类型的学校。

高中有三种类型:普通高中、职业高中和技术高中。高三毕业前学生参加西非

考试委员会组织的高中证书考试(Senior School Certificate Examination)。塞拉利昂大学(University of Sierra Leone)的专科和证书项目基本申请条件是在 GCE 或 WASSCE 考试中至少获得包括英语在内的 4 个 credit 成绩及以上,本科项目基本申请条件需在 GCE 或 WASSCE 考试中至少获得 5 个 credit 成绩及以上,其中英语成绩至少为 C5。

(五) 成绩评价制度

塞拉利昂中学成绩评价制度分两种,一种是学校内部评价制度,一种是西非考试委员会组织的考试采用的评价制度。内部评价制度各不相同,而西非考试委员会高中证书考试采用的是本土化 1～9 级成绩评价制度。塞拉利昂西非考试委员会高中证书考试成绩评价制度见表 1。

表 1   塞拉利昂西非考试委员会高中证书考试成绩评价制度

等级	成绩描述	对应中文意义
Grade 1	excellent	优秀
Grade 2	very good	良好
Grade 3	good	中等
Grade 4,5,6	credit	一般
Grade 7,8	pass	及格
Grade 9	fail	不及格

(六) 常见教育证书

塞拉利昂常见教育证书见表 2。

表 2   塞拉利昂常见教育证书

序号	证 书	证 书 描 述
1	National Primary School Certificate	国家小学证书,完成 6 年小学教育学业,通过国家考试获得该证书,学生 6 岁入学
2	Basic Education Certificate	基础教育证书,学制 3 年,准入条件为获得国家小学证书
3	Teacher's Certificate	教师资格证书,完成 3 年教师培训获得该证书,准入条件为获得基础教育证书

序号	证　书	证书描述
4	Senior School Certificate	高中证书,完成 3 年高中学业,通过考试获得该证书,准入条件为获得基础教育证书
5	Technical/Vocational Certificate Stage 1	技术/职业教育阶段 1 证书,学制 1 年,准入条件为获得高中证书
6	Technical/Vocational Certificate Stage 2	技术/职业教育阶段 2 证书,学制 2 年,准入条件为获得高中证书
7	Technical/Vocational Certificate Stage 3	技术/职业教育阶段 3 证书,在贸易/职业/技术培训中心完成 3 年学业获得该证书,准入条件为获得高中证书
8	Higher Teacher's Certificate	高级教师证书,完成教师培训项目 2 年学业后获得该证书,准入条件为获得高中证书,毕业后可做初中教师
9	Ordinary National Diploma（OND）	普通国家文凭,在职业或技术学院完成 2 年学业后获得该证书,准入条件为获得职业/技术教育阶段 3 证书
10	Higher National Diploma（HND）	高等国家文凭,在职业或技术学院完成 1 年学业后获得该证书,准入条件为获得普通国家证书
11	Diploma in Engineering	工程文凭,完成 3 年大学工程学学业获得该证书,准入条件为获得高中证书
12	Bachelor's Degree	学士学位,完成 3 年大学学业后获得该证书,准入条件为获得高中证书
13	Bachelor's（Honours）	荣誉学士学位,完成 4 年大学学业后获得该证书,准入条件为获得高中证书
14	Postgraduate Diploma	研究生文凭,完成 1 年研究生学业后获得该证书,准入条件为获得荣誉学士学位,毕业后直接就业

（续表）

序号	证　书	证　书　描　述
15	Master's Degree	硕士学位,在荣誉学士学位的基础上完成1年学业或在普通学士学位的基础上完成2年学业获得该学位证书,准入条件为获得荣誉学士学位或普通学士学位,毕业后可直接就业或继续下一级教育
16	Doctor of Philosophy	博士学位,在硕士学位的基础上完成2年学业后获得该学位证书,准入条件为获得硕士学位证书

塞内加尔的教育证书评估研究

一、国家概况

塞内加尔位于非洲西部凸出部位的最西端。北接毛里塔尼亚,东邻马里,南接几内亚和几内亚比绍,西濒大西洋。海岸线长约 500 公里。属热带草原气候,年平均气温 29℃,最高气温达 45℃。国土面积 196 722 平方公里,2018 年人口 1 572.6 万。

塞内加尔一直以来与法国保持着文化和政治上的联系。六个非洲民族占人口的 90%。法语是塞内加尔官方语言和教学语言,另有大约 28 种不同的地方语言,其中 6 种被认为是国家语言,全国 80% 的人通用沃洛夫语。95.4% 的居民信奉伊斯兰教,4.2% 信奉天主教,其余信奉拜物教。塞内加尔虽然属于最不发达国家,但经济门类较齐全,三大产业发展较平衡。

二、教　育

(一) 教育概况

塞内加尔教育发展较快。2013 年,小学入学率 93%,初中入学率 89%,高中入学率 29%。在读大学生 11.2 万人。成人识字率为 58%。全国有公立大学 5 所,高等专业院校 10 余所,私立各类高校 80 余所。其中达喀尔大学(谢赫·安达·迪奥普大学)创立于 1957 年(前身是"法属撒哈拉沙漠以南非洲研究院"),是撒哈拉沙漠以南非洲历史最悠久的高等学府之一,下设 21 个院所。目前,在校学生超过 7 万人。

(二) 教育体系

塞内加尔的教育体系为:6—4—3。学年一般 10 月开始,次年 7 月结束。小学入学年龄为 6 岁。塞内加尔教育体系见图 1。

年龄					年级
26		药师文凭 Diplôme de Pharmacien 5年 口腔科医师国家文凭 Diplôme d'Etat de Docteur en Chirurgie Dentaire 5年		第三周期博士 学位 Doctorat de Troisième Cycle 2+年	20
25					19
24		兽医师国家文凭 Diplôme d'Etat de Docteur en Médecine Vétérinaire 6年 医师国家文凭 Diplôme d'Etat de Docteur en Médecine 7年	技术高中教学能 力证书 CAESTP 2年 初中、高中 CAEM/CAPES 1年	DEA/DESS /CAES 1年	18
23		工程师 文凭 Diplôme d'Ingé- nieur 3年		硕士 Maîtrise 1年	17
22			专业学士学位证书/学士学位 Licence Professionnelle/Licence 1年		16
21	高级技术人员证书 Brevet de Technicien Supérieur 1~2年		大学第一阶段文凭 2年 DUT/DUEL/DEUG/DUES/DEJG/DEEG		15
20					14
19	技术学院1~2年 lycée technique 技术人员文凭 Diplôme de Bachelier Technicien		普通高中/技术高中 lycée d'enseignement général/technique 3年		13
18					12
17	职业高中 2~3年 技术人员证书 Brevet de Technicien		高中毕业证书/技术高中毕业证书 Baccalauréat/Baccalauréat Technique		11
16					
15	职业初中 3~4年 职业资格证书 Certificat d'Aptitude Professionnelle (CAP)		初中 collège d'enseignement moyen 3~4年		10
14					9
13			初中毕业证书 Brevet d'Etudes du Premier Cycle (BEPC) Brevet de Fin d'Etudes Moyennes (BFEM)		8
12					7
11					6
10			小学 ecole elémentaire 6年		5
9					4
8			小学毕业证书 Certificat de Fin d'Etudes Elémentaires(CFEE)		3
7					2
6					1

图1 塞内加尔教育体系

（三）详解

1. 初等教育

在塞内加尔,16 岁前的非宗教教育是免费的义务教育,但是在伊斯兰教育盛行的地区,并不实行该政策。贫穷和不负责任的行政管理导致许多儿童无法入学,父母失去信心。接受小学教育的儿童在小学学习结束时,需要参加考试,从而决定他们是否能够继续学习。

2. 中等教育

小学升初中的入学率为 89%,大多数孩子可以继续完成接下来 4 年的学业,但初中升高中就没那么容易了,升学率仅为 29%,其他人则被拒之门外。成绩不佳的学生很可能结束他们的学习,许多学生会永远地为他们的教育画上句号。高中对于穷人和富人来说是个不公平的战场,学生们激烈地争夺好学校的名额。对于许多女孩子来说,常常无法完成全部中等教育,因为她们很可能早已进入社会开始工作,又或者已为人母。

3. 职业教育

未能进入普通中学接受中等教育的学生被分流到非正式教育部门,在那里他们作为学徒接受最初步的训练,没有任何收入。塞内加尔许多捐助机构正在建立以学生为中心的职业培训学院,努力改变这一现状。

4. 高等教育

达喀尔的谢赫·安达·迪奥普大学(Cheikh Anta Diop University)是历史最为悠久的大学,最初作为非洲医学学院成立于 1918 年。时至今日,已经有 60 000 名学生受益于该学校的人文、科学、工程、医学、金融、会计和法律专业。所有专业的授课语言为法语。

（四）考试、升级与证书制度

针对那些即将完成小学、初中、高中教育的学生,每年都有一次全国外部考试。在塞内加尔的每一所学校,学生升级依赖于他们的成绩及教师董事会的决议。学生在小学末,成功通过全国性外部考试后,被授予第一个正式的毕业证书(Certificat de Fin d'Etudes Elémentaires,简称 CFEE)。此外,学生必须通过外部入学考试(concours d'entrée en sixième)才能继续第一周期中学教育,或者可以继续第一周期技术中学。

塞内加尔从初中就开始分科,分为普通初中和职业初中。课程设置沿袭法国教育,但在史地、生物和法语课中强调非洲化和塞内加尔化。普通初中毕业通过考试获得初中毕业证书(Brevet d'Etudes du Premier Cycle,简称 BEPC),即第一周

期学业证书。职业初中毕业时通过考试获得职业资格证书（Certificat d'Aptitude Professionnelle,简称 CAP）。初中毕业生经考试获得学习文凭,升入普通或技术高中,未通过考试者可进入中等职业教育机构。

普通高中和技术高中学制均为 3 年。1998 年开始,普通高中被分为 3 个方向:语言和社会科学(L1,L2)、科学与技术(S1,S2,S3,T1,T2)、管理与经济学(G)。完成高中学业,通过外部考试的学生获得高中毕业证书（Baccalauréat 或 Baccalauréat Technique）,证书由学生所选方向而定。职业高中学制 2 年,完成学业后,学生获得技术人员文凭（Brevet de Technicien）。

（五）成绩评价制度

塞内加尔采用法国成绩评价制度,满分为 20 分。老师很少给到学生 18～20 分。和大多数采用法国教育体系的国家一样,8～9 分通常被认为是不及格等级,但如果学生学年平均分在 10 分及以上,则被认为"勉强通过或宽恕通过",具体由学校管理者决定。但在高等教育阶段,获得 8～9 分的学生通常被要求重修课程。塞内加尔成绩评价制度见表 1。

表 1　塞内加尔成绩评价制度

分数	描述	对应中文意义
16～20	très bien	优秀
14～15	bien	良好
12～13	assez bien	中等
10～11	passable	及格
0～9	ajourné	不及格

（六）常见教育证书

塞内加尔常见教育证书见表 2。

表 2　塞内加尔常见教育证书

序号	证书	证书描述
1	Certificat de Fin d'Etudes Elémentaires(CFEE)	小学毕业证书,完成 6 年小学学业获得该证书,入学年龄为 6 岁

序号	证　书	证书描述
2	Brevet d'Etudes du Premier Cycle（BEPC）	初中毕业证书（第一周期学业证书），完成 3 年初中学业，准入条件为获得小学毕业证书（CEEE）
3	Certificat d'Aptitude Professionnelle（CAP）	职业资格证书，在 centre de formation 完成 3～4 年的技术学习，准入条件为获得小学毕业证书（CFEE）
4	Brevet de Fin d'Etudes Moyennes（BFEM）	初中毕业证书，完成 4 年初中学业后获得该证书，准入条件为获得小学毕业证书（CFEE）
5	Certificat Elémentaire d'Aptitude Pédagogique（CEAP）	小学教学能力证书，在 centre régional de formation pédagogique 完成 1 年助教工作，准入条件为获得 BFEM
6	Brevet de Technicien	技术人员证书，完成 2～3 年职业高中学业获得该证书，准入条件为获得职业资格证书（CAP）
7	Baccalauréat/Baccalauréat Technique	高中毕业证书/技术高中毕业证书，完成 3 年普通高中/技术高中学业获得该证书，准入条件为获得 BFEM
8	Diplôme de Bachelier Technicien	技术人员文凭，在技术学院完成 1～2 年学业获得该证书，准入条件为获得技术人员证书
9	Brevet de Technicien Supérieur	高级技术人员证书，完成 1～2 年高等教育阶段学业获得该证书，准入条件为获得高中毕业证书
10	Diplôme Universitaire de Technologie/DUT	大学技术专科文凭，在国立高等技术学院完成 2 年学业获得该证书，准入条件为获得技术中学毕业证书
11	Diplôme Universitaires d'Études Littéraires/DUEL	大学文学专科文凭，完成 2 年大学学业获得该证书，准入条件为获得高中毕业证书/技术高中毕业证书
12	Diplôme d'Études Universitaires Générales/DEUG	大学普通专科文凭，完成 2 年大学学业获得该证书，准入条件为获得高中毕业证书/技术高中毕业证书

（续表）

序号	证 书	证 书 描 述
13	Diplôme Universitaires d'Études Scientifiques/DUES	大学科学专科文凭,完成2年大学学业获得该证书,准入条件为获得高中毕业证书/技术高中毕业证书
14	Diplôme d'Études Juridiques Générales/DEJG	普通法律专科文凭,完成2年大学学业获得该证书,准入条件为获得高中毕业证书/技术高中毕业证书
15	Diplôme d'Études Économiques Générales/DEEG	普通经济学专科文凭,完成2年大学学业获得该证书,准入条件为获得高中毕业证书/技术高中毕业证书
16	Diplôme d'Ingénieur	工程师文凭,在高中毕业证书的基础上完成5年学业或在大专文凭的基础上完成3年学业
17	Licence Professionnelle	专业学士学位证书,在高中毕业证书基础上完成3年大学学业或在DUT、DUEG、Brevet de Technicien Supérieur的基础上完成1年大学学业
18	Licence	学士学位证书,在专科文凭的基础上再完成1年学业,准入条件为获得大学专科文凭
19	Certificat d'Aptitude a l'Enseignement Moyen/CAEM	初中教学能力证书,在获得学士学位证书的基础上完成1年或者在高中毕业证书的基础上完成4年学业获得该证书,毕业后可做7～10年级教师
20	Certificat d'Aptitude au Professorat de l'Enseignement Secondaire/CAPES	高中教学能力证书,在获得学士学位证书的基础上再完成1年或者在高中毕业证书的基础上完成4年学业获得该证书,毕业后可做11～13年级教师
21	Certificat d'Aptitude au Professorat de l'Enseignement Technique/CAPET	中学技术教学能力证书,在获得学士学位证书的基础上再完成1年或者在高中毕业证书的基础上完成4年学业获得该证书,毕业后可做11～13年级教师

序号	证 书	证 书 描 述
22	Certificat d'Aptitude a l'Enseignement Secondaire Technique et Professionnel / CAESTP	技术高中教学能力证书,在 DUT/BTS/DTS/DST 基础上完成 3 年,或在学士学位的基础上完成 2 年学业,或在工程师文凭的基础上完成 1 年学业
23	Maîtrise	硕士,在学士学位的基础上完成 1 年学业
24	Certificat d'Aptitude a l'Enseignement Secondaires /CAES	中学教学能力证书,在硕士学位的基础上再完成 1～2 年的教师培训,准入条件为获得硕士学位(Maîtrise),毕业后可做 11～13 年级教师
26	Diplôme de Pharmacien	药师文凭,学制 5 年,准入条件为获得高中毕业证书
27	Diplôme d'Etat de Docteur en Chirurgie Dentaire	口腔科医师国家文凭,需要完成 5 年的大学口腔医学学业和 1 年的论文研究,准入条件为获得高中毕业证书
28	Diplôme d'Etat de Docteur en Médecine Vétérinaire/Médecine	兽医师/医师国家文凭,学制 6 年/7 年,准入条件为获得高中毕业证书
30	Certificat d'Etudes Speciales	专业学业证书,在国家医学博士文凭的基础上再完成 1～4 年学业获得该证书
31	Diplôme d'Etudes Supérieures Spécialisées/DESS	高级专业研究文凭,学制 1 年,准入条件为获得硕士学位(Maîtrise)
32	Diplôme d'Etudes Approfondies/ DEA	高级研究文凭,学制 1 年,准入条件为获得硕士学位(Maîtrise)
33	Doctorat de Troisième Cycle	第三周期博士学位,学制 2 年,准入条件为硕士学位
34	Doctorat d'Etat	国家博士学位,学制 3 年,准入条件为第三周期博士学位
35	Doctorat d'Université sur Travaux	大学工程博士学位,发表高水平论文、由同行委员会决定是否授予其学位

北非国家

阿尔及利亚的教育证书评估研究

一、国家概况

阿尔及利亚全称阿尔及利亚民主人民共和国,是非洲面积最大的国家,位于非洲西北部。北临地中海,东临突尼斯、利比亚,南与尼日尔、马里和毛里塔尼亚接壤,西与摩洛哥、西撒哈拉交界。南北线长约 2 000 公里,东西最宽约 1 800 公里,海岸线长约 1 200 公里。伊斯兰教是国教。2017 年,阿尔及利亚人口 4 220 万。大多数是阿拉伯人,其次是柏柏尔人(约占总人口的 20%)。少数民族有姆扎布族和图阿雷格族。官方语言为阿拉伯语,通用法语。

阿尔及利亚经济规模在非洲位居前列。石油与天然气产业是其国民经济的支柱,多年来其产值一直占 GDP 的 30%,税收占国家财政收入的 60%,出口占国家出口总额的 97% 以上。粮食与日用品主要依赖进口。

二、教　育

(一) 教育概况

阿尔及利亚对 6～15 岁少年儿童实行 9 年一贯制义务教育,制定了教育民主化、阿尔及利亚化、阿拉伯语化、重视科学和为了国家发展四项原则。阿拉伯语是授课语言,一些学校使用柏柏尔方言塔马塞特语作为教学语言。

阿尔及利亚小学入学率 97%,中学入学率 66%。中、小学生教育免费,大学生享受助学金和伙食补贴。2009 年,中、小学数量增至 24 795 所,全国共有教师近 37 万人。各类高等教育机构近百所,2012—2013 学年在校大学生约 140 万人。主要大学有:阿尔及尔大学、胡阿里·布迈丁科技大学、君士坦丁大学等。

(二) 教育体系

阿尔及利亚的教育体系为:9—3—3。学年一般从 9 月开始,次年 6 月结束。

阿尔及利亚教育体系见图1。

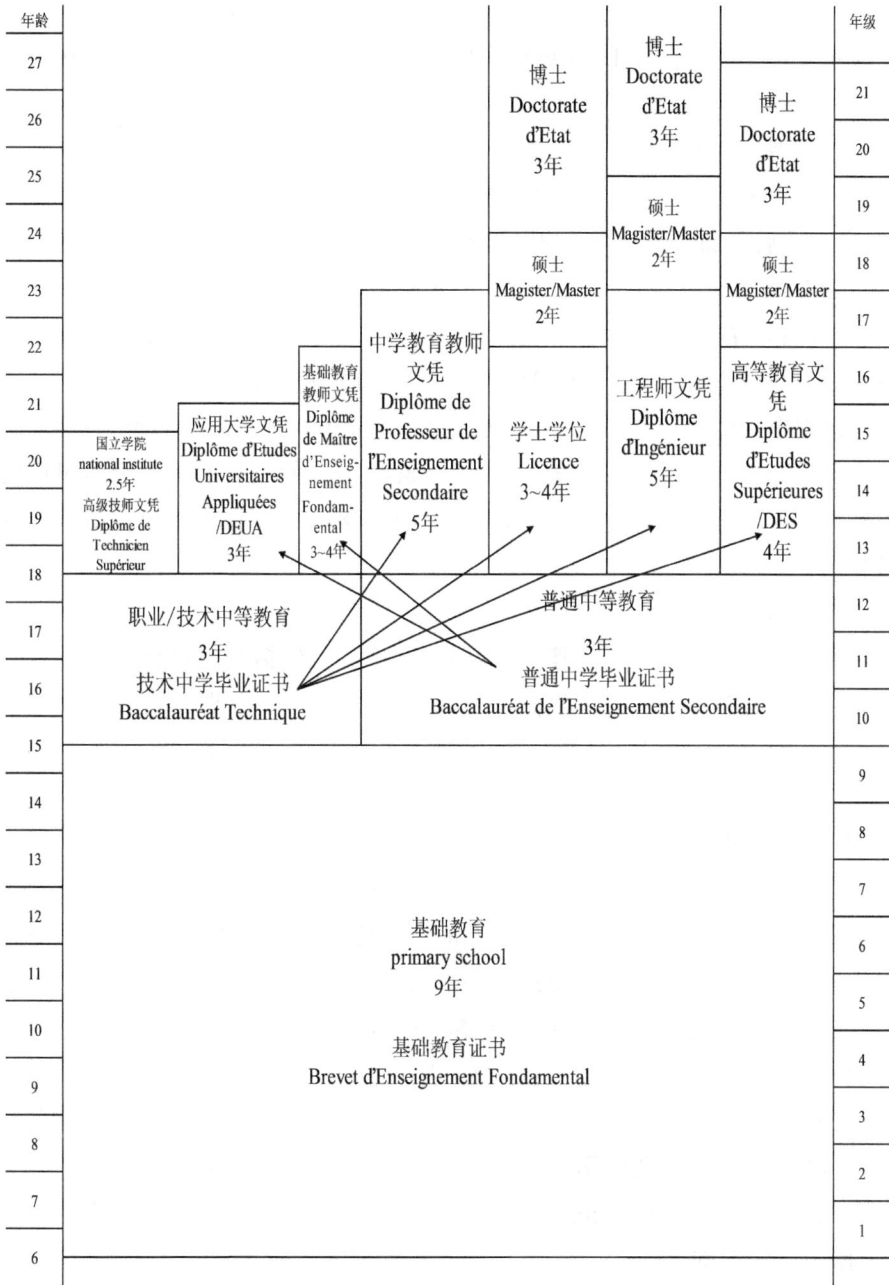

图 1　阿尔及利亚教育体系

（三）详述

1. 基础教育

阿尔及利亚基础教育 1～9 年级为免费义务教育。尽管如此，仍有很多学生无法入学，女孩子情况更糟。

2. 中等教育

中等教育主要有 2 种，普通中等教育、技术/职业中等教育。中等教育的学生学习 3 年，然后参加中等教育考试，此项中等教育考试是高等教育的必要前提。

3. 职业教育

阿尔及利亚的职业教育现在正进行改革，以期更好适应国家需求及正在兴起的更为进步的就业环境，这一进程在阿尔及利亚政府积极同当地传统和宗教势力沟通的过程中，得到了国内许多民族的支持。专业中等教育的学制也为 3 年，学生凭借中等教育考试成绩升入大学。而技术/职业中等教育学制 1 到 4 年，可以使学生积极地参与工业生产，在某些情况下，此类中等教育的毕业生也可以继续接受高等教育。

4. 高等教育

阿尔及利亚有许多大学及其他的高等教育中心，包括专业培训机构和教师培训机构。这些高教中心根据学生们学习的领域颁发学位，其课程设置受高等教育部所规范。阿尔及尔大学，成立于 1909 年，最初拥有法律、写作、医学、药学和理科等专业，现共有 7 个学院。

（四）考试、升级与证书制度

学生完成基础教育阶段学业时，会获得基础教育证书（Brevet d'Enseignement Fondamental）。中学 3 年，分普通教育和职业/技术教育项目。普通中学教育在普通中学（lycées d'enseignement général）进行，学业完成后学生获得普通中学毕业证书（Baccalauréat de l'Enseignement Secondaire）。职业/技术中学教育是在技术中学（lycées d'enseignment technique）进行，完成学业后学生获得技术中学毕业证书（Baccalauréat Technique）。由国立学院（instituts nationals）提供的高等技术/职业教育项目，不需要中学毕业证书即可录取，一般 2.5 年，毕业可授予高级技师文凭（Diplôme de Technicien Supérieur）。由大学提供的高等教育第一级教育项目均需中学毕业证书。

（五）成绩评价制度

阿尔及利亚采用法国成绩评价制度，满分为 20 分。一般来说，老师很少会给到学生 18～20 分。阿尔及利亚与大多数效仿法国教育制度的国家一样，8 分和 9

分通常被视为不及格,但在全年的平均成绩为 10 分或更高的时候,8 分和 9 分可以被认为"勉强通过"。这由学校的管理者决定。在高等教育中,获得"勉强通过"的学生可能被要求在接下来的学期中重新选修该门课程。阿尔及利亚成绩评价制度见表 1。

表 1　阿尔及利亚成绩评价制度

分数	描述	对应中文意义
16~20	très bien	优秀
14~15	bien	良好
12~13	assez bien	中等
10~11	passable	及格
0~9	ajourné	不及格

(六) 常见教育证书

阿尔及利亚常见教育证书见表 2。

表 2　阿尔及利亚常见教育证书

序号	证书	证书描述
1	Brevet d'Enseignement Fondamental	基础教育证书,完成 9 年基础教育后获得该证书,6 岁入学
2	Baccalauréat Technique	技术中学毕业证书,准入条件为获得基础教育证书
3	Baccalauréat de l'Enseignement Secondaire	普通中学毕业证书,学制 3 年,准入条件为获得基础教育证书
4	Diplôme de Technicien Supérieur	高级技师文凭,在国家学院(institut national)完成 2.5 年学业后获得该证书,准入条件为获得高中毕业证书
5	Diplôme de Maître d'Enseignement Fondamental	基础教育教师文凭,在教师培训学校(ecole normale supérieur)完成 3 年或 4 年学业获得该证书,准入条件为获得高中毕业证书

（续表）

序号	证　书	证　书　描　述
6	Diplôme d'Etudes Universitaires Appliquées/DEUA	应用大学文凭,大学完成 3 年学业获得该证书,准入条件为获得高中毕业证书
7	Licence（i）	学士学位,学制 3 年,准入条件为获得高中毕业证书
8	Licence（ii）	学士学位,学制 4 年,准入条件为获得高中毕业证书
9	Diplôme d'Ingénieur	工程师文凭,学制 5 年,准入条件为获得高中毕业证书
10	Diplôme de Professeur de l'Enseignement Secondaire	中学教育教师文凭,学制 5 年,准入条件为获得高中毕业证书
11	Diplôme d'Etudes Supérieures/DES	高等教育文凭,在大学理学专业完成 4 年学业获得该证书
12	Diplôme de Pharmacien	药师文凭,大学药学专业完成 5 年学业获得该证书
13	Diplôme de Docteur en Chirurgie Dentaire	口腔科医师文凭,大学口腔医学专业完成 5 年学业获得该证书
14	Diplôme de Docteur en Médecine Veterinaire	兽医师文凭,大学兽医学专业完成 5 年学业获得该证书
15	Diplôme de Docteur en Médecine	医师文凭,大学医学专业完成 6 年学业获得该证书
16	Magister/Master	硕士,研究生学习至少 4 个学期,完成论文答辩
17	Doctorat de 3ème Cycle	第三阶段博士学位,至少完成 4 个学期学业和论文答辩
18	Doctorat/Doctorate d'Etat	博士学位,学制 3～5 年

埃及的教育证书评估研究

一、国家概况

埃及国土面积为 100.145 万平方公里,跨亚、非两洲,大部分位于非洲东北部,苏伊士运河以东的西奈半岛位于亚洲西南部。地处欧亚非三洲的交通要冲,北部经地中海与欧洲相通,东部经阿里什直通巴勒斯坦。西连利比亚,南接苏丹,东临红海并与巴勒斯坦接壤,北濒地中海,东南与约旦、沙特阿拉伯相望。海岸线长 2 700 多公里。苏伊士运河是连接欧、亚、非三洲的交通要道,沟通了大西洋、地中海与印度洋,战略位置和经济意义都十分重要。所以,有历史记录以来,埃及都是兵家必争之地。

2019 年埃及人口 9 900 万。伊斯兰教为国教,信徒主要是逊尼派,占总人口的84%。科普特基督徒和其他信徒约占 16%。另有约 600 万海外侨民。官方语言为阿拉伯语。由于历史的原因,英语、法语在埃及也被广泛使用。

二、教 育

(一) 教育概况

埃及实行小学义务教育普及制度。全国共有基础教育(含小学、初中、高中和中等技术教育)学校 42 184 所,其中公立学校 37 218 所,私立学校 4 966 所。埃及大学较多,著名的有开罗大学、亚历山大大学、艾因·夏姆斯大学、爱兹哈尔大学等。大学高等教育平均入学率达 32%。

埃及有两个部委负责普通教育。学前以及中小学教育归教育部负责,高等教育归高等教育部负责。也有一部分特殊的院校归属其他部委监管。爱资哈尔事务部(Ministry of Al—Azhar Affairs)负责监管爱资哈尔小学到大学体系内的教派教育。爱资哈尔教育体系内的教育证书与普通公立学校颁发的证书具有同样效

力。1962 年开始,公立学校教育为免费的九年义务教育。高校授课语言为阿拉伯语,有些学科英语授课。但开罗美国大学(American University of Cairo)例外,所有项目一律英语授课。有些私立学校还用法语或德语授课。

(二) 教育体系

埃及有平行的两个教育体系:世俗教育体系和爱兹哈尔宗教教育体系。前者由教育部、高等教育部组织和管理,后者由爱兹哈尔事务部(在其他国家一般叫做宗教部)管理。

世俗教育制度:义务教育包括 9 年基础教育,第一阶段小学 6 年,第二阶段(一直称为预备学校)3 年。9 年基础教育结束后,学生有四种选择:离开学校不再上学;进入普通高中学习;进入 3 年制的技术中学;进入 5 年制的技术学校。在普通高中,学生第一年(10 年级)接受的教育都一样。到了 11 年级则进行文理分科,完成 11 年级和 12 年级的学习。

爱兹哈尔学校教育体制在基础教育阶段与世俗教育相似。不同之处在于爱兹哈尔学校更强调宗教学习。所有学生到 11 年级可以选择进行 2 年普通中学学习或宗教课程学习。

埃及学校的学年一般是 9 月至次年 6 月,分两个学期,9 月至 1 月,2 月至 5 月。私立机构可能有所区别。学校上课时间为周六至周四早晨。大学考试一般在每年 6 月举行,补考在 9 月份和 2 月份。埃及教育体系见图 1。

(三) 详述

1. 初等教育

埃及的教育较为完善,小学教育从 6 岁开始,学生们可以自由选择,免费进入国立、宗教或私立学校(国际学校除外)读书。小学教学大纲由政府为公立和私立学校(国际学校除外)设置,包括阿拉伯语、数学和科学等一般科目。英语从 1 年级开始学习,宗教教育是所有教育阶段的必修课。教育改革取消了前四年的年终考试,5 年级开始实行考试,6 年级结束时进行小学毕业考试(qabul),学生必须通过这个考试,才能获得毕业证书,进入预备学校。目前的改革试图淡化期末考试对学校成绩的重要性。另外,社区学校为中途辍学儿童或小学以上年龄的儿童提供一年期课程,为孩子们提供获得小学毕业证书的"第二次机会"。

2. 中等教育

小学学习结束后,学生进入 3 年的预备阶段教育。预备阶段课程包括阿拉伯语、农业、艺术、英语、数学、音乐、宗教研究和社会研究。所有公立学校都用英语教授数学和科学。最后的预备教育考试是一项高风险的外部考试,决定他们是进入

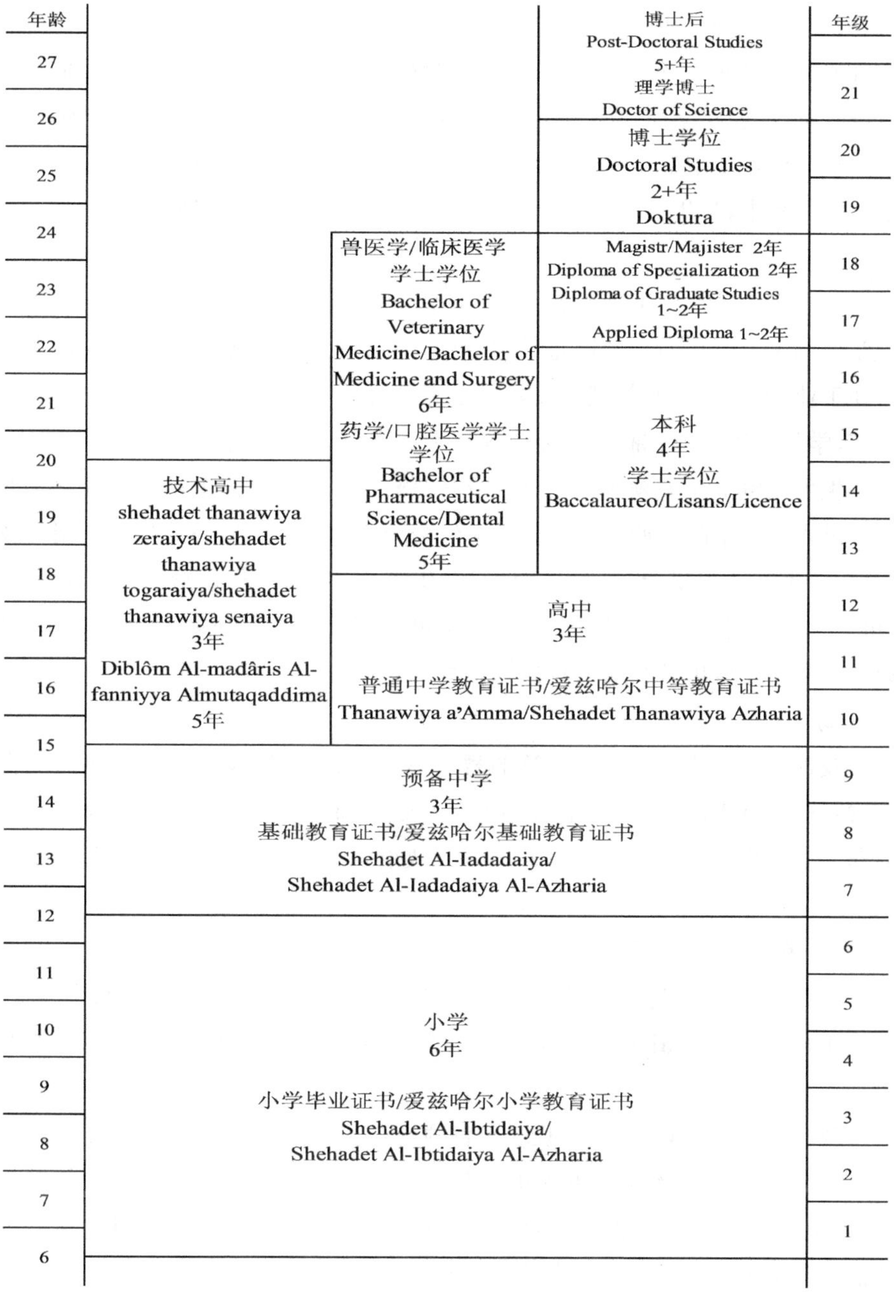

年龄			年级
27		博士后 Post-Doctoral Studies 5+年	
26		理学博士 Doctor of Science	21
25		博士学位 Doctoral Studies 2+年 Doktura	20
24			19
23	兽医学/临床医学 学士学位 Bachelor of Veterinary Medicine/Bachelor of Medicine and Surgery 6年	Magistr/Majister 2年 Diploma of Specialization 2年 Diploma of Graduate Studies 1~2年 Applied Diploma 1~2年	18
22			17
21			16
20	药学/口腔医学学士 学位 Bachelor of Pharmaceutical Science/Dental Medicine 5年	本科 4年 学士学位 Baccalaureo/Lisans/Licence	15
19	技术高中 shehadet thanawiya zeraiya/shehadet thanawiya togaraiya/shehadet thanawiya senaiya 3年 Diblôm Al-madâris Al-fanniyya Almutaqaddima 5年		14
18			13
17		高中 3年	12
16		普通中学教育证书/爱兹哈尔中等教育证书 Thanawiya a'Amma/Shehadet Thanawiya Azharia	11
15			10
14		预备中学 3年 基础教育证书/爱兹哈尔基础教育证书 Shehadet Al-Iadadaiya/ Shehadet Al-Iadadaiya Al-Azharia	9
13			8
12			7
11			6
10		小学 6年	5
9			4
8		小学毕业证书/爱兹哈尔小学教育证书 Shehadet Al-Ibtidaiya/ Shehadet Al-Ibtidaiya Al-Azharia	3
7			2
6			1

图1 埃及教育体系

普通高中还是进入职业高中。学生有两次考试机会,第二次考试不及格的学生必

须重读,或放弃学业,或进入预备性职业学校。

普通高中录取名额有限,70%左右的学生都会选择技术学校。走普通高中学术路线的学生,通常学习自然科学、语言与文学。所有高中学校教学计划统一。教学方法重点放在让学生记忆大量信息上,较少关注团队工作、讨论或项目工作。在爱兹哈尔体系中,学生学习与普通高中相同的课程,但更强调伊斯兰研究。

3. 职业教育

预备教育考试成绩不理想、不能进入普通高中的学生可以进入职业或技术高中。学生们无论读普通高中还是技术高中,都可以接受高等教育。技术高中主要集中在工业、商业和农业领域。技术高中有两种类型:一种是 3 年制,视其学习领域而定,学生获得农业/商业/工业中等技术教育证书。毕业考试得分在 70% 及以上的学生可以申请相关领域中级学院或高等教育机构的后高中项目。分数低的学生通常进入私立学院。通常分数高的学生给予优先录取。另一种是 5 年制的技术高中,在技术领域提供更高级的培训。学生完成学业,参加教育部组织的统一考试,可获得高级技术文凭。凭此文凭,学生可以直接进入劳动力市场,成绩在 75% 及以上的学生可以申请高等教育机构和大学的相关专业。

4. 高等教育

埃及拥有覆盖广泛并高度发达的教育体系,30%的埃及人可以利用此机会就读。埃及国内有 18 所公立大学,16 所私立大学,89 所私立高等教育机构和 51 所公立非大学教育机构。然而,学术自由和政府管理教育之间的矛盾仍未能完全解决。

(四)考试、升级与证书制度

在 9 年级结束时通过毕业考试后,世俗学校的学生将获得基础教育证书(Shehadet Al—Iadadaiya),而爱兹哈尔学校的学生将获得爱兹哈尔基础教育证书。

埃及的考试制度对学生、家长和教育领导者有深刻的影响,原因在于考试结果极为重要。原来 2 年级、4 年级的年终考试被取消,6 年级结束时都要参加升级考试,获得小学毕业证书。通过考试的学生进入预备阶段学习,毕业时获得基础教育毕业证书。学生的考试总分决定其进入何种类型的学校,这对学生尤为关键,只有那些获得高分的学生可以按自己的愿望选择将来有希望升入大学的普通中学。否则,只能进入技术学校或教师培训机构。一个青年的未来被基础教育证书考试的总分所决定,这在全国范围内造成了激烈的竞争,也给许多人带来焦虑与不安。中学毕业考试与此相似,它关系到学生能否升入大学和升入何种大学。

进入埃及高等院校的前提是必须有普通中学教育证书,不低于75%的学业成绩。尽管原则上没有入学考试,但每所学校都设置了最低的入学分数。比如,拥有最高的最终考试成绩的学生可以入读医学、牙科、工程学和自然科学,低分进入农学、艺术、商学和法律学科。

(五) 成绩评价制度

埃及所有学校都采用百分制来评价学生成绩,但事实上每门科目都会设定自己的最低及格线。埃及成绩评价制度见表1。

表1 埃及成绩评价制度

成绩(百分制)	描述	对应中文意义
90～100	excellent	优秀
80～89	very good	良好
65～79	good	中等
50～64	pass	及格
0～49	fail	不及格

(六) 常见教育证书

埃及常见教育证书见表2。

表2 埃及常见教育证书

序号	证书	证书描述
1	Shehadet Al—Ibtidaiya	小学毕业证书,学制6年,入学年龄为6岁
2	Shehadet Al—Ibtidaiya Al—Azharia	爱兹哈尔小学教育证书,完成6年爱兹哈尔小学教育获得该证书,入学年龄为6岁
3	Shehadet Al—Iadadaiya	基础教育证书,学制3年,准入条件为小学毕业证书
4	Shehadet Al—Iadadaiya Al—Azharia	爱兹哈尔基础教育证书,在爱兹哈尔教育体系完成3年预备教育学业,准入条件为获得爱兹哈尔小学教育证书

（续表）

序号	证 书	证 书 描 述
5	Shehadet Thanawiya Zeraiya/Thanawiya Togaraiya/Senaiya	技术教育证书——农业/商业/工业，完成 3 年技术高中学业，准入条件为获得基础教育证书
6	Thanawiya a'Amma	普通中学教育证书，学制 3 年，准入条件为获得基础教育证书
7	Diblôm Al—madâris Al—fanniyya Almutaqaddima	高级技术文凭，在技术高中完成 5 年学业获得该证书，准入条件为获得基础教育证书
8	Baccalaureos	学士学位，学制 4 年，准入条件为获得普通中学教育证书或高级技术文凭，成绩在 75 分及以上
9	Lisans/Licence	学士学位，学制 4 年，准入条件为普通中学教育证书
10	Diploma from a Higher Institute	高等学校文凭，完成 4～5 年高等教育学业获得该证书，准入条件为获得高级技术文凭，成绩在 75 分及以上
11	Bachelor of Engineering	工程学学士学位，完成 5 年高等教育工程领域学业，获得该证书。其中包括 1 年的基础课程，便于学生进入工程专业学习，为工程先修课程，准入条件为获得普通中学教育证书
12	Bachelor of Pharmaceutical Science/ Dental Medicine	药学/口腔医学学士学位，完成 5 年大学相关专业学业获得该证书，准入条件为获得普通中学教育证书
13	Bachelor of Veterinary Medicine/Bachelor of Medicine and Surgery	兽医学/临床医学学士学位，完成 6 年相关专业学业，临床医学学士学位还需要外加 1 年临床实践，准入条件为获得普通中学教育证书

序号	证 书	证 书 描 述
14	Diploma of Graduate/Higher Studies in (field of study)	研究生文凭/高级研究文凭,完成 1～2 年研究生学业,准入条件为获得学士学位证书（Baccalaureos 或 Licence）,但该文凭在埃及不被看做硕士学位
15	General Diploma in Education or Teaching Training	教育或教学培训普通证书,完成 1 年教学培训获得该证书,准入条件为获得学士学位证书（Baccalaureos 或 Licence）
16	Applied Diploma	应用文凭,完成 1 年图书馆学研究生学业或 2 年家政学研究生学业后获得该证书,准入条件为获得学士学位证书（Baccalaureos 或 Licence）
17	Diploma of Specialization	专业文凭,在专业领域完成 2 年研究生学业获得该文凭,准入条件为获得学士学位（Baccalaureos 或 Licence）
18	Magistr/Majister	硕士学位,学制 2 年,最长 5 年,完成研究生个人研究和论文答辩获得该学位,准入条件为获得学士学位证书（Baccalaureos 或 Licence）
19	Doktora/Dukturah	博士学位,完成 2 年及以上研究生课程获得该学位,准入条件为获得硕士学位（Magistr/Majister）
20	Doctor of Science	理学博士,至少完成 5 年的实质性研究获得该学位,准入条件为获得博士学位,相当于中国的博士后研究

利比亚的教育证书评估研究

一、国家概况

利比亚位于非洲北部，与埃及、苏丹、突尼斯、阿尔及利亚、尼日尔、乍得接壤。北濒地中海，海岸线长 1 900 余公里。沿海地区属地中海型气候，内陆广大地区属热带沙漠气候。国土面积 176 万平方公里，2018 年人口为 647 万。主要是阿拉伯人，其次是柏柏尔人。阿拉伯语为官方语言，少量利比亚人说英语等。绝大多数居民信仰伊斯兰教。

利比亚资源丰富，特别是气储量十分丰富，是世界主要产油国和石油输出国之一。这正是利比亚吸引外资的关键因素之一。石油生产占国民生产总值的 50%～70%。

二、教 育

（一）教育概况

利比亚的各级教育都是免费的，包括大学。教学语言是阿拉伯语，英语和法语作为第二语言或外语教授。15 岁以上接受过教育的人口占人口总数的 82.6%，为北非地区最高。女性平均受教育时间 10 年，男性平均 8 年。2011 年局势动荡前，全国各级学校教师总数为 30.31 万人，在校生人数 145.55 万人。初级师范学院 73 所，在校学生 1.14 万人。全国有 15 所高等院校，主要有的黎波里大学、纳赛尔大学、卜雷加明星大学等。

利比亚公立学校的男女同校教育情况较为复杂。在利比亚东部，是男女同校，但在西部和南部男女分校。即使在的黎波里，除了幼儿园，各级教育都实行男女分校。在乡村地区，由于受严峻的经济条件所限，实行男女同校，但男童坐在教室的前面，女童坐在后面。

除了公立学校,利比亚还有讲授宗教和《古兰经》的伊斯兰或古兰经学校。20世纪70年代,私立学校占全部学校的3%,但是政府的政策不鼓励私立学校在国内存在。

(二)教育体系

利比亚的教育结构是:9(6—3)—4—4。基础教育为9年,中等教育4年。利比亚学年9月开始,次年6月结束,讲课周共35周。学生每周上学6天或每年280天。其教育体系见图1。

(三)详解

1. 基础教育

6~15岁利比亚人的公众教育是免费和义务性的。4岁儿童可以在住所附近接受学前教育。初等教育6年。初等教育之上,有两个并行的中等教育体系,第一个是普通预备教育,第二个是4年的普通教师培训,为学前教育和初等学校培养教师。普通预备教育,也称中间学校,学制3年。

2. 中等教育

高中,或称普通中等学校,第一年对所有学生开放普通课程,之后学生可以选择理科或文科课程。20世纪末,中等教育留级率为10%。10年级的辍学率是6%,而且女生大于男生。

3. 职业教育

随着对外国劳动力依赖程度的降低和劳动力的"利比亚化",各方面一致努力招聘和鼓励男性、女性参加技术、职业及商业教育。与普通中等教育并行的,还有四个分支,分别是:商业、农业、工业中等教育和为初等教育高年级及中间学校培养教师的教师教育专业。除了技术和职业教育、普通培训中心外,利比亚还有中等教育水平之上的学院,提供更高层次的农业、商业、健康、工业和社会工作的专业培训。职业、技术和商业教育被视为提高生产力与经济自足,实现伊斯兰社会主义目标的一个手段。

4. 高等教育

利比亚有15所高等学院和综合性大学。公立大学有的黎波里的法塔赫大学、本格拉的格亚尼斯大学和马萨布勒革的技术大学。另外,位于阿里萨努斯的伊斯兰教大学,为古兰经中等学校的毕业生和其他有兴趣继续研究伊斯兰教的人提供高等教育的宗教专业。

(四)考试、升级与证书制度

利比亚基础教育为9年,分为三个周期,每个周期3年。学生在完成基础教育

年龄		年级
27		
26	博士 Doctorate 2年	22
		21
25	高级文凭 Advanced Diploma 2年	硕士 Master's degree 2年	20
24		19
23	教师培训机构 teacher training institutes 4年 基础教育教师证书 中学教师证书 Basic Education Teacher Certificate Secondary School Teacher Certificate	大学 universities 4年	18
22	高等职业技术学院 higher technical and vocational institutes 3年 高级技术人员文凭 Higher Technician Diploma		17
21		学士学位 Bachelor's degree	16
20			15
19	专门中学/职中/中级培训学院 specialized secondary schools vocational secondary schools intermediate training institutes 4年 中学教育证书/中级培训文凭 Secondary Education Certificate Intermediate Training Diploma	14
18		13
17		12
16		11
15		10
14	基础教育 basic education cycle 9年 基础教育证书 Basic Education Certificate	9
13		8
12		7
11		6
10		5
9		4
8		3
7		2
6	幼儿园 kindergarten 2年	1
5		

图 1　利比亚教育体系

后将获得基础教育证书。基础教育阶段学习的课程包括阿拉伯语课、伊斯兰语、

Jamahiriyi 社会、数学、自然科学、历史、地理、艺术、音乐以及技术和体育。

中等教育由专门中学、职业中学和中级培训机构提供,学制均为 4 年。专门中学分为理科和文科,学生毕业后获得中学教育证书(Secondary Education Certificate)。职业中学和中级培训机构的学生获得中级培训文凭(Intermediate Training Diploma)。

所有高等教育机构的入学要求为在中学教育证书考试中必须获得 65%及以上的成绩。医学和工程项目则要求为在中学教育证书考试中获得 75%以上的成绩。

(五)成绩评价制度

利比亚基础教育阶段和中等教育阶段均采用较为特殊的评分体系,文科科目最高 260 分,理科科目最高 330 分,其中最低及格分均为满分的 50%。利比亚成绩评价制度见表 1。

表 1　利比亚成绩评价制度

文科科目分数	理科科目分数	描述	对应中文意义
221~260	280~330	excellent	优秀
195~220	247~279	very good	良好
169~194	214~246	good	中等
130~168	165~213	pass	及格
0~129	0~164	weak	不及格

(六)常见教育证书

利比亚常见教育证书见表 2。

表 2　利比亚常见教育证书

序号	证　书	证 书 描 述
1	Basic Education Certificate	基础教育证书,完成 9 年基础教育获得该证书,准入条件为上过 2 年幼儿园
2	Intermediate Training Diploma	中级培训文凭,完成职业中学或中级培训学院 4 年学业获得该文凭,准入条件为持有基础教育证书

（续表）

序号	证　书	证　书　描　述
3	Secondary Education Certificate	中学教育证书,在专门中学完成 4 年学业,准入条件为持有基础教育证书
4	Secondary Education Certificate from a Teacher Training Program	中级师范教育证书,在教师培训项目完成 5 年学业,准入条件为持有基础教育证书,毕业后可作为小学教师
5	Higher Technician Diploma	高级技术人员文凭,学制 3 年,准入条件为中学教育证书或中级培训文凭
6	Basic Education Teacher Certificate	基础教育教师证书,在高等师范学院完成 4 年学业,准入条件为中学教育证书或中级培训文凭
7	Secondary School Teacher Certificate	中学教师证书,学制 4 年,外加 8 个月特殊培训,准入条件为中学教育证书或中等培训文凭,毕业后可做中学教师
8	Bachelor's Degree	学士学位,一般学制 4 年,工程、医学、药学等 5 年
9	Advanced Diploma	高级文凭,学制 2 年,准入条件为学士学位
10	Master of Arts, Master of Science	硕士学位,一般学制 2 年,完成 2 年研究生学业,准入条件为获得学士学位
11	Doctorate	博士学位,一般学制 2 年,准入条件为获得硕士学位

摩洛哥的教育证书评估研究

一、国家概况

摩洛哥王国是非洲西北部的一个沿海阿拉伯国家,位于非洲西北端,东接阿尔及利亚,南部为撒哈拉沙漠,西濒浩瀚的大西洋,北隔直布罗陀海峡与西班牙相望,扼地中海入大西洋的门户。国土面积 45.9 万平方公里(不包括西撒哈拉 26.6 万平方公里),首都是拉巴特。海岸线 1 700 多公里。2018 年 8 月人口总量为 3 624 万人,全国城市人口占总人数的 1/2 以上。阿拉伯人约占 80%,柏柏尔人约占 20%。

摩洛哥是信教自由的国家,主要有伊斯兰教、基督教、犹太教。其中伊斯兰教被视为国教,占居民的 98.7%,主要为逊尼派,伊斯兰教对整个摩洛哥社会影响巨大。摩洛哥的官方语言为阿拉伯语,并努力促进其在各领域的广泛使用,通用语言为法语,一部分柏柏尔人讲柏柏尔语。为适应经济全球化和国际化的需求,摩洛哥还强调英语的使用。

摩洛哥经济总量在非洲排名第五(在尼日利亚、埃及、南非、阿尔及利亚之后),在北非排名第三。磷酸盐出口、旅游业、侨汇是摩洛哥经济主要支柱。农业有一定基础,但粮食不能自给。渔业资源丰富,产量居非洲首位。工业发展势头良好,特别是汽车产业发展迅速且初具规模。

二、教　育

(一)教育概况

摩洛哥视教育为国家发展的根基,强调教育普及化,教材统一化,教师摩洛哥化和教学阿拉伯化。每年教育预算约占国家预算总支出的 1/4。全国文盲率已从 1960 年的 87% 降至 2015 年的 25.4%。现有高校 64 所,中学 1 168 所,小学 4 350 所。6 岁儿童入学率为 95%,7~12 岁儿童入学率为 94.5%,12~14 岁少年入学率为 73%,小

学在校学生 410 万,教师 13.28 万;中学生 180 万,教师 8.68 万名;大学在校学生 28.6 万,教师 9 773 名。国立中、小学教师已全部摩洛哥化,大学教师 97% 为摩洛哥人。大学 24 所,著名的高等学府有穆罕默德五世大学、哈桑二世大学、穆罕默德一世大学、卡迪伊亚德大学、卡鲁维因宗教大学和穆罕默德·本·阿卜杜拉大学。

在 19 世纪法国入侵之前,摩洛哥的教育仅在宗教学校里实施,且仅对年满 5 岁的男性儿童开放,而这种教育仅仅是单纯地让学生对《古兰经》达到熟悉记忆的水平,教学方法单一,方式古板僵硬。法国殖民时期,国民教育制度才开始建立,全国各地纷纷建立学校,兴办教育,甚至允许女性儿童接受正规的学校教育。在某种程度上来说,摩洛哥的现代教育体制是由法国建立起来的。

摩洛哥的教育由中央政府管理,中央下设国民教育、高等教育、干部培训及科研部来统一管理各级各类教育,由国民教育大臣领导,负责学校课程的设置、教育政策的颁布、教育行政人员的内部考核以及向公立学校提供资金支持。大学里的大多数工程、科技类专业教材使用的是法语,这样并不利于阿拉伯语的发展。摩洛哥政府决定在 2000—2004 年的 5 年计划中,兴建 260 所中等和技术学校,以加强中等和技术教育。

中学教育的授课语言为阿拉伯语,法语是从 8 岁开始的必修科目,英语是中学阶段的外语。高等教育的理学课程均由法语授课,而人文与社会科学的授课语言通常为阿拉伯语。

(二) 教育体系

摩洛哥的学制为基础教育 9 年,包括小学 6 年,初中 3 年,中学教育即高中教育,为 3 年。大学第一阶段 2 年,第二阶段在第一阶段的基础上增加 1 年,完成第二阶段以后可以获得本科学位。硕士研究生项目学制 3 年,完成学业后获得硕士学位。博士 3～8 年,完成学业后获得博士学位。

摩洛哥学校的学期一般从 9 月中旬开始到次年 6 月末结束,高三学生将有 100 天的休假时间来准备毕业考试,住在农村的小学和中学生通常在 9 月末回到家里,帮忙做农活。学生上课时间是从星期一到星期四,以及星期五和星期六的早晨。

1996 年,摩洛哥合并了原负责中小学教育立法的国民教育部(Ministère de l'Education Nationale)和负责高等教育立法的高等教育和科学研究部(Ministère de l'Enseignement Supérieur et de la Recherche Scientifique),成立单独的教育部。但其他部委负责其各自领域的高等职业教育,比如矿业、体育与健康护理等。2000 年,摩洛哥《2000 高等教育法》,引进欧洲本科—硕士教育系统,尤其是法国 LMD(License—Master—Doctorat)系统。过去几十年,摩洛哥教育经受了一系列变化,最近的一次是在 2000 年的中小学改革,以及 2003 年生效的高等教育改革。1985
年,9+3 教育系统取代以往的 5+4+3 教育系统。由此,小学教育与原初级中学教育
合并为 9 年基础义务教育,高级中学教育保持不变。摩洛哥教育体系见图 1。

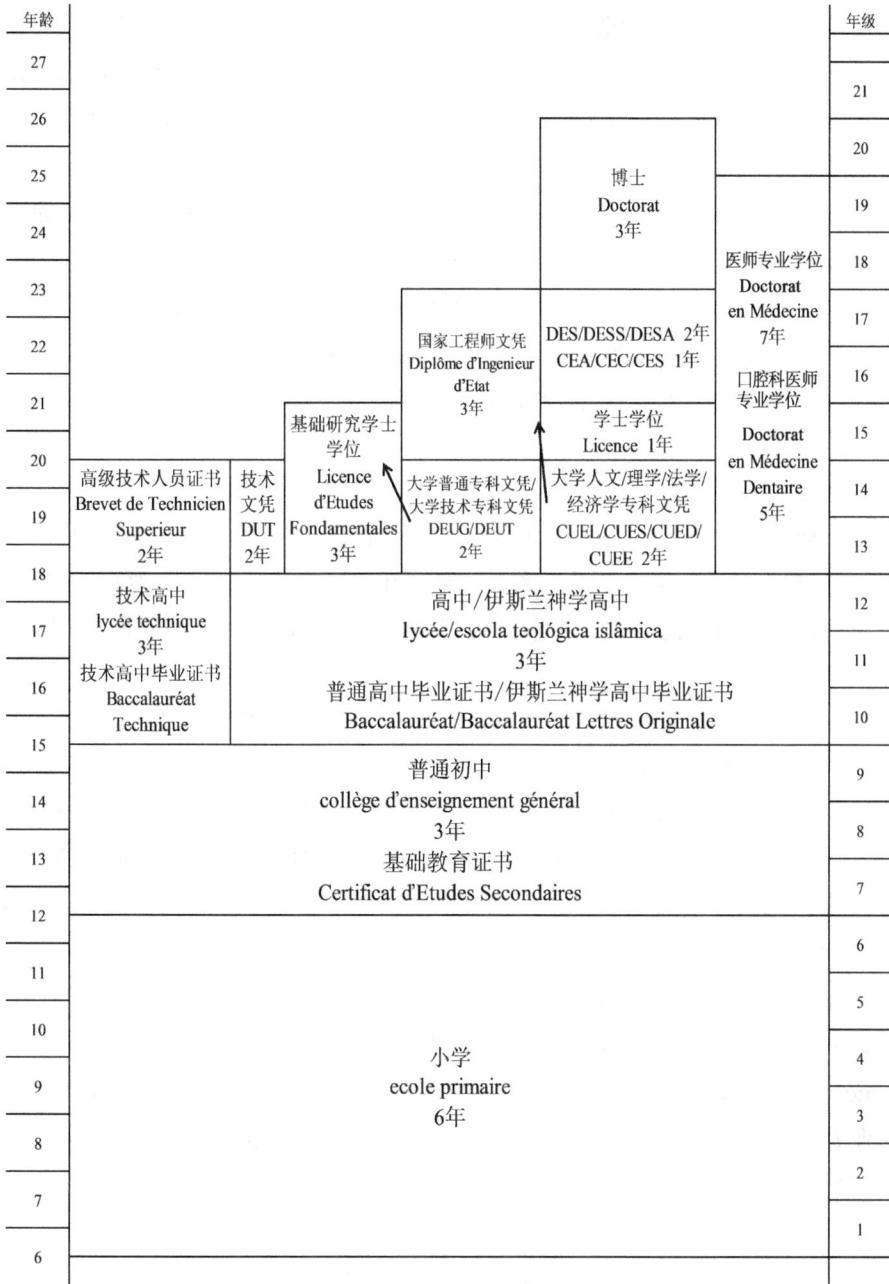

图 1　摩洛哥教育体系

（三）详述

1. 基础教育

摩洛哥自 1956 年独立起，教育机会均等和免费教育两个原则就成了各阶段教育的主导原则。在摩洛哥，15 岁前的教育为免费的义务教育，然而农村地区的许多儿童（尤其是女孩）仍然处于失学状态。而进入小学学习的学生，在开始高中学习前也经常辍学。由于这些原因，文盲率非常高。

摩洛哥义务教育阶段从 6 岁开始，基础教育第一阶段主要的学习任务是为将来的学习做准备，学习的课程是法语、阿拉伯语、数学、生命与地球、科学、历史、地理、体育、伊斯兰教育等，阿拉伯语为教学语言。基础教育第二阶段学习的主要目标是培养学生独立解决问题的能力，并教授阿拉伯语、法语、英语、物理、数学、生命和地球科学、体育、历史、地理。学生完成基础教育阶段学业后，将授予初中毕业证书，即基础教育证书。

2. 中等教育

持有初中毕业证书的学生可以继续进入高中学习或开始进入社会工作。这一阶段，学校根据社会需要和学生成绩、兴趣等开始对学生实施分流教育，在这一阶段学生可以根据自己的兴趣选择不同的方向，包括普通教育、传统教育、技术教育、职业教育。

普通高中的学制为 3 年。第一年所有的科目均为通识课程，继续延续基础教育阶段所教授的课程知识，所学课程包括艺术和科学、数学或原始教育（前法语古兰经体系）。主要有文学方向（现代文学、传统文学）、理学（实验科学、数学科学、传统科学、物理科学）、经济学（企业管理、会计）。学生完成高中 3 年学业并顺利通过考试，将获得普通高中毕业证书（Baccalauréat），学生可进入大学继续深造。

3. 职业教育

职业高中为 3 年，细分为机械工程（génie mécanique）、电子工程（génie électrique）、建筑工程（génie civil）、化学工程（chimie）、经济学或商业管理（sciences économiques）、农业（sciences agronomiques）等专业。完成 3 年职业高中学业并顺利通过考试，将获得技术高中毕业文凭（Baccalauréat Technique）。项目的三分之一课程是专业技能。

4. 高等教育

摩洛哥的高等教育分为大学和非大学性质的高等院校。大学由教育部直接管辖，高等专业院校由相关部门机构负责。近年来，随着摩洛哥高等教育行政管理权限的不断下放和分散,由中央集权的高等教育管理权逐渐下放到地方政府新建的教育与培训机构,高校也开始享有一定的行政权和财政自主权。

高等教育共分为四个阶段,第一阶段为基础学习阶段,分别授予不同专业的专科学习文凭;第二阶段是深入学习阶段,授予学士学位;第三阶段是颁发各学科的高等学习文凭;第四阶段是授予国家博士学位阶段。2003 年以前,大学和应用科技大学提供的项目均分为 2 个阶段,在每一阶段结束时颁发 2 年制大专文凭证书。接下来学生可以在各自领域继续深造,再完成 1 年学业获得学士学位证书。新世纪,受欧洲"博洛尼亚进程"的影响,摩洛哥政府 2003 年在北非各国中率先进行了高等教育学制体制改革,即实施学士、硕士、博士"三二三"学制,以更好地与欧洲等西方发达国家的高等教育接轨,提高本国高等教育质量,积极参与世界高等教育的合作与交流。第一阶段结束后,授予学生学士学位(Licence)证书,第二阶段授予硕士学位(Master)证书,第三阶段授予博士学位(Doctor)证书,并需要公开答辩论文。

摩洛哥共有 14 所国立公办性质的大学,其中有三所大学在摩洛哥国家中占有十分重要的地位。一是位于菲斯古城的卡拉维因大学,它是一所伊斯兰宗教大学,是摩洛哥乃至世界上最早的具有高等教育性质的机构。在摩洛哥古代时期,这所学校曾是北非地中海地区的文化中心,周边许多国家和地区的学者曾慕名来到这里讲学或是求学,培养了大批知名的学者和穆斯林精英,对推动摩洛哥高等教育的发展起到了重要作用;另一所是位于首都拉巴特的穆罕默德五世大学,它是摩洛哥独立后成立的第一所现代化的国立大学,由穆罕默德五世国王于 1957 年兴建而成。1975 年 10 月该大学分为两大校区,都位于拉巴特市,分别为穆罕默德五世阿哥达勒大学和穆罕默德五世苏伊西大学;最后一所是位于伊芙兰的阿拉·阿卡维因大学,它是摩洛哥唯一一所私立大学,该校成立于 1993 年,并于 1995 年正式开始招生,其独特之处是由于这所私立大学在大学管理、教学与科研等方面都参照了美国的高等教育模式,具有明显的美国化倾向。除这 14 所大学外,摩洛哥还拥有200 多所非大学性质的高等教育机构,其中 107 所为私立性质。摩洛哥的高等教育研究机构有公立和私立之分,其中绝大部分的公立教育机构是由教育部负责,也有部分高等教育机构是由其他部门设立并负责管理的。

(四) 考试、升级与证书制度

基础教育的第一阶段,教师对学生家庭作业和课堂作业的评价决定学生是否升级。学生是否能从基础教育的第一阶段升级到第二阶段,教师的评价和结业时的考试成绩都要考虑。基础教育第二阶段的升级程序与第一阶段相同。而且,每

个学校都设立规范的学期考试,从基础教育升到中等教育阶段,要根据学期考试的结果。学校内部由教师和指导者组成的委员会,对每位学生是适合继续进行普通学术性还是职业性中等学习做出评价。进入中等学校取决于有多少名额。在中等学校,每年有两个地区性考试。

2000年教育改革也包括高中考试方式的改革。考试包括各地考试委员会(académie)组织的地方考试和国考。最后毕业考试的分数由三方面决定:最后一年的平均成绩占25%(有的是最后2年,依据各地委员会的政策),地方考试占25%,国考占50%。国考在高中最后一年进行,地方考试在倒数第二年进行。每门课程的比重均用相关系数给予体现。

在摩洛哥,所有高等教育机构的项目都对持有高中毕业证书的学生开放,许多学校组织入学考试,大多数学校都设最低成绩等级要求。这些特殊要求是在近20年出现的,主要是高等教育不能满足急速增长的需求导致。

(五)成绩评价制度

摩洛哥现采用的是法国模式的成绩评价制度,采用0~20分这个分数区间,其中10分为最低及格线,不过很少有人能够获得20分,成绩十分优异的学生一般获得18分。摩洛哥成绩评价制度见表1。

表1　摩洛哥成绩评价制度

分数	描述	对应中文意义
16~20	très bien	优秀
14~15	bien	良好
12~13	assez bien	中等
10~11	passable	及格
0~9	insuffisant	不及格

(六)常见教育证书

摩洛哥常见教育证书见表2。

表 2　摩洛哥常见教育证书

序号	证　书	证 书 描 述
1	Certificat d'Etudes Secondaires	基础教育证书,完成 9 年基础教育完成后获得,包括第一阶段 6 年小学教育和第二阶段 3 年初中教育,要求为必须通过国家考试
2	Baccalauréat	普通高中毕业证书,完成 3 年普通高中教育后获得,准入条件为获得基础教育证书
3	Baccalauréat Technique	技术高中毕业证书,完成 3 年职业高中教育后获得该证书,准入条件为获得基础教育证书
4	Baccalauréat Lettres Originale	伊斯兰神学高中毕业证书,在伊斯兰神学高中完成 3 年高中学业后获得该证书,准入条件为获得基础教育证书
5	Brevet de Technicien Superieur	高级技术人员证书,完成高等教育阶段相关专业 2 年学业获得该证书,准入条件为获得技术高中毕业证书,这是终结性学位,不能继续下一级教育,毕业后可做专业技术人员
6	Diplôme d'Etudes Universitatires Generales（DEUG）	大学普通专科文凭,学制 2 年,准入条件为获得普通高中毕业证书
7	Diplôme d'Etudes Universitaire de Technologie（DEUT）	大学技术专科文凭,完成第一阶段 2 年大学课程后获得该证书,准入条件为获得普通高中毕业证书
8	Certificat Universitaire d'Etudes Littéraires（CUEL）	大学人文专科文凭,完成大学第一阶段 2 年语言与文学课程后获得该文凭,准入条件为获得普通高中毕业证书
9	Certificat Universitaire d'Etudes Scientifiques（CUES）	大学理学专科文凭,完成大学第一阶段 2 年理学相关专业课程后获得该文凭,准入条件为获得普通高中毕业证书

序号	证　书	证书描述
10	Certificat Universitaire d'Etudes de Droit（CUED）	大学法学专科文凭,完成大学第一阶段2年法学相关课程后获得该证书,准入条件为获得普通高中毕业证书
11	Certificat Universitaire d'Etudes Economiques（CUEE）	大学经济学专科文凭,完成大学第一阶段2年经济学相关课程后获得该证书,准入条件为获得普通高中毕业证书
12	Diplôme Universitaire de Technologie（DUT）	技术文凭,完成2年大学法学、经济学、社会学通识课程学业,获得该证书。这是终结性证书,不能继续下一级教育,准入条件为获得高中毕业证书
13	Licence	学士学位,原学制2年,2004年教育改革后,学习时间缩短为1年,准入条件为获得DEUG,DEUT,CUEL,CUES,CUED,CUEE证书
14	Licence d'Etudes Fondamentales	基础研究学士学位,完成3年高等教育相关学业后获得该证书,准入条件为获得普通高中毕业证书
15	Diplôme d'Ingenieur d'Etat	国家工程师文凭(工程文凭),学制3年,准入条件为获得DEUG,DEUT,CUES证书
16	Diplôme d'Architecte	建筑师文凭(建筑文凭),学制3年,准入条件为获得DEUG,DEUT,CUES证书
17	Certificat d'Etudes Approfondies（CEA）,Certificat d'Etudes Complementariers（CEC）,Certifcat d'Etudes Superieures（CES）	高级学习证书,完成研究生阶段1年学业后获得该证书,准入条件为获得学士学位（Licence）或同等学历
18	Diplôme d'Etudes Superieurs（DES）	高级学习证书,完成研究生阶段2年学业,且完成论文答辩后获得,准入条件为获得学士学位（Licence）或同等学历

（续表）

序号	证　书	证　书　描　述
19	DES Specialisees（DESS）	高等专业研究文凭,完成硕士阶段 2 年学业及论文答辩后获得,准入条件为获得学士学位（Licence）或同等学历
20	Diplôme d'Etudes Superieurs Approfondies（DESA）	高级深入研究文凭（DESA）,完成硕士阶段 2 年学业及论文答辩后获得,准入条件为获得学士学位（Licence）或同等学历
21	Doctorat	博士学位,在 DES,DESS,DESA 的基础上,再完成 3 年研究生学业和论文答辩后获得
22	Doctorat en Medicine	医师专业学位,在高中毕业的基础上完成 7 年的医学专业学业
23	Doctorat en Medicine Dentaire	口腔科医师专业学位,在高中毕业的基础上再完成 5 年的口腔医学专业学业

苏丹的教育证书评估研究

一、国家概况

苏丹位于非洲东北部,红海西岸。北邻埃及,西接利比亚、乍得、中非,南毗南苏丹,东接埃塞俄比亚、厄立特里亚。东北濒临红海,海岸线长约720公里。苏丹全国气候差异很大,自北向南由热带沙漠气候向热带雨林气候过渡,最热季节气温可达50℃,全国年平均气温21℃。常年干旱,年平均降雨量不足100毫米。苏丹地处生态过渡带,极易遭受旱灾、水灾和沙漠化等气候灾害。

苏丹国土面积188万平方公里,2018年人口约4 312万。阿拉伯语为官方语言,通用英语。居民大多信奉伊斯兰教,属逊尼派。

二、教 育

(一)教育概况

1988年6月,苏丹教育部决定取消中等和高等教育免费的规定,小学仍为免费教育。全国有中小学校13 000余所,综合大学6所,独立的高等学院14所,专科院校23所。在校学生约500万人,其中大学生约25万人,教师约13万人。喀土穆大学建于1902年,是苏丹最早建立的高等学府。

(二)教育体系

苏丹的教育体系为:8—3—4。学生由原来能最多享受12~13年的义务教育,减少到11年。入学年龄也降到6岁。苏丹学年一般从8月下旬开始,次年5月底结束。其教育体系见图1。

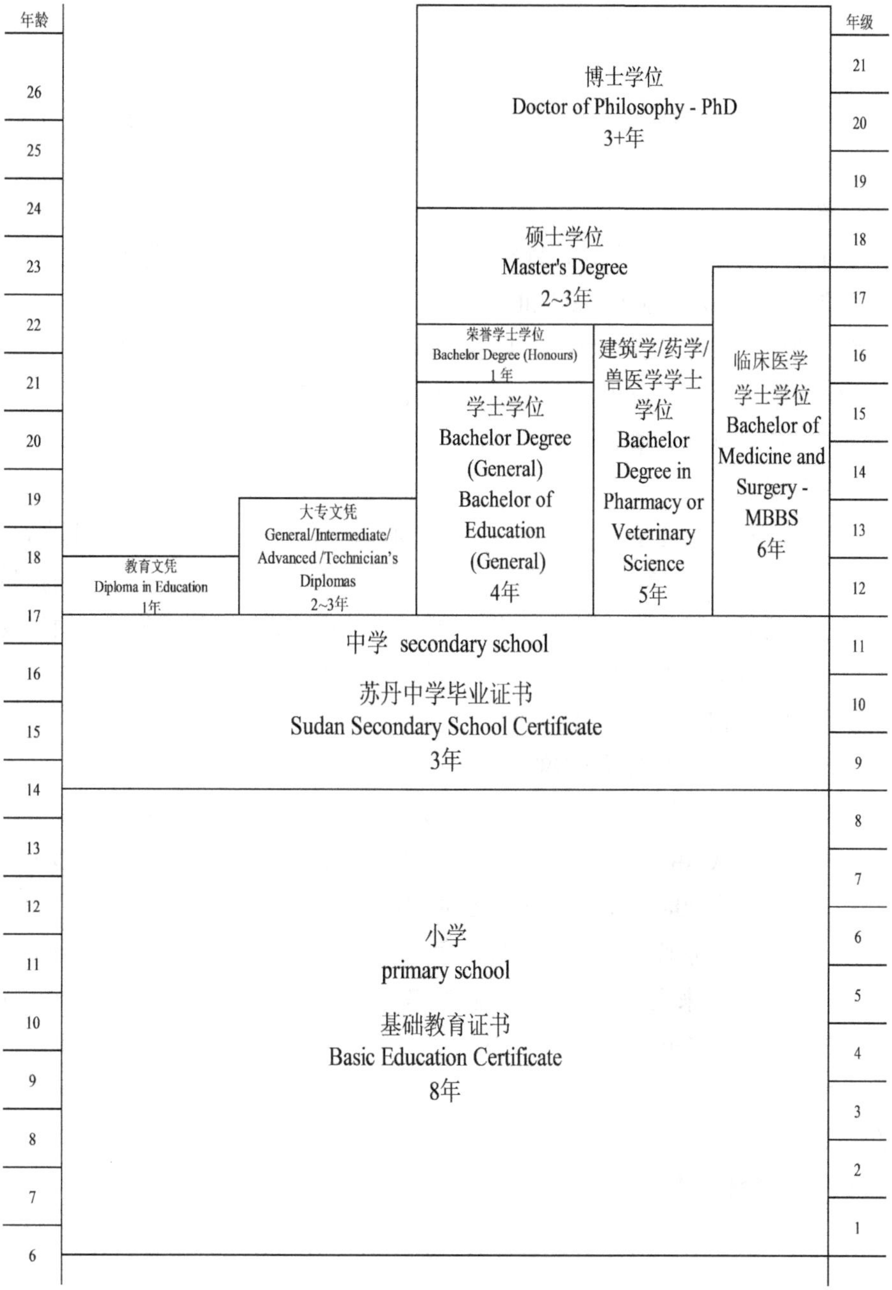
年龄
26
25
24
23
22
21
20
19
18
17
16
15
14
13
12
11
10
9
8
7
6
博士学位
Doctor of Philosophy - PhD
3+年
硕士学位
Master's Degree
2~3年
荣誉学士学位
Bachelor Degree (Honours)
1年
学士学位
Bachelor Degree (General)
Bachelor of Education (General)
4年
建筑学/药学/兽医学学士学位
Bachelor Degree in Pharmacy or Veterinary Science
5年
临床医学学士学位
Bachelor of Medicine and Surgery - MBBS
6年
教育文凭
Diploma in Education
1年
大专文凭
General/Intermediate/Advanced /Technician's Diplomas
2~3年
中学 secondary school
苏丹中学毕业证书
Sudan Secondary School Certificate
3年
小学
primary school
基础教育证书
Basic Education Certificate
8年
年级
21
20
19
18
17
16
15
14
13
12
11
10
9
8
7
6
5
4
3
2
1

图 1　苏丹教育体系

（三）详解

1. 基础教育

在苏丹，基础教育是义务教育，学制 8 年。进入中等学校需要竞争性考试，通常只有证书成绩很高的学生才能升入中学。

2. 中等教育

1991 年教育改革后，中等教育学制改为 3 年，将提供中等教育的普通学校和技术学校合并，开设核心课程的同时，讲授普通科目和技术科目。对于有能力接受高等教育的男性来说，在读大学前，要有一段时间为国家义务服务。苏丹只有不到 10% 比例的中等学校实行男女合校制，它们是天主教教会学校或南方学校，北方的公立中等学校则全部是单一性别制。

3. 高等教育

苏丹大学的入学竞争异常激烈。在改革前，拿到中学毕业证书的学生中，只有 7.5% 的人有望升入大学。许多年轻的苏丹学生到国外去求学，政府为他们提供优惠汇率的硬通货。1991 年颁布高等教育法后，鼓励在国外求学的学生回国接受继续教育。1984 年，有 21 700 名学生在国外求学。1992 年，在国外学习的学生有 11 000 人，大约占苏丹大学生的 22%。

（四）考试、升级与证书制度

在苏丹的学校系统中，没有从一个年级自动升到下一个年级的正式政策。学生要参加期末考试，由每个学校自行组织，独立评分（通常由班级任课教师负责）。学生在各级教育毕业时都要参加毕业考试，考试由国家教育当局负责。

基础教育是义务教育，完成基础教育可以获得基础教育证书（Basic Education Certificate）。接下来完成三年学业、通过考试的学生将获得苏丹中学毕业证书（Sudan Secondary School Certificate）。1990 年，苏丹中学毕业证书考试通过率是 59.4%，而 1985 年的通过率为 67.1%。中专学校面向那些不想继续普通学术教育的学生。

（五）成绩评价制度

苏丹各个学校的成绩评价标准因学校而略有不同。表 1 的苏丹成绩评价制度最为常见。

表 1 苏丹成绩评价制度

分数	描述	对应中文意义
80～100	ممتاز	优秀
70～79	جيد جدا	良好
60～69	جيد	中等
50～59	مقبول	及格
0～49	رسوب	不及格

（六）常见教育证书

苏丹常见教育证书见表 2。

表 2 苏丹常见教育证书

序号	证书	证书描述
1	Basic Education Certificate	基础教育证书,学制 8 年
2	Sudan Secondary School Certificate	苏丹中学毕业证书,完成 3 年中学课程,准入条件为基础教育证书
3	Diploma in Education	教育文凭,学制 1 年,准入条件为苏丹中学毕业证书
4	General/Intermediate/Advanced/ Technician's Diploma	相当于各专业领域的大专文凭,学制 2～3 年
5	Bachelor Degree (General)	学士学位,一般学制 4 年,建筑学、药学、兽医学学制为 5 年,临床医学学制为 6 年
6	Bachelor Degree (Honours)	荣誉学士学位,在学士学位项目的基础上再增加 1 年
7	Master's Degree	硕士学位,学制 2～3 年,准入条件为获得荣誉学士学位,(或)普通学士学位的基础上再进修 1～2 年的课程后也可申请
8	Doctoral Degree	博士学位,在硕士学位的基础上至少再完成 3 年学业

突尼斯的教育证书评估研究

一、国家概况

突尼斯位于非洲北部,西欧和亚洲的中东、西亚、南亚、东南亚之间的海运线的必经之路——地中海航路中间,是中东石油运到西欧、美国的必经之路,地理位置非常重要。突尼斯在非洲北端,西与阿尔及利亚为邻,东南与利比亚接壤,北、东临地中海,隔突尼斯海峡与意大利相望。突尼斯地形复杂。突尼斯国土面积 16.2 万平方公里,2018 年人口 1 170 万,90%以上为阿拉伯人,其余为柏柏尔人。阿拉伯语为国语,通用法语。伊斯兰教为国教,主要是逊尼派,少数人信奉天主教、犹太教。

突尼斯经济中工业、农业、服务业并重。工业以磷酸盐开采、加工及纺织业为主。橄榄油是出口创汇的主要农产品。旅游业较发达,在国民经济中占重要地位。

二、教 育

(一)教育概况

突尼斯实行基础义务免费教育制(至 16 岁),从 1989/1990 学年起,将过去的小学 6 年、初中 3 年合并为 9 年一贯制基础教育。全国近 1/4 的人口在各级学校学习。小学入学率 99%,大学入学率为 31.7%。2014 年文盲率为 18.8%,比 10 年前下降 4.5%。2005 年有中小学 5 821 所,中小学生 226.7 万。各类大专院校 178 所,学生 36.6 万,其中大学 16 所。

(二)教育体系

突尼斯现行教育体系为:9(6—3)—4,这是 1989—1990 年开始采用的新制度。学年从 10 月到次年 6 月。突尼斯教育体系见图 1。

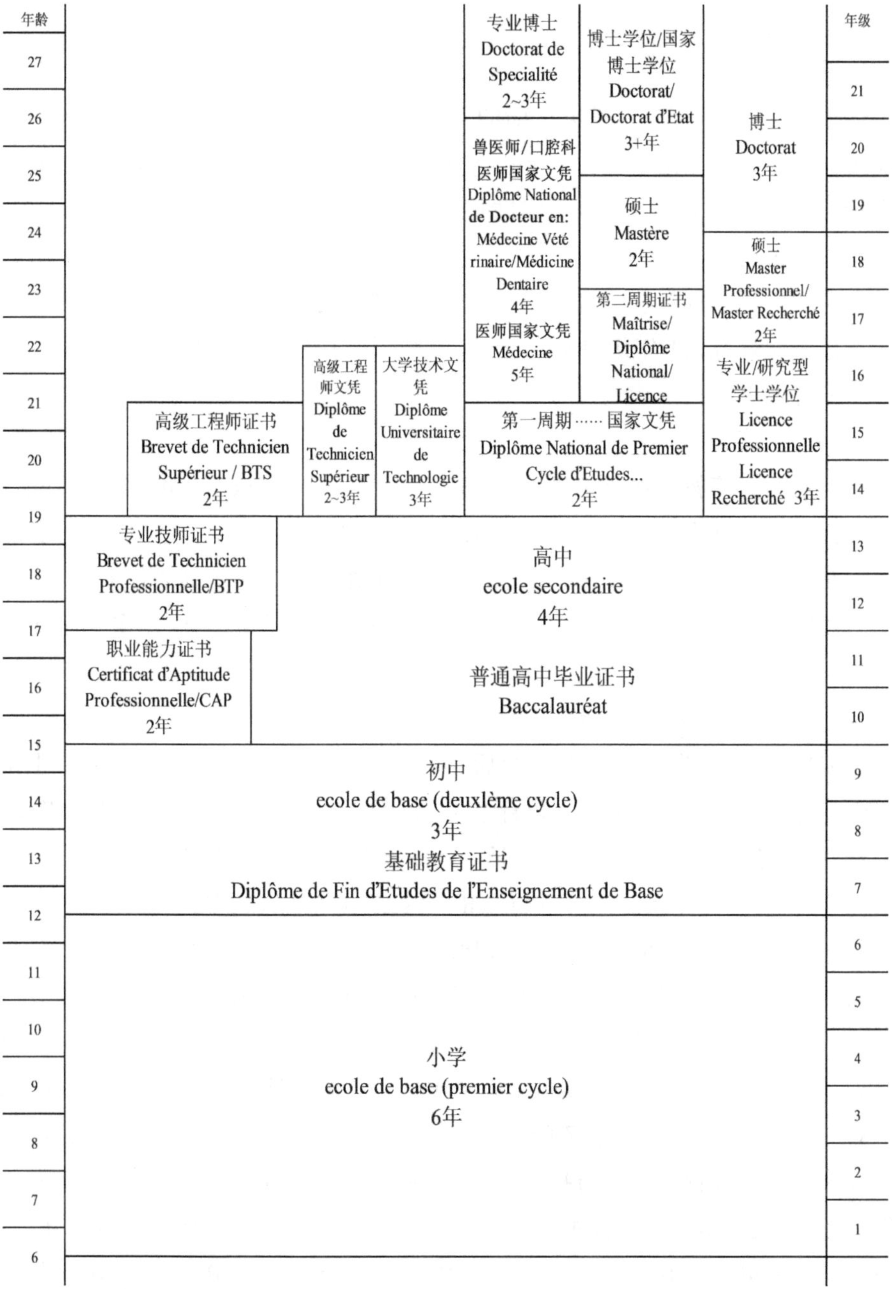

年龄 ... 年级

27 — 26 — 25 — 24 — 23 — 22 — 21 — 20 — 19 — 18 — 17 — 16 — 15 — 14 — 13 — 12 — 11 — 10 — 9 — 8 — 7 — 6

21 — 20 — 19 — 18 — 17 — 16 — 15 — 14 — 13 — 12 — 11 — 10 — 9 — 8 — 7 — 6 — 5 — 4 — 3 — 2 — 1

专业博士 Doctorat de Specialité 2~3年

博士学位/国家博士学位 Doctorat/ Doctorat d'Etat 3+年

博士 Doctorat 3年

兽医师/口腔科医师国家文凭 Diplôme National de Docteur en: Médecine Vétérinaire/Médecine Dentaire 4年

医师国家文凭 Médecine 5年

硕士 Mastère 2年

第二周期证书 Maîtrise/ Diplôme National/ Licence

硕士 Master Professionnel/ Master Recherché 2年

专业/研究型学士学位 Licence Professionnelle Licence Recherché 3年

第一周期……国家文凭 Diplôme National de Premier Cycle d'Etudes... 2年

高级工程师文凭 Diplôme de Technicien Supérieur 2~3年

大学技术文凭 Diplôme Universitaire de Technologie 3年

高级工程师证书 Brevet de Technicien Supérieur / BTS 2年

专业技师证书 Brevet de Technicien Professionnelle/BTP 2年

职业能力证书 Certificat d'Aptitude Professionnelle/CAP 2年

高中 ecole secondaire 4年

普通高中毕业证书 Baccalauréat

初中 ecole de base (deuxlème cycle) 3年

基础教育证书 Diplôme de Fin d'Etudes de l'Enseignement de Base

小学 ecole de base (premier cycle) 6年

图1 突尼斯教育体系

（三）详述

1. 基础教育

自独立以来，教育一直是突尼斯的重中之重。基础教育（ecole de base）包括小学（premier cycle）和初中（deuxième cycle）。授课语言为阿拉伯语，学生们每三个月进行一次口头或书面测验以及实践检验。

2. 中等教育

高中学生可以选择职业高中，也可以选择普通学术高中。中等教育的前 2 年用来加强普通教育，11 年级开始分专业。现有五个专业：艺术、数学、科学、技术、经济学和管理。

3. 高等教育

突尼斯的高等教育在过去的 10 年中发展迅速。国家依照 1989 年教育法案管理高等教育。20 世纪 70 年代中期以来，高等教育发生了剧烈变化。高等教育机构数和在校学生数都增长迅速，女大学生比率正在提高。高等教育是免费的，由公共部门资助，成本主要由政府开支。从 2006—2007 年开始，突尼斯采用了类似于法国 L—M—D 体系的新的高等教育体系。

（四）考试、升级与证书制度

在突尼斯，小学生完成小学学业后不颁发学历证书，只有获得 50% 以上成绩的学生才能进入初中。9 年义务教育学习结束时，学生参加全国基础教育考试，考试通过后获得基础教育证书（Diplôme de Fin d'Études de l'Enseignement de Base）。能拿到这个基础教育毕业证书的学生就可以升入高中。

普通学术高中（ecole secondaire）学制 4 年，学生完成学业后参加毕业考试，即大学入学考试，考试通过获得普通高中毕业证书（Baccalauréat）。学生可以在高中二年级结束时选择参加为期两年的专业技师证书（Brevet de Technicien Professionnelle/BTP）课程。Baccalauréat 证书考试包括数学、试验科学、文学、技术、体育、计算机科学、经济学 7 门科目。获得 Baccalauréat 证书的学生都有资格升入大学。高等教育面向所有拥有大学本科入学证书或同等证书的学生。在一定条件下，没有大学本科入学证书的学生也可以升入大学。职业高中就读 2 年，可获得职业能力证书（Certificat d'Aptitude Professionnelle/CAP）。学生可选择继续参加为期 2 年的专业技师证书（Brevet de Technicien Professionnelle/BTP）课程。突尼斯大学的录取工作通过专门的录取系统（systeme national d'orientation universitaire）并依据学生考试分数、专业喜好以及教育部分给各学区的份额来完成。

（五）成绩评价制度

突尼斯采用法国成绩评价制度,满分为 20 分。老师很少给到学生 18～20 分。和大多数采用法国教育体系的国家一样,8～9 分通常被认为是不及格等级,但如果学生学年平均分在 10 分及以上,则被认为"勉强通过或宽恕通过",具体由学校管理者来决定。但在高等教育阶段,获得 8～9 分的学生通常被要求重修课程。突尼斯成绩评价制度见表 1。

表 1　突尼斯成绩评价制度

分数	描述	对应中文意义
16～20	très bien	优秀
14～15	bien	良好
12～13	assez bien	中等
10～11	passable	及格
0～9	ajourné	不及格

（六）常见教育证书

突尼斯常见教育证书见表 2。

表 2　突尼斯常见教育证书

序号	证书	证书描述
1	Diplôme de Fin d'Etudes de l'Enseignement de Base	基础教育证书,完成 3 年初中学业获得该证书,入学要求为完成小学 6 年学业,并获得 50% 及以上成绩
2	Certificat d'Aptitude Professionnelle/CAP	职业能力证书,完成 2 年职业高中学业将获得该证书,入学要求为获得基础教育证书
3	Brevet de Technicien Professionnelle/BTP	专业技师证书,学制 2 年,入学要求为获得职业能力证书或完成 2 年普通高中课程
4	Baccalauréat	普通高中毕业证书,学制 4 年,准入条件为获得基础教育证书

（续表）

序号	证 书	证书描述
5	Brevet de Technicien Supérieur/BTS	高级工程师证书,学制 2 年,入学要求为获得专业技师证书或普通高中毕业证书
6	Diplôme de Technicien Supérieur	高级工程师文凭,学制 2~3 年,入学要求为普通高中毕业证书,此证书为终结性文凭,不可以继续接受下一级教育
7	Diplôme Universitaire de Technologie	大学技术文凭,高等教育技术领域完成 3 年学业,入学要求为普通高中毕业证书
8	Diplôme National de Premier Cycle d'Etudes	第一周期国家文凭,学制 2 年,入学要求为普通高中毕业证书,持有该证书可以继续下一级学习
9	Diplôme d'Etudes Universitaires du Premier Cycle/DEUPC	第一周期大学学习文凭,完成 2 年大学学业获得该证书,入学要求为获得普通高中毕业证书
10	Licence Appliquée	应用型学士学位,学制 3 年,但该证书为终结性文凭,持该文凭不能继续攻读下一级学位,入学要求为普通高中毕业证书
11	Licence Professionnelle	专业学士学位,学制 3 年,这是大学教育改革的新产物,入学要求为普通高中毕业证书,凭此学位可以继续下一级教育
12	Licence Recherché	研究型学士学位,学制 3 年,这是教育改革的新产物,入学要求为普通高中毕业证书,凭此学位可以进行下一级教育
13	Diplôme National de(field of study)	国家文凭,学制一般 2 年,但口腔医学、药剂学等为 4 年,医学 5 年,入学要求均为获得第一周期大学学习文凭
14	Maîtrise	学制 2 年,入学要求为第一周期国家文凭,相当于中国学士学位

（续表）

序号	证　书	证书描述
15	Mastère	硕士学位,完成 2 年研究生学业,入学要求为获得 Licence,Maîtrise 或任何国家第二周期文凭,该证书相当于原来的 Diplôme d'Etudes Approfondies/DEA
16	Diplôme de Recherches Approfondies	高级研究文凭,完成 2 年研究生学业,获得该文凭。入学要求为获得 Licence,Maîtrise 或任何第二周期国家文凭
17	Master Professionnel	专业硕士,学制 2 年,这是 2006—2007 学年大学教育改革后出现的新文凭,入学要求为专业/研究型学士学位
20	Master Recherché	研究型硕士,学制 2 年,这是 2006—2007 学年大学教育改革后出现的新文凭,入学要求为专业/研究型学士学位
21	Doctorat/Doctorat d'Etat	博士学位/国家博士学位,学制 3 年,通过论文答辩,入学要求为获得 Mastère Spécialisé, Diplôme de Recherches Approfondies,或 Master Recherché
22	Doctorat de Specialité	专业博士学位,学制 2～3 年,通过论文答辩,入学要求为 Mastère Spécialisé 或 Diplôme de Recherches Approfondies
23	Habilitation Universitaire	大学特许任教资格,取得突出的博士后研究后授予该证书,入学要求为博士学位/国家博士学位或专业博士学位
24	Certificat d'Aptitude au Journalisme	新闻能力证书,在新闻学领域完成 2 年学业,此证书为终结性证书,不能继续下一级学习

中非国家

刚果(布)的教育证书评估研究

一、国家概况

刚果共和国,简称刚果,中国大陆也称其为刚果(布),以区分国名相似的刚果民主共和国,是非洲中部的一个国家,首都为布拉柴维尔。刚果(布)位于非洲中西部,赤道横贯中部。接壤于刚果民主共和国、喀麦隆、中非共和国、加蓬以及安哥拉等国,毗邻几内亚湾。

国土面积34.2万平方公里。2017年人口526万。全国有56个民族,属班图语系。官方语言为法语。民族语言南方为刚果语、莫努库图巴语,北方为林加拉语。全国居民中一半以上信奉原始宗教,26%信奉天主教,10%信奉基督教,3%信奉伊斯兰教。

刚果共和国经济包括农业和手工业,工业部门以石油和相关产业为主,已经替代林业成为刚果支柱产业。20世纪80年代,由于石油价格上涨,刚果的国民生产总值以百分之五的速度增长,成为非洲增长最快的国家之一。

二、教　育

(一)教育概况

刚果共和国是撒哈拉沙漠以南非洲文化教育水平较高的国家。成人扫盲率79.3%,曾数次在国际上获扫盲奖。刚果(布)历届政府均高度重视教育。1995年9月1日颁布的新教育法规定:小学、初中实行义务教育制,到16周岁为止,中等教育分普通中学和职业技术学校两类。1997年内战前教育经费曾占当年国家预算的1/5左右,2007年教育经费占国家预算的10%。全国教育工作者2.8万人,在校学生总数70多万。小学入学率为82%,初中入学率44%,高中及中等职业技术学校入学率27%。马里安·恩古瓦比大学是刚果唯一高等学府,下辖12所院校,47

个系,14 个研究(实验)室,在校学生近 1 万人。

(二)教育体系

刚果共和国与比利时教育体系相似。学年开始于 10 月,结束于次年 6 月。具体见图 1 刚果(布)教育体系。

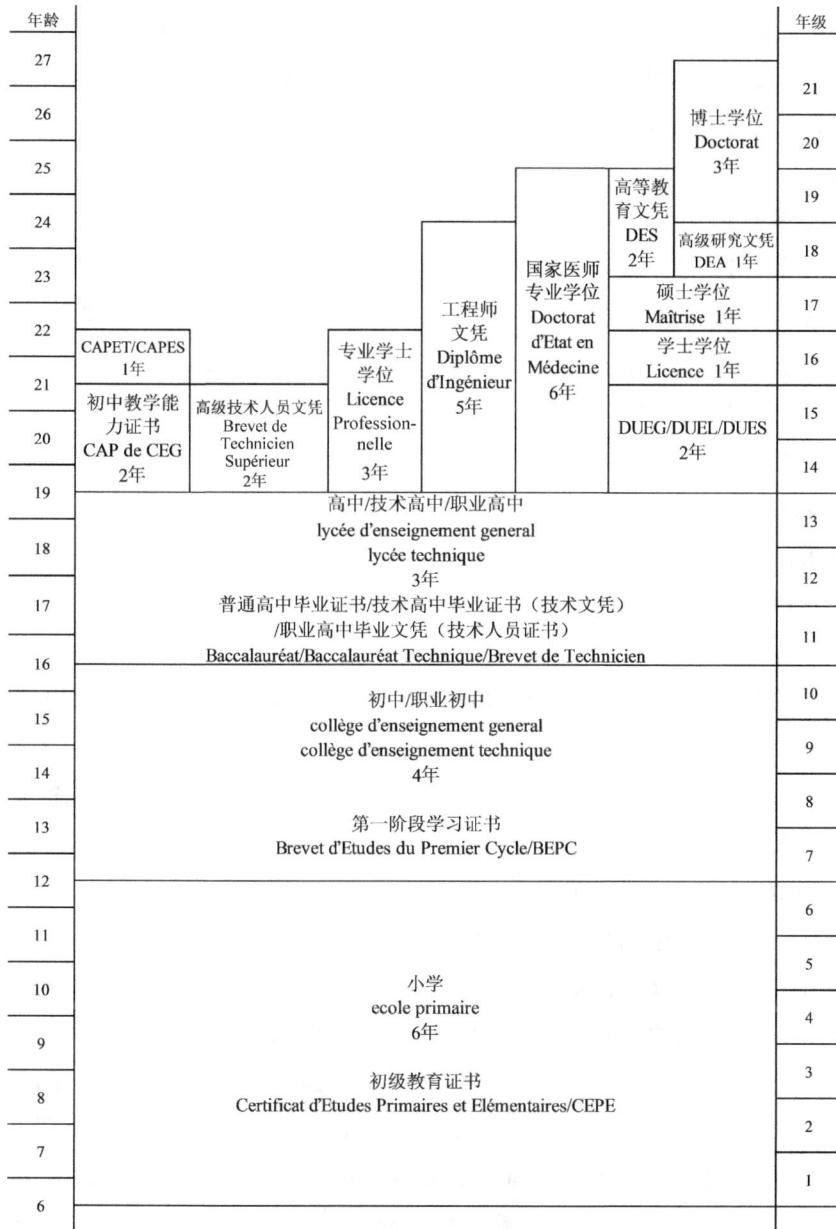

图中文字(从左到右、从下到上):

年龄：27 26 25 24 23 22 21 20 19 18 17 16 15 14 13 12 11 10 9 8 7 6

年级：21 20 19 18 17 16 15 14 13 12 11 10 9 8 7 6 5 4 3 2 1

CAPET/CAPES 1年
初中教学能力证书 CAP de CEG 2年
高级技术人员文凭 Brevet de Technicien Supérieur 2年
专业学士学位 Licence Profession-nelle 3年
工程师文凭 Diplôme d'Ingénieur 5年
国家医师专业学位 Doctorat d'Etat en Médecine 6年
高等教育文凭 DES 2年
博士学位 Doctorat 3年
高级研究文凭 DEA 1年
硕士学位 Maîtrise 1年
学士学位 Licence 1年
DUEG/DUEL/DUES 2年

高中/技术高中/职业高中 lycée d'enseignement general lycée technique 3年
普通高中毕业证书/技术高中毕业证书(技术文凭)/职业高中毕业文凭(技术人员证书) Baccalauréat/Baccalauréat Technique/Brevet de Technicien

初中/职业初中 collège d'enseignement general collège d'enseignement technique 4年
第一阶段学习证书 Brevet d'Etudes du Premier Cycle/BEPC

小学 ecole primaire 6年
初级教育证书 Certificat d'Etudes Primaires et Elémentaires/CEPE

图 1 刚果(布)教育体系

（三）详述

1. 初等教育

刚果（布）几十年来深陷宪法危机，而其教育体系也难以幸免于难，结果导致了教育体系变成了过去教育体系和人们所期待的教育体系的混合体。学生们通常从6.5岁起进入小学学习6年。小学教育被分为3个阶段，即准备阶段、基础阶段和中级阶段。小学中级阶段结束后，学生们必须通过中等教育入学考试才能继续进行学习。

2. 中等教育

接下来的7年为中等教育，前4年学生们进入中学（collège）学习，采用标准的学习课程，接下来参加第一阶段学习证书考试，即初中毕业证书考试（Brevet d'Etudes du Premier Cycle/BEPC）。中等教育的后3年在高中度过。获得第一阶段学习证书的学生可以进入普通高中就读，不过农业和技术高中需要特殊考试，技术高中的课程包括农业、工程和机械，学生们可以进行选择。

3. 职业教育

刚果（布）的经济一片混乱，工厂倒闭，童子军在街上寻找零活儿。职业培训都非常不正规。国际救援组织正在努力缓解这一困境。

4. 高等教育

高等教育机构包括基督教理工和专业艺术学院、商业和经济发展机构、孟多哥（Mondongo）高等农业科学院，以及马里恩恩戈瓦比（Marien Ngouabi）大学。后者成立于1971年，最初名为布拉柴维尔大学，几年后由于一位总统被暗杀而更名。在其全盛期，培养了许多毕业生。

（四）考试、升级与证书制度

学生在第六学年结束时，参加考试，通过将获得初级教育证书（Certificat d'Etudes Primaires et Elémentaires，简称 CEPE）。初中分为普通中学和技术中学，学制4年。在成功完成4年学业后，学生将获得初中毕业证书，即第一阶段学习证书（Brevet d'Etudes du Premier Cycle，简称 BEPC）。职业高中3年，完成学业的学生获技术人员证书（Brevet de Technicien）。技术高中3年，完成学业的学生通过考试获得技术文凭证书（Baccalauréat Technique）。普通高中为3年，完成学业的学生通过考试获得毕业会考证书（Baccalauréat）。获得了 Baccalauréat 证书的学生就获得了升入高等学府的资格。

（五）成绩评价制度

刚果(布)采用法国成绩评价制度,满分为20分。老师很少给到学生18~20分。和大多数采用法国教育体系的国家一样,8~9分通常被认为是不及格等级,但如果学年平均分10分及以上,则被认为"勉强通过或宽恕通过",具体由学校管理者决定。但在高等教育阶段,获得8~9分的学生通常被要求重修课程。刚果(布)成绩评价制度见表1。

表1　刚果(布)成绩评价制度

分数	描述	对应中文意义
16~20	très bien	优秀
14~15	bien	良好
12~13	assez bien	中等
10~11	passable	及格
0~9	ajourné	不及格

（六）常见教育证书

刚果(布)常见教育证书见表2。

表2　刚果(布)常见教育证书

序号	证书	证书描述
1	Certificat d'Etudes Primaires et Elémentaires/CEPE	初级教育证书,完成6年小学教育获得该证书,入学年龄为6岁
2	Brevet d'Etudes du Premier Cycle/BEPC	第一阶段学习证书,完成4年初中教育获得该证书,准入条件为获得初级教育证书
3	Brevet de Technicien	技术人员证书,学制3年,准入条件为获得第一阶段学习证书
4	Baccalauréat Technique	技术文凭,学制3年,准入条件为获得第一阶段学习证书
5	Baccalauréat	普通高中毕业证书,学制3年,准入条件为获得第一阶段学习证书

序号	证　书	证　书　描　述
6	Brevet de Technicien Supérieur	高级技术人员文凭,学制2年,准入条件为获得技术文凭或普通高中毕业证书,毕业后直接就业
7	Certificat d'Aptitude au Professorat dans les Collèges d'Enseignement Général/CAP de CEG	初中教学能力证书,在师范学院完成2年大学学业获得该证书,准入条件为获得技术文凭或普通高中毕业证书,毕业后可做初中教师或继续下一级教育
8	Diplôme Universitaire d'Etudes Générales/DUEG	大学普通专科文凭,完成2年大学学业后获得该文凭,准入条件为获得技术文凭或普通高中毕业证书
9	Diplôme Universitaire d'Etudes Littéraires/DUEL	大学文学专科文凭,完成2年大学艺术与人文专业学业,准入条件为获得技术文凭或普通高中毕业证书
10	Diplôme Universitaire d'Etudes Scientifiques/DUES	大学理学专科文凭,完成2年大学理学学业后获得该文凭,准入条件为获得技术文凭或普通高中毕业证书
11	Diplôme Universitaire de Technologie/DUT	大学技术专科文凭,在大学技术学院完成3年学业获得该文凭,准入条件为获得技术文凭或普通高中毕业证书
12	Certificat d'Aptitude au Professorat de l'Enseignement Technique/CAPET	技术高中教学能力证书,在教师培训学校完成1年学业获得该证书,准入条件为获得初中教学能力证书,毕业后可做技术高中教师
13	Certificat d'Aptitude au Professorat dans l'Enseignement Secondaire/CAPES	普通高中教学能力证书,在教师培训学校完成1年学业获得该证书,准入条件为获得初中教学能力证书,毕业后可做普通高中教师
14	Licence Professionnelle	专业学士学位,学制3年,准入条件为获得技术文凭或普通高中毕业证书,毕业后直接就业,不可继续下一级教育

（续表）

序号	证　书	证 书 描 述
15	Licence	学士学位，完成 1 年大学学业获得该学位，准入条件为获得 DUEG、DUEL 或 DUES 等专科文凭
16	Maîtrise	硕士学位，完成 1 年大学学业获得该证书，准入条件为获得学士学位证书
17	Diplôme d'Ingénieur	工程师文凭，完成 5 年工程相关专业学业获得该证书，准入条件为获得技术高中毕业证书或普通高中毕业证书
18	Doctorat d'Etat en Médecine	国家医师专业学位，学制 6 年，准入条件为获得技术高中毕业证书或普通高中毕业证书，相当于中国的医学学士学位
19	Diplôme d'Etudes Approfondies/DEA	高级研究文凭，完成 1 年研究生学业获得该文凭，准入条件为获得硕士（Maîtrise）证书
21	Diplôme d'Etudes Supérieures/DES	高等教育文凭，完成 2 年研究生学业获得该证书，准入条件为获得硕士（Maîtrise）证书
22	Doctorat	博士学位，完成 3 年博士学业与论文答辩获得该学位，准入条件为获得高级研究文凭（DEA）

刚果(金)的教育证书评估研究

一、国家概况

刚果民主共和国(法语：République démocratique du Congo)是位于非洲中部的一个国家，简称民主刚果、刚果(金)("金"指其首都金沙萨)，以区分国名相似的刚果共和国。旧称扎伊尔(法语：Zaïre)，首都为金沙萨。该国陆地面积约 234.5 万平方公里，是非洲第二大(仅次于阿尔及利亚)、世界第十一大的国家。人口超过 7 100 万，是世界人口第十九多、非洲人口第四多的国家，以及正式法语人口最多的国家。法语为官方语言，截至 2012 年刚果居民 50%信奉罗马天主教，20%信奉基督教新教，10%信奉伊斯兰教，10%信奉金邦古教，其余信奉各种本土原始宗教。

二、教　育

(一) 教育概况

刚果(金)政府采取学校教育与社会教育相结合、国家办学与私人办学并举的教育政策。国家对各类学校进行统一监督和管理。鼓励和支持包括教会在内的各种团体或个人办学，由国民教育部统一对具有办学条件的私立学校进行登记、注册。公立和私立学校的毕业生享受同等待遇，平等参加国家统一考试，合格者方能取得毕业证书。由于政府财政困难，大中小学教职员工的工资全部由学生家长承担。刚果(金)成年男、女文盲率分别为 19%、46%。80%的小学和 60%的中学为教会学校。全国共有 4 所综合性大学，其中 2 所位于金沙萨市，其他 2 所分别位于基桑加尼和卢本巴西市。刚果(金)约有 760 万 5～17 岁的失学儿童和青少年。

(二) 教育体系

刚果(金)实施 6—6—4 的教育体系，初级和中等教育为 12 年。每学年在 10 月份开始，次年 6 月份结束。刚果(金)教育体系见图 1。

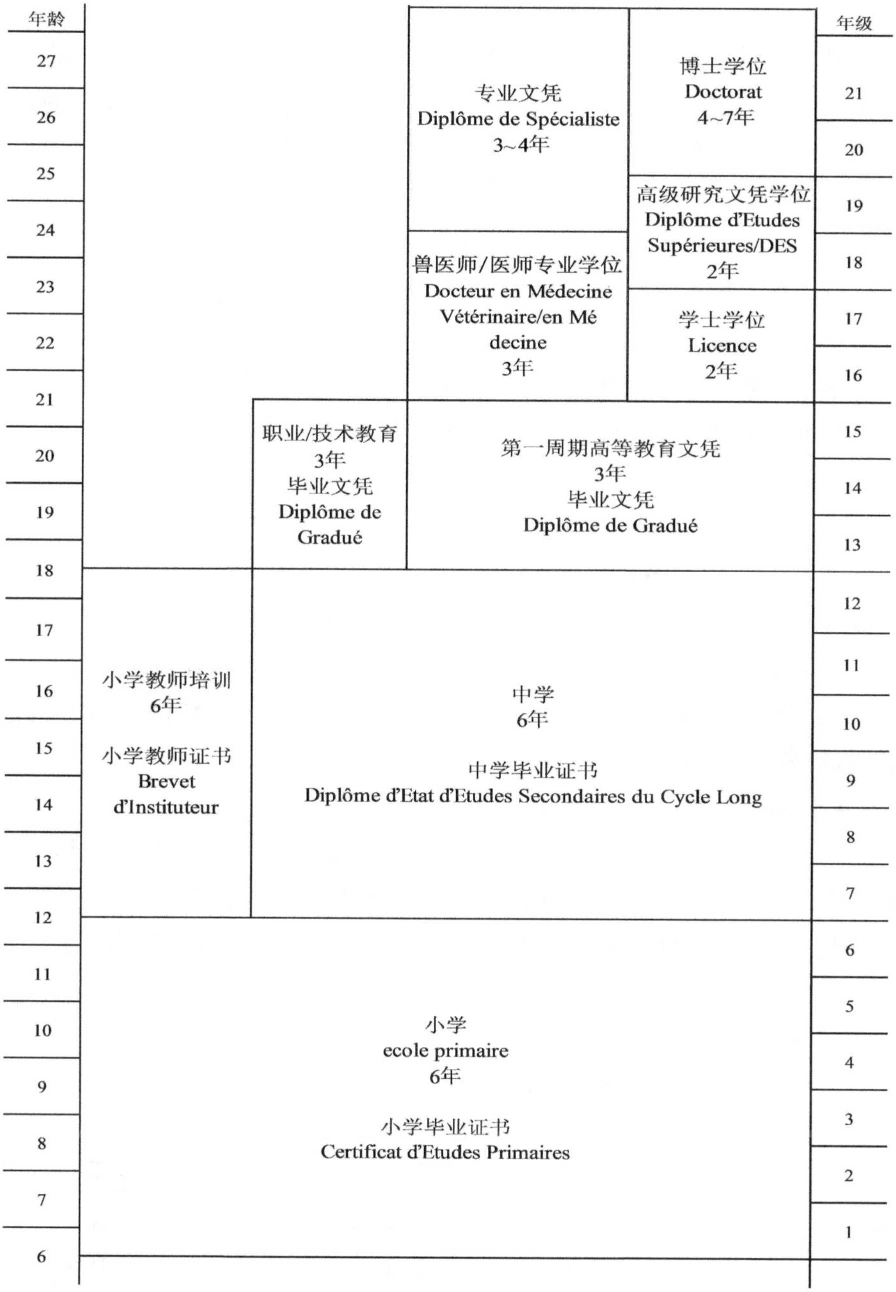

年龄			年级
27		博士学位 Doctorat 4~7年	21
26	专业文凭 Diplôme de Spécialiste 3~4年		20
25			
24		高级研究文凭学位 Diplôme d'Etudes Supérieures/DES 2年	19
23	兽医师/医师专业学位 Docteur en Médecine Vétérinaire/en Mé decine 3年		18
22		学士学位 Licence 2年	17
21			16
20	职业/技术教育 3年 毕业文凭 Diplôme de Gradué	第一周期高等教育文凭 3年 毕业文凭 Diplôme de Gradué	15
19			14
18			13
17			12
16	小学教师培训 6年	中学 6年	11
15	小学教师证书 Brevet d'Instituteur	中学毕业证书 Diplôme d'Etat d'Etudes Secondaires du Cycle Long	10
14			9
13			8
12			7
11			6
10	小学 ecole primaire 6年		5
9			4
8	小学毕业证书 Certificat d'Etudes Primaires		3
7			2
6			1

图 1　刚果（金）教育体系

（三）详解

1. 初等教育

刚果（金）前 6 年为免费教育，学生获得小学毕业证书（Certificat d'Etudes Primaires）。如果学生要继续接受中等教育，必须获得该证书。然而不幸的是，许多学生尤其是农村地区的学生甚至没钱完成 6 年的学业。

2. 中等教育

中等教育需要 6 年时间，所有获得中学毕业证书（Diplôme d'Etat d'Etudes Secondaires du Cycle Long）的学生都可以继续接受高等教育。

3. 职业教育

结束小学学业后，学生们可以根据自己的喜好及学业成绩，进入职业学校进行学习。在那里他们可以接受 5 年左右时间的学习，学习领域多种多样，例如贸易、手工等，学习结束后，他们获得相应证书。

4. 高等教育

在刚果（金），有许多私立和公立的理工和专业学院，但是全国只有 4 所国立大学，分别是戈马大学、金萨沙大学、刚果大学和卢本巴希大学。卢本巴希大学是刚果（金）最早建立的大学，成立于 1991 年，此前的 26 年曾作为扎伊尔大学的分支。目前，该学校提供人类学、地理、历史、信息科学、语言、语言学、法律、哲学、社会学、工程学、贸易及医学等专业。

（四）考试、升级与证书制度

中学 6 年学习完成之后，所有学生将参加全国统一中学毕业证书考试，类似中国高考。通过考试才能进入大学学习，通过率大概为 50%。考试科目为法语、数学、物理、通识教育（历史、地理、哲学、化学、生物等）。具体考试科目主要取决于学生在高中学习时的选择。

（五）成绩评价制度

刚果（金）成绩评价制度见表 1。

表 1　刚果（金）成绩评价制度

成绩（%）	绩点	成绩描述	对应中文意义
90.00～100.00	4	la plus grande distinction	优秀
80.00～89.00	4	grande distinction	良好
70.00～79.00	3	distinction	中等
50.00～69.00	2	satisfaction	及格
0～49.00	0	ajourné	不及格

（六）常见教育证书

刚果（金）常见教育证书见表 2。

表 2　刚果（金）常见教育证书

序号	证　书	证 书 描 述
1	Certificat d'Etudes Primaires	小学毕业证书，完成 6 年小学学业后获得该证书，学生 6 岁入学
2	Brevet de Fin d'Études Secondaires	职业初中毕业证书，完成 3 年职业初中获得该证书
3	Brevet d'Instituteur	小学教师证书，学制 6 年，准入条件为小学毕业
4	Diplôme d'Etat d'Etudes Secondaires du Cycle Long	中学毕业证书（直译：国家中学长周期证书），完成 6 年普通或技术中学学业后获得该证书
5	Diplôme de Gradué	毕业文凭，学制 3 年，准入条件为获得中学毕业证书
6	Licence	学士学位，学制 2 年，准入条件为获得毕业文凭
7	Docteur en Médecine Vétérinaire/en Médecine	兽医师/医师专业学位，学制 3 年，准入条件为获得毕业文凭，相当于中国的医学学士学位
8	Agrégation de l'Enseignement Secondaire Supérieur	中学教师证书，完成 1 年研究生课程，准入条件为获得学士学位
9	Diplôme d'Etudes Supérieures/DES	高级研究文凭，完成 2 年研究生学业和论文答辩，准入条件为获得学士学位
10	Diplôme de Spécialiste	专业文凭，学制 3～4 年，准入条件为获得医师/兽医师专业学位
11	Doctorat	博士学位，完成 4～7 年研究生学业和论文答辩，准入条件为获得高级研究文凭
12	Agrégé de l'Enseignement Supérieur en Médecine Vétérinaire/en Médecine	兽医学/医学博士后，准入条件为获得专业文凭，毕业后可在医学院任教

加蓬的教育证书评估研究

一、国家概况

加蓬共和国位于非洲中部,跨越赤道,西濒大西洋,东、南与刚果(布)为邻,北与喀麦隆、赤道几内亚交界。海岸线长 800 公里。属典型的热带雨林气候,全年高温多雨,年平均气温 26℃。国土面积 26.8 万平方公里,2017 年人口 203 万。有 40 多个民族,主要有芳族(占全国人口 40%)、巴普努族(占 22%)等。官方语言为法语。民族语言有芳语、米耶内语和巴太凯语。居民 50%信奉天主教,20%信奉基督教新教,10%信奉伊斯兰教,其余信奉原始宗教。

二、教　育

(一)教育概况

加蓬整体教育水平不高。2007 年 15 岁以上人口识字率 86.2%,入学率 80.7%。小学实行免费教育,大中学生享受国家助学金。教育制度与法国相似。全国约有小学 1 200 所,教师 4 600 余人,学生 25 万人;中学近 100 所,教师 2 100 多人,学生 8.3 万余人。有两所综合性大学:国立奥马尔·邦戈大学和马苏库科技大学,学生约 9 000 人,授课语言为法语。

(二)教育体系

加蓬实施 5—4—3—3 教育体系,学年 10 月开始,次年 6 月结束。其教育体系见图 1。

年龄

26		
25		
24		
23		
22		
21		

年级

博士
Doctorat
2+年

20
19
18

硕士学位
Master
2年

17
16

高中教师能力证书/职业高中教师能力证书
CAPES/
CAPLT
5年

工程师文凭
Diplôme de Ingénieur
5年

国家医师专业学位
Doctorat d'Etaten Médecine
6年

学士学位
Licence
3年

15
14
13

初中教师能力证书/CAPCEG
3年

职业高中
lycée d'enseignement technique
3年
技术人员文凭
Brevet de Technicien

高等师范学院
4年
师范职业能力证书
Certificat d'Aptitude Pédagogique

技术高中
lycée d'enseignement technique 3年
技术高中毕业证书
Baccalauréat Technique

普通高中
lycée d'enseignement général
3年
高中毕业证书
Baccalauréat

12
11
10

初中
collège
4年

初中毕业证书
Brevet d'Etudes du Premier Cycle/ BEPC

9
8
7
6

小学
ecole élémentaire
5年

小学毕业证书
Certificat d'Etudes Primaires Élémentaires/CEPE

5
4
3
2
1

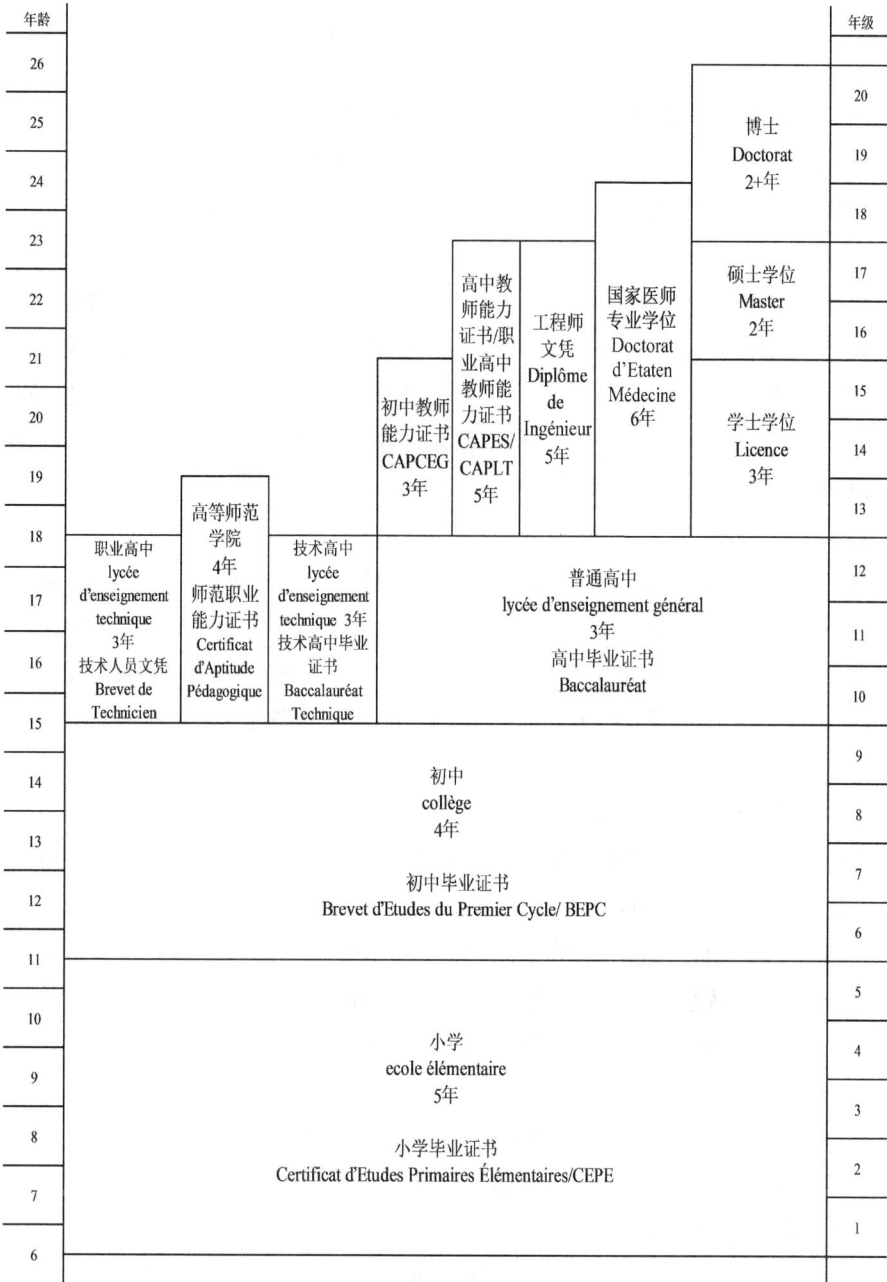

图1 加蓬教育体系

（三）详解

1. 小学教育

小学课程包括法语、数学、历史、地理、公民、科学和体育,重点放在法语和数学上,并增设了艺术和手工教育课程,为国家考试做准备。没有通过小学毕业考试的学生必须复读,6 年级入学考试决定学生中学是否可以获得津贴。

2. 中学教育

中学包括 4 年初中和 3 年高中。初中 4 年级时,学生参加初中毕业证书考试(Brevet d'Etudes du Premier Cycle)。但决定能否升入高中的是初中 4 年级的学业成绩。高中包括职业高中、技术高中或普通高中。普通高中三年制,学生可以学习数学、自然科学、人文、经济学和科学技术等学科。学生需要学习 7 门科目,学生们可以根据自己的特长进行选择。

3. 高等教育

高等教育与技术创新部(Ministry of Higher Education and Innovative Technologies)主管大学与专业学校。所有被大学录取的学生都可以申请国家奖学金,1981 年成立了专门的委员会(Direction Generale des Bourses et Stages/DGBS)来规范和管理奖学金。1990 年,委员会对奖学金的申请做了更严格的规定。

（四）考试、升级与证书制度

小学毕业,学生参加小学毕业证书考试(Certificat d'Etudes Primaires Élémentaires/CEPE)。但真正决定孩子们能否入读初中的是入学考试(Concours d'Entrée),该考试成绩还决定学生能否获得中学津贴。初中 4 年级毕业时,学生参加初中毕业证书考试,但决定孩子们能否升级的是初中 4 年级的学业成绩。完成高中学业时,参加高中毕业证书(Baccalauréat)考试。已完成所有高中学习但未通过毕业证书考试的学生,将被授予中学毕业证书(Finé d'Etudes Secondaires)。该考试通常在六月末举行,会对学生所学习的 7 门科目全部进行测试。加蓬高等教育机构的入学依据为高中毕业证书考试成绩。

（五）成绩评价制度

加蓬采用法国成绩评价制度,满分为 20 分。老师很少给到学生 18～20 分,8～9 分通常被认为是不及格等级,但如果学生学年平均分在 10 分及以上,则被认为"勉强通过",具体由学校管理者来决定。加蓬成绩评价制度见表1。

表 1 加蓬成绩评价制度

等级	分数	描述	对应中文意义
A	16~20	très bien	优秀
B+	14~15	bien	良好
B	12~13	assez bien	一般
C	10~11	passable	及格
F	0~9	ajourné	不及格

（六）常见教育证书

加蓬常见教育证书见表 2。

表 2 加蓬常见教育证书

序号	证 书	证 书 描 述
1	Certificat d'Etudes Primaires Élémentaires/ CEPE	小学毕业证书,完成 5 年小学学业后获得该证书,入学年龄为 5 岁
2	Brevet d'Etudes du Premier Cycle/BEPC	初中毕业证书,完成初中 4 年学业后获得该证书,准入条件为获得小学毕业证书
3	Brevet de Technicien	技术人员文凭,完成 3 年职业高中学业后获得该证书,准入条件为获得初中毕业证书
4	Baccalauréat	高中毕业证书,学制 3 年,准入条件为获得初中毕业证书,毕业后可就业或继续下一级教育
5	Baccalauréat Technique	技术高中毕业证书,学制 3 年,准入条件为获得初中毕业证书,毕业后可就业或继续下一级教育
6	Certificat d'Aptitude Pédagogique	师范职业能力证书,学制 4 年,准入条件为获得初中毕业证书,毕业后可做小学教师
7	Licence	学士学位,学制 3 年,准入条件为获得高中毕业证书

（续表）

序号	证　书	证 书 描 述
8	Certificat d'Aptitude Pédagogique des Collèges d'Enseignement Général/ CAPCEG	初中教师能力证书,在高等师范学院完成3年学业后获得该证书,准入条件为获得普通高中毕业证书,毕业后可做初中教师
9	Certificat d'Aptitude au Professorat de l'Enseignement Secondaire/CAPES	高中教师能力证书,在高等师范学院完成5年学业后获得该证书,准入条件为获得普通高中毕业证书,毕业后可做高中教师
10	Certificat d'Aptitude Pédagogique des Lycées Technique/CAPLT	职业高中教师能力证书,在高等师范学院完成5年学业后获得该证书,准入条件为获得普通高中毕业证书,毕业后可做职业高中教师
11	Master	硕士学位,学制2年,准入条件为获得学士学位
12	Diplôme de Ingénieur	工程师文凭,完成5年大学学业后可获得该证书,准入条件为获得高中毕业证书
13	Doctorat d'Etat en Médecine	国家医师专业学位,学制6年,准入条件为获得高中毕业证书
14	Doctorat	博士学位,学制2年,通过论文答辩者获得博士学位

喀麦隆的教育证书评估研究

一、国家概况

喀麦隆共和国(République du Cameroun)通称喀麦隆,是位于非洲中西部的单一制共和国,西方与尼日利亚接壤,东北与东部分别和乍得与中非相靠,南方则与赤道几内亚、加蓬及刚果共和国毗邻。喀麦隆的海岸线紧依邦尼湾,其属于几内亚湾及大西洋的一部分。

喀麦隆农业和畜牧业为国民经济主要支柱,工业有一定基础。独立后实行"有计划的自由主义""自主自为平衡发展"和"绿色革命"等经济政策,国民经济发展较快,20 世纪 80 年代初期经济增长率曾达到两位数,人均国内生产总值一度达到 1 200 美元。

二、教 育

(一) 教育概况

独立以来,喀麦隆政府比较重视发展教育事业,一方面通过增加教育经费,改进助学金发放制度来发展国立学校,另一方面允许教会继续办学,同时还提供补贴来鼓励私人办。2015 年,教育领域财政预算占全年预算的 13.1%。目前,全国共有 15 123 所小学、2 413 所初中和高中、8 所国立大学。据联合国儿童基金会统计,适龄儿童入学率已达 90%,全国人口文盲率为 24.1%。1996 年《宪法》规定 6 至 12 岁为免费义务教育,公立学校不收学费。

由于历史上长期被法国、英国统治,喀麦隆的独特之处在于,它是唯一一个采用法国和英国模式的双重教育体系的国家。喀麦隆有两种教育体制:英国教育体制(西南和西北省份)和法国教育体制(以前法国统治省份),授课语言分别为英语、法语。

（二）教育体系

喀麦隆的教育体系是：6—4—3—3＋（法式教育体系）和 6—5—2—3＋（英式教育体系）。学年一般 9 月开始，次年 6 月结束，一般包括 2 个 14～16 周的学期。每学期提供 45～60 小时的课程。喀麦隆法式教育体系见图 1，英式教育体系见图 2。

年龄						年级
27						
26					博士 Doctorat 3+年	21
25						20
24					高级专业文凭/高级研究文凭 DESS/DEA	19
23					硕士学位 Maîtrise 1~2年	18
22						17
21				中学教师培训 普通初中教师资格证书 CAPCEG 2年 普通初中教师文凭 DPCEG 3年	学士学位 Licence 1年	16
20			CAPIEMP		第一级高等教育证书 DELG/DESG/DESGA/DEUG 2年	15
19						14
18		小学教师培训 3年 CAPIEMP		高中 lycée 3年		13
17	技术高中 lycée technique 7年			中学毕业会考证书 Baccalauréat de l'Enseignement Secondaire		12
16						11
15	技师证书或职业证书 Brevet de Technicien/ Brevet Professionnel (BT/ BP)		初中 collège d'enseignement général 4年			10
14						9
13			初中毕业证书 Brevet d'Etudes du Premier Cycle du Second Degré/BEPC			8
12						7
11						6
10		小学 ecole primaire 6年				5
9						4
8		小学毕业证书 Certificat d'Etudes Primaires Elémentaires/CEPE				3
7						2
6						1

图 1　喀麦隆法式教育体系

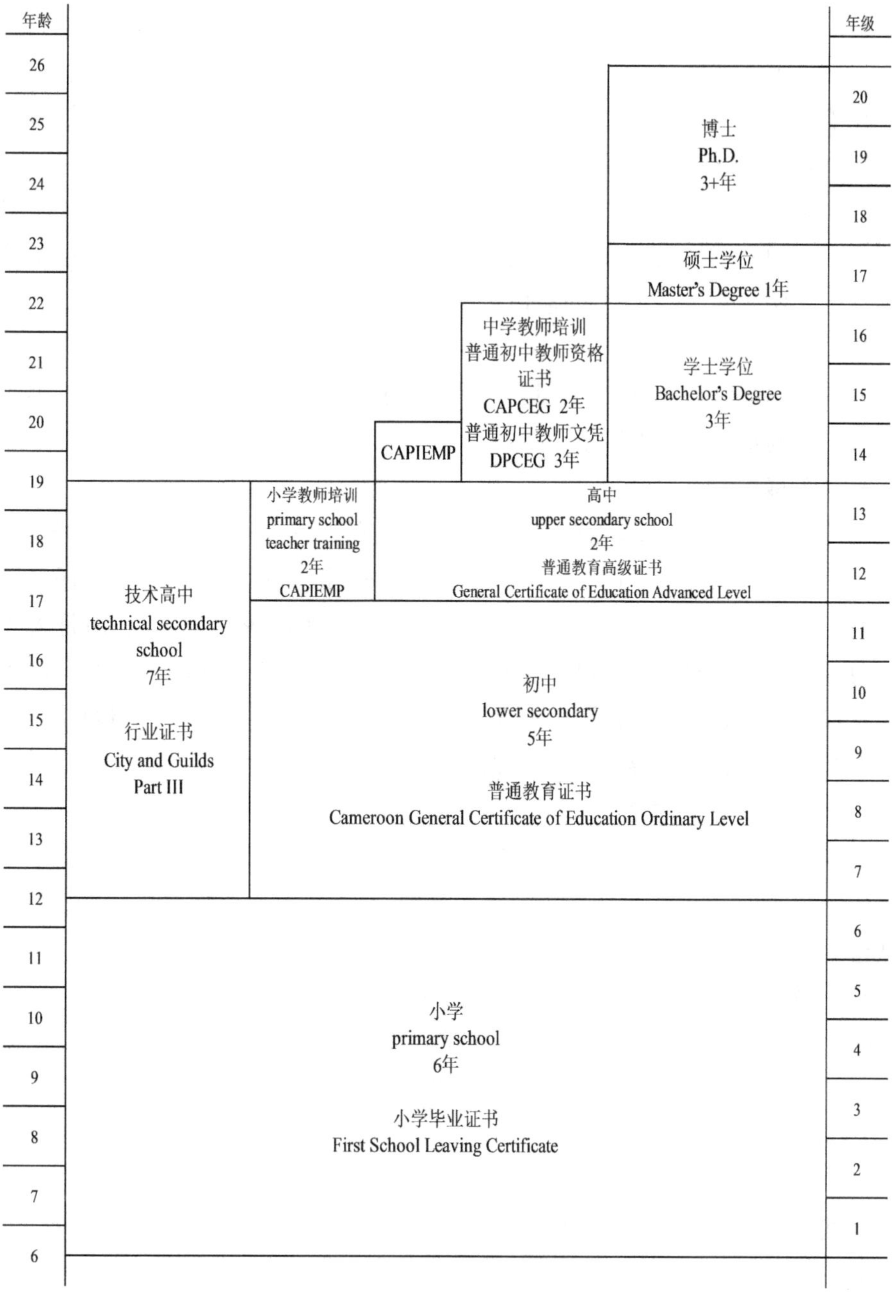

年龄

| 26 |
| 25 |
| 24 |
| 23 |
| 22 |
| 21 |
| 20 |
| 19 |
| 18 |
| 17 |
| 16 |
| 15 |
| 14 |
| 13 |
| 12 |
| 11 |
| 10 |
| 9 |
| 8 |
| 7 |
| 6 |

博士
Ph.D.
3+年

硕士学位
Master's Degree 1年

中学教师培训
普通初中教师资格证书
CAPCEG 2年
普通初中教师文凭
DPCEG 3年

CAPIEMP

学士学位
Bachelor's Degree
3年

小学教师培训
primary school
teacher training
2年
CAPIEMP

高中
upper secondary school
2年
普通教育高级证书
General Certificate of Education Advanced Level

技术高中
technical secondary
school
7年

行业证书
City and Guilds
Part III

初中
lower secondary
5年

普通教育证书
Cameroon General Certificate of Education Ordinary Level

小学
primary school
6年

小学毕业证书
First School Leaving Certificate

年级

| 20 |
| 19 |
| 18 |
| 17 |
| 16 |
| 15 |
| 14 |
| 13 |
| 12 |
| 11 |
| 10 |
| 9 |
| 8 |
| 7 |
| 6 |
| 5 |
| 4 |
| 3 |
| 2 |
| 1 |

图 2　喀麦隆英式教育体系

（三）详述

1. 初等教育

在喀麦隆,小学教育是义务性教育。然而,学生家长仍需要支付校服、教科书等费用,由此导致教育向男性倾斜。

2. 中等教育

喀麦隆的中等教育依旧有两种独立教育体系,取决于采用的是法式还是英式模式。从大层面来说,中等教育阶段包括初级和高级两个层次。

3. 职业教育

就业和职业培训部负责职业培训,所面临的挑战包括如何为失业以及难以找到正式工作的年轻人伸出援手。

4. 高等教育

喀麦隆共有 8 所大学,除全国唯一英语系统的布埃亚安巴尚尼亚大学外,其他全部用法语授课。国家对这 7 所大学进行严格管控,教育部长同时也担任 7 所大学的监理。然而不幸的是,许多学生在毕业后没有为国家做出贡献,而是人才外流。总体来说,整个教育领域付出的努力收效甚微。英文授课的布埃亚安巴尚尼亚大学成立于 1985 年,是在广泛教育改革的基础上建立的,专业设置包括工程学、技术、艺术、教育、自然和社会科学以及农业医学等。

（四）考试、升级与证书制度

法式中学实行中学毕业会考证书制,而英式中学为学生参加普通教育证书做准备。两种考试分别在 1969 年和 1976 年"喀麦隆化",但仍保持着从 20 世纪 60 年代继承过来的组织特征。

英式教育体系内小学毕业时学生获得第一级学校毕业证书（First School Leaving Certificate）。初中毕业通过考试获得普通教育证书（General Certificate of Education，Ordinary Level）。高中毕业通过考试获得普通教育高级证书（General Certificate of Education，Advanced Level）。英式中等教育由普通教育证书董事会负责颁发证书。

法式教育体系内小学毕业生获得小学毕业证书（Certificat d'Etudes Primaires Elémentaires）。此外,还有升中学的竞争性考试。中等教育由中学会考办公室负责颁发证书。初中教育 4 年,一般在工业技术教育学院授课,毕业时获得职业能力证书（Certificat d'Aptitude Professionnelle,简称 CAP）。有该证书的学生有资格升入高级中等职业教育项目。高级中等职业教育一般在私立的工业技术教育学院和技术高中进行。完成前两年高中学业,学生获得学习证明（probatoire）,但持有该证明不能直接升入喀麦隆的高等教育机构。完成最后一年学业后,获得技师证书(Brevet de Technicien)或职业证书(Brevet Professionnel or Baccalauréat Technique)后可以进入高等职业教育学习。普通高中学生通过考试获得中学毕业会考证书(Baccalauréat de l'Enseignement Secondaire)。拥有法式教育高中毕业会考证书,或拥有至少2门科目通过的普通教育高级证书,同时拥有至少4门科目通过的普通教育证书,有时还需完成入学考试的学生,才可以进入喀麦隆大学学习。

(五) 成绩评价制度

英式教育体系内的普通教育证书采用 A、B、C、D、E、U 成绩评价制度。A、B、C 表示通过,A 为最高通过等级,C 为最低通过等级。低于 C 的等级将不在证书中显示。高级证书采用 A、B、C、D、E、O 和 F 的成绩评价制度。前五表示通过,A、E 为最高和最低通过等级。F 表示未通过,在证书中不予显示。O 表示未成功通过,但成绩达到了普通教育证书的 C 级水平。法式教育体系中,成绩用数字来表示。喀麦隆法式教育体系成绩评价制度见表1。

表1 喀麦隆法式教育体系成绩评价制度

分数	描述	对应中文意义
16～20	très bien	优秀
14～15	bien	良好
12～13	assez bien	中等
10～11	passable	及格
0～9	ajourné	不及格

(六) 常见教育证书

喀麦隆常见教育证书见表2。

表2 喀麦隆常见教育证书

序号	证 书	证 书 描 述
1	Certificat d'Etudes Primaires Elémentaires	小学毕业证书,法式教育体系完成6年小学教育后参加考试获得该证书,入学要求为6岁

序号	证　书	证书描述
2	First School Leaving Certificate	小学毕业证书,英式教育体系完成 6 年小学教育参加考试获得该证书,入学要求为 5 岁
3	Brevet d'Etudes du Premier Cycle du Second Degré/BEPC	初中毕业证书,法式教育体系中学第一阶段 4 年学习完成后参加考试获得该证书,准入条件为获得小学毕业证书
4	Baccalauréat de l'Enseignement Secondaire	中学毕业会考证书,法式教育体系完成高中 3 年学业参加考试获得该证书,准入条件为获得初中毕业证书
5	Brevet de Technicien/Brevet Professionnel	技师证书或职业证书,完成法式教育体系 7 年技术或职业教育获得该证书,准入条件为获得小学毕业证书
6	Cameroon General Certificate of Education Ordinary Level	普通教育证书,英式教育体系完成 5 年初中教育后参加普通等级考试可获得该证书,准入条件为获得英式教育小学毕业证书
7	General Certificate of Education Advanced Level	普通教育高级证书,英式教育体系完成 2 年高中学业,准入条件为获得普通教育证书
8	Brevet de Technicien Superieur/BTS	高级技师证书,学制 2 年,准入条件为获得技师证书
9	Certificat d'Aptitude Pédagogique d'Instituteur de l'Enseignement Maternel et Primaire/CAPIEMP	学前教育与小学教师证书,该项目对于持有 BEPC 证书的学生学制为 3 年,对于持有 Baccalauréat 证书的学生学制为 1 年,对持有 GCE "O" Level 证书的学生,学制为 2 年,准入条件为获得 BEPC, Baccalauréat 或 GCE O Level 证书
10	City and Guilds Part III Certificate	英式教育体系完成 7 年技术中学学业,准入条件为获得小学毕业证书

序号	证 书	证 书 描 述
11	Diplôme d'Etudes Littéraires Générales/ Scientifiques Générales/Universitaires Générales	普通文学/普通理学/普通大学学习文凭，在高等教育机构完成 2 年学业，准入条件为高中毕业，获得 Baccalauréat 证书
12	Certificat d'Aptitude au Professorat des Collèges d'Enseignement Général/CAPCEG	普通初中教师资格证书，在高等师范学校完成 2 年学业，准入条件为高中毕业，获得 Baccalauréat 证书
13	Diplôme de Professorat des Collèges d'Enseignement Général/DPCEG	普通初中教师文凭，在教师培训项目完成 3 年学业后获得该证书，准入条件为获得 Baccalauréat 证书
14	Licence	学士学位，普通大学学习文凭的基础上再完成 1 年学业
15	Diplôme d'Etudes Supérieures	高等教育文凭，准入条件为获得学士学位
16	Diplôme d'Administration des Entreprises	工商管理文凭，项目学制 1 年，准入条件为获得学士学位
17	Bachelor's degree	学士学位，学制 3 年，准入条件为获得 GCE A Level 证书
18	Maîtrise	硕士学位，学制 1～2 年，准入条件为获得学士学位
19	Diplôme d'Etudes Supérieures Spécialisées/ DESS	高级专业文凭，项目学制 1 年，准入条件为获得 Maîtrise 学位
20	Diplôme d'Etudes Approfondies/DEA	高级研究文凭，学制 1 年，准入条件为获得 Maîtrise 学位
21	Master's degree	硕士学位，学制 1 年
22	Post—Graduate Diploma	研究生文凭，学制 1 年
23	Diplôme de Docteur en Médecine	医师专业文凭，学制 6 年，准入条件为获得 Baccalauréat 证书
24	Doctorat	博士学位，学制至少 3 年，准入条件为获得 Maîtrise 学位

乍得的教育证书评估研究

一、国家概况

乍得共和国是非洲中部的一个内陆国家,远离海洋,且国土大部分属沙漠气候。国土面积 128.4 万平方公里。2017 年,人口 1 490 万。全国共有民族 256 个。官方语言为法语和阿拉伯语。南方居民通用苏丹语系的萨拉语,北方通用乍得化的阿拉伯语。居民中 58%信奉伊斯兰教,18%信奉天主教,16%信奉基督教新教,4%信奉原始宗教。

目前,乍得国内政局渐趋稳定。2011 年 2 月和 4 月,乍得分别举行议会和总统选举。乍得被联合国列为世界上 47 个最不发达国家之一。

二、教　育

(一) 教育概况

乍得是撒哈拉沙漠以南非洲文化教育水平较低的国家,文盲占全国人口的89.2%,其中大部分是妇女。小学阶段为义务教育,入学率 98.5%,但完成小学学业的学生比例始终低于 40%。高等教育主要由恩贾梅纳大学、费萨尔国王大学、蒙杜商业技校、阿贝歇科技学院、萨尔赫天文和环境学院等提供,全国共有在校大学生约 1 500 人。2003 年,全国共有 3 653 所小学,209 所初中和 36 所高中。

(二) 教育体系

乍得实行 6—4(3)—3—4 教育体系。普通初中学制 4 年,职业技术类学制 3年。高等教育 2006—2007 学年开始实施新的教育制度,逐步向学士/硕士/博士学位系统过渡。学年从 10 月开始,次年 6 月结束。其教育体系见图 1。

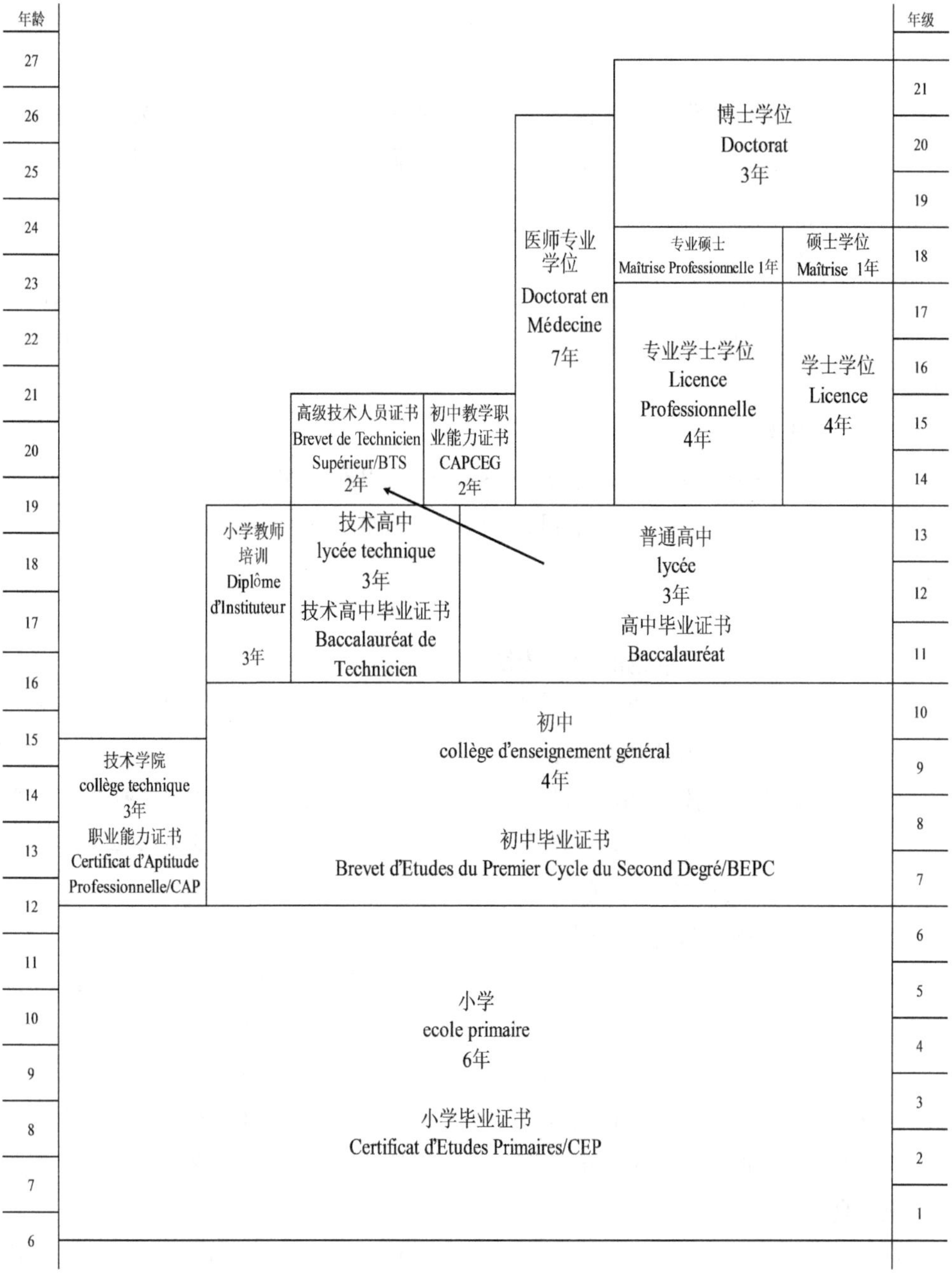

图 1　乍得教育体系

（三）详解

1. 初等教育

乍得实施小学免费义务教育。大部分城镇地区的学生入学年龄为 6 岁，而乡村地区学生入学年龄为 7 岁。学生学习阅读、写作、拼读、语法、数学、历史、地理、科学、绘画等。

2. 中等教育

进入中等教育的学生数量非常有限，且男生远多于女生。7 年中等教育的前 4 年结束后，国家不再进行补贴，留下来继续学习的学生往往是富有的城镇居民子女。

3. 职业教育

未能进入普通中等教育学校的小学毕业生可以在许多职业教育机构的手工或技术领域学习，学有所成的学生可以获得职业能力证书（Certificat d'Aptitude Professionelle）。

4. 高等教育

乍得从法国获得了卓越的学术传统，其大学在相关领域提供世界一流的专业课程。恩贾梅纳大学是领先的高等教育机构，前身是 1971 年创建的乍得大学，1994 年更名。学校设有应用科学、商业、经济、人文、医学等学科，提供学士、硕士、博士三个学位层次的教育，是联合国教科文组织的国际大学联合会、非洲大学联盟及法语大学协会的正式成员，这无疑表明它获得了国际认可。学校有学生 6 000 余名，并致力于成为可持续发展领域受人尊敬的专业中心。

（四）考试、升级与证书制度

初等学校第六年结束时，要进行考试。能否获得小学毕业证书（Certificat d'Etudes Primaires）决定着学生是进入普通中等学校还是职业技术学校继续学习。

普通初中结束时，学生参加考试获得初中毕业证书，即第一周期教育证书（Brevet d'Etudes du Premier Cycle du Second Degré，简称 BEPC）。职业学校学生获得职业能力证书（Certificat d'Aptitude Professionnelle，简称 CAP）。普通高中、职业高中和技术高中学制都是 3 年，第三年结束时，学生们参加外部考试，获得高中毕业证书/技术高中毕业证书（Baccalauréat/Baccalauréat de Technicien），并凭借高中毕业证书成绩申请大学。

（五）成绩评价制度

乍得采用法国成绩评价制度，满分为 20 分。老师很少给到学生 18～20 分。和大多数采用法国教育体系的国家一样，8～9 分通常被认为是不及格等级，但如果学生学年平均分在 10 分及以上，则被认为"勉强通过或宽恕通过"，具体由学校管理者来决定。但在高等教育阶段，获得 8～9 分的学生通常被要求重修课程。乍得成绩评价制度见表 1。

表 1　乍得成绩评价制度

分数	描述	对应中文意义
16～20	très bien	优秀
14～15	bien	良好
12～13	assez bien	中等
10～11	passable	及格
0～9	ajourné	不及格

（六）常见教育证书

乍得常见教育证书见表 2。

表 2　乍得常见教育证书

序号	证书	证书描述
1	Certificat d'Etudes Primaires/CEP	小学毕业证书，完成 6 年小学学业获得该证书，入学年龄为 6 岁
2	Certificat d'Aptitude Professionnelle/CAP	职业能力证书，完成 3 年职业初中获得该证书，准入条件为获得小学毕业证书
3	Brevet d'Etudes du Premier Cycle/BEPC	初中毕业证书（第一周期教育证书），完成 4 年初中学业获得该证书，准入条件为获得小学毕业证书
4	Diplôme d'Instituteur Adjoint	小学教师助理文凭，学制 2 年，准入条件为获得初中毕业证书，毕业后可做小学教师助理
5	Diplôme d'Instituteur	小学教师文凭，学制 3 年，准入条件为获得初中毕业证书，毕业后可做小学教师
6	Baccalauréat de Technicien	技术高中毕业证书，完成 3 年职业/技术高中获得该证书，准入条件为获得初中毕业证书

（续表）

序号	证　书	证　书　描　述
7	Baccalauréat	高中毕业证书,完成 3 年普通高中获得该证书,准入条件为获得初中毕业证书
8	Certificat d'Aptitude Professionnelle de l'Enseignement aux Collèges d'Enseignement Général/CAPCEG	初中教学职业能力证书,在教育学院完成 2 年学业,获得该证书,准入条件为获得技术高中毕业证书或高中毕业证书,同时参加入学考试,获得该证书后可做初中教师
9	Brevet de Technicien Supérieur/BTS	高级技术人员证书,学制 2 年,准入条件为获得技术高中毕业证书或高中毕业证书
10	Licence	学士学位,完成 4 年大学学业获得该证书,该证书自 2010—2011 学年开始颁发
11	Licence Professionnelle	专业学士学位,完成 4 年大学学业获得该证书,该证书自 2010—2011 学年开始颁发
12	Doctorat en Médecine	医师专业学位,是医学领域的第一级专业学位,完成 7 年学业获得该证书,准入条件为获得高中毕业证书,同时参加考试
13	Maîtrise Professionnelle	专业硕士,完成 1 年研究生学习,准入条件为 4 年制学士学位,2011—2012 学年第一次颁发该证书
14	Maîtrise	硕士,完成 1 年研究生学习,准入条件为 4 年制学士学位,2011—2012 学年第一次颁发该证书
15	Doctorat	博士学位,完成 3 年科学研究,并完成论文答辩,获得该学位证书

参考文献

1. 外交部[EB/OL]. https://www.fmprc.gov.cn/web/gjhdq_676201/gj_676203/fz_677316/,2020-03-16.

2. T.N.波斯尔斯韦特.教育大百科全书--各国(地区)教育制度(上)[M].重庆:西南师范大学出版社,2011.

3. Country. The Electronic Database for Global Education. American Association of Collegiate Registrars and Admissions Officers[DB/OL].https://www.aacrao.org/edge,2018-09.

4. Education System Profile. World Education News + Reviews[EB/OL]. https://wenr.wes.org/, 2020-03-10.

5. Country Profiles. Hali Access Network[EB/OL]. http://www.haliaccess.org, 2020-03-16.

6. African Universities[EB/OL].http://africauniversities.org/, 2019-08.

7. Education Sector. Ministry of Education, Ethiopia[EB/OL]. http://www.moe.gov.et, 2020-03-16.

8. World Higher Education Database, International Association of Universities [EB/OL]. https://www.whed.net/home.php, 2019-07.

9. National Education and Examinations Agency. Federal Democratic Republic of Ethiopia [EB/OL]. http://www.moe.gov.et/web/guest/national-examination-agency, 2020-03-20.

10. Check The Ethiopian University Entrance Point NEAEA 2018. Myschooleth [EB/OL]. https://myschooleth.com/ethiopian-university-entrance-point/, 2020-03-20.

11. 王娟华.厄立特里亚的教育概况及启示[EB/OL]. https://www.xzbu.com/9/view-4331610.htm, 2020-03-17.

12. Tedros Sium Mengesha & Mussie T. Tessema. Eritrean Education System: A

critical Analysis and Future Research Directions[EB/OL]. https://www. researchgate.net/publication/332041356_Eritrean_Education_System_A_ critical_Analysis_and_Future_Research_Directions, 2020 - 03 - 26.

13. Ministère de l'Education Nationale et de la Formation Professionnelle, Djibouti [EB/OL].http://www.education.gov.dj/index.php/en/, 2020 - 03 - 18.

14. Education in Kenya. Nick Clark, Editor. World Education News + Reviews [EB/OL]. https://wenr.wes.org/2015/06/education-kenya, 2020 - 04 - 06.

15. Services. Commission for University Education[EB/OL]. www.cue.or.ke, 2020 - 05 - 02.

16. School Examinations. Kenya National Examinations Council [EB/OL]. http://www.knec.ac.ke/, 2020 - 04 - 02.

17. Education in Rwanda. Stefan Trines, Research Editor. World Education News & Reviews [EB/OL]. https://wenr. wes. org/2019/10/education-in-rwanda, 2020 - 03 - 17.

18. Education. Ministry of Education and Human Resource Development Seychelles [EB/OL]. http://www. education. gov. sc/Pages/default. aspx, 2020 -03 - 20.

19. Faculties. University of Seychelles[EB/OL].https://unisey.ac.sc/, 2020 - 04 -08.

20. General Entrance Requirements. University of Seychelles [EB/OL]. https://unisey.ac.sc/students/, 2020 - 04 - 08.

21. Education Fact Sheet. Hali Access Network[EB/OL]. http://haliaccess.org/ wp-content/uploads/2018/05/Somaliland-country-fact-sheet-.pdf, 2020 - 03 - 17.

22. Admission Policy. Amoud University[EB/OL]. https://www.amouduniversity. org/student-s-life/admission-policy, 2020 - 04 - 01.

23. Student Admission. University of Burao [EB/OL]. https://uob-edu. net/ page/26/Prospective-students, 2020 - 04 - 01.

24. Examination Types. The National Examinations Council of Tanzania[EB/ OL].https://www.necta.go.tz/, 2020 - 03 - 18.

25. 中国乌干达大使馆经济商务参赞处.对外投资合作国别(地区)指南——乌干达 [OL].商务部网站, 2014.

26. School Calendar 2020. Ministry of Education & Sports[EB/OL].http://www. education. go. ug/wp-content/uploads/2019/11/schools-and-institutions-calendar-2020.pdf,2020 - 03 - 19.

27. Education. My Uganda[EB/OL]. http://www.myuganda.co.ug/education, 2020 - 03 - 20.

28. Category Archives:Admissions/Intakes for Universities in Uganda[EB/OL]. https://ugandaadmissions. com/category/admissions-intakes-for-universities-in-uganda/,2020 - 03 - 20.

29. Uganda National Examinations Board A Level Grading System[EB/OL]. https://ugandaadmissions.com/uneb-level-grading-system/,2020 - 03 - 28.

30. Ministério da Educação,Angola[EB/OL]. https://www.med.gov.ao/,2020 - 03 - 28.

31. Association of African Universities[EB/OL].https://www.aau.org/,2019 - 07 - 10.

32. United Nations Educational,Scientific and Cultural Organization. 2019[EB/OL]. Angola. UNESCO Institute for Statistics[EB/OL].http://uis.unesco. org/country/AO,2019 - 07 - 10.

33. The UNESCO Institute for Statistics (UIS) 2019[EB/OL]. http://data.uis. unesco.org/Index.aspx,2020 - 03 - 10.

34. Association of Portuguese Language Universities. 2019[EB/OL]. http:// aulp.org/,2019 - 07 - 10.

35. Corruption Perceptions Index 2013.国际透明组织[EB/OL]. http:/cpi. transparency.org/cpi2013/result,2019 - 07 - 12.

36. 2020 School Calendar. Republic of Botswana[EB/OL]. https://www.gov. bw/school-terms,2020 - 03 - 22.

37. Qualifications. Botswana Examination Council[EB/OL].http://www.bec. co.bw, 2020 - 03 - 26.

38. Examinations. Zimbabwe School Examinations Council[EB/OL]. https:// www.zimsec.co.zw/examinations/,2020 - 04 - 10.

39. Leslei Kahari. The Teaching and Learning of Advanced Level,English Language and Communication Skills Paper (8007) in Zimbabwe. International Journal of Education and Research[J]. 2014(2):1 - 14.

40. Education. Ministre de l'Éducation Nationale de l'Enseignement et de la Recherche [EB/OL].http://www.mineducomores.gouv.km/,2020 - 03 - 22.

41. Examens et concours. Ministre de l'Éducation Nationale de l'Enseignement et de la Recherche[EB/OL].http://www.mineducomores.gouv.km/,2020 - 03 - 22.

42. Examinations Council of Lesotho[EB/OL].http://www.examscouncil.org.ls/qual.aspx,2020 - 03 - 18.

43. Ministere de l'education nationale et de l'enseignement technique et professionnel, Madagascar[EB/OL]. http://www.education.gov.mg/,2019 - 07 - 18.

44. Ministere de l'education nationale superieur et de la recherche scientifique, Madagascar[EB/OL]. http://www.mesupres.gov.mg/,2019 - 07 - 18.

45. Ministry of Education, Science and Technology Government of Malawi[EB/OL]. https://www.education.gov.mw/,2019 - 07 - 20.

46. Examinations. Mauritius Examinations Syndicate [EB/OL]. http://mes.intnet.mu/English/Examinations/Pages/default.aspx,2020 - 04 - 06.

47. National Assessment at Grade 9. Secondary Education. Ministry of Education, Tertiary Education, Science and Technology, Mauritius[EB/OL]. http://ministry-education.govmu.org/English/educationsector/seceducation/Pages/National-Assessment-Grade-9.aspx, 2020 - 04 - 06.

48. Mauritius. Results Council[EB/OL]. https://www.resultscouncil.com/mu/mes/mes-results-mauritius/,2020 - 04 - 07.

49. Cambridge O-Level. Cambridge Assessment International Education[EB/OL]. https://www.cambridgeinternational.org/programmes-and-qualifications/cambridge-upper-secondary/cambridge-o-level/,2020 - 04 - 20.

50. Cambridge International AS & A Level A Guide for Universities. Cambridge Assessment International Education [EB/OL]. https://www.cambridgeinternational.org/Images/502996-as-a-level-factsheet-english.pdf,2020 - 04 - 20.

51. University of Mauritius [EB/OL]. https://www.uom.ac.mu/index.php/study-at-uom/individual-programme-entry-requirements,2020 - 04 - 20.

52. Ministério da Ciência e Tecnologia, Ensino Superior e Tecnico-Profissional. Mozambique [EB/OL]. https://www.mctestp.gov.mz/?q = content/

institui％C3％A7％C3％B5es-de-es，2020－04－20.

53. Directorate：National Examinations and Assessment. Ministry of Education，Arts and Culture，Republic of Namibia[EB/OL]. http：//www.moe.gov.na/m＿dir＿viewdirectorate. php？ id ＝ 33&directorate ＝ Directorate：％20National％20Examinations％20and％20Assessment％20（DNEA），2019－07－20.

54. Ministry of Education，Arts and Culture Namibia[EB/OL].www.moe.gov.na，2019－07－20.

55. Admissionrequirements，University of Namibia［EB/OL］. http：//www.unam.edu.na/apply-to-unam/undergraduate-admission-requirements，2019－07－20.

56. Examinations，Department：Basic Education. Republic of South Africa[EB/OL]. https：//www.education.gov.za/Curriculum/NationalSeniorCertificate（NSC）Examinations/tabid/338/Default.aspx，2020－03－28.

57. School-Based Assessment. Department：Basic Education. Republic of South Africa［EB/OL］. https：//www. education. gov. za/SchoolBasedAssessmentTasks2014/tabid/611/Default.aspx，2020－03－28.

58. Practical Assessment Tasks. Department：Basic Education. Republic of South Africa. ［EB/OL］. https：//www. education. gov. za/Curriculum/PracticalAssessmentTasks.aspx，2020－03－28.

59. 斯威士兰：一个南非"嘴边"的国家 ［EB/OL］. https：//baijiahao.baidu.com/s？id＝1653537802139132448&wfr＝spider&for＝pc，2020－03－28.

60. Examinations Council of Swaziland，Results Council［EB/OL］. https：//www. resultscouncil. com/sz/examinations-council-of-swaziland/，2020－04－10.

61. Examinations Council of Eswatini[EB/OL]. http：//www.examscouncil.org.sz，2020－03－28.

62. Admission Requirements，the University of Eswatini[EB/OL].http：//www.uneswa.ac.sz/admissions/undergraduate＿admissions/requirements/，2020－03－28.

63. School Calendar. Ministry of Education，Republic of Zambia［EB/OL］. https：//www.moge.gov.zm/？page_id＝5389，2020－04－16.

64. 中国—赞比亚职业技术学院开学［EB/OL］. http://edu.people.com.cn/n1/2019/0806/c1053-31278510.html，2020 - 03 - 18.

65. ECZ Grade 7 Results 2020. Results Council［EB/OL］. https://www.resultscouncil.com/zm/ecz/grade-7-results-zambia/,2020 - 03 - 18.

66. ECZ Grade 9 Results 2020. Results Council［EB/OL］. https://www.resultscouncil.com/zm/ecz/grade-9-results-zambia/,2020 - 03 - 18.

67. ECZ Grade 12 Results 2020. Results Council［EB/OL］. https://www.resultscouncil.com/zm/ecz/grade-12-results-zambia/，2020 - 03 - 20.

68. GCE Exams 2020. Results Council［EB/OL］. https://www.resultscouncil.com/zm/ecz/gce-exams-zambia/，2020 - 03 - 20.

69. Benin. Education Encyclopedia - StateUniversity.com［EB/OL］. https://education.stateuniversity.com/pages/160/Benin.html，2020 - 03 - 20.

70. Ministry of National Education. Literacy and Promotion of National Languages［EB/OL］. http://www.mena.gov.bf/，2020 - 04 - 02.

71. Direction des Examens et Concours［EB/OL］. https://decsupbenin.com/，2020 - 04 - 02.

72. Ministry of Higher Education，Scientific Research and Technology Burkina Faso［EB/OL］.https://www.mesrsi.gov.bf/accueil，2020 - 03 - 20.

73. Ministry of Primary and Secondary Education. Togo［EB/OL］. http://education.gouv.tg/，2020 - 03 - 21.

74. Ministry of Higher Education and Research. Togo［EB/OL］.https://edusup.gouv.tg/，2020 - 03 - 21.

75. Ministério da Educação Cape Verde［EB/OL］. http://portal.minedu.gov.cv/,2020 - 03 - 21.

76. University Access. Universidade de Santiago［EB/OL］.https://us.edu.cv/usSITE/index.php/estudantes/acesso-a-universidade,2020 - 03 - 21.

77. Ministry For Basic & Secondary Education. Gambia［EB/OL］. http://www.accessgambia.com/information/basic-secondary.html，2020 - 03 - 23.

78. National Exams. The West African Examinations Council（Corporate Website，The Gambia）［EB/OL］. https://www.waecgambia.org/NationalExams.aspx，2020 - 05 - 06.

79. International Exams. The West African Examinations Council（Corporate

Website, The Gambia) [EB/OL]. https://www. waecgambia. org/InternationalExams.aspx,2019 - 08 - 06.

80. Admissions and Aids. University of Gambia[EB/OL]. https://www.utg.edu. gm/admissions/, 2019 - 08 - 06.

81. Format for Reporting the Result of the WASSCE[EB/OL]. https://www. waecgambia.org/InternationalExams.aspx, 2019 - 08 - 06.

82. Ministére de l'Enseignement Supérieur et de la Recherche Scientifique. Guinea[EB/OL].www.mesrs.gov.gn, 2020 - 01 - 21.

83. UNICEF Report on Guinea-Bissau [EB/OL]. http://www. unicef. org/infobycountry/guineabissau.html, 2020 - 01 - 23.

84. Examinations. The West African Examinations Council (Corporate site: Ghana)[EB/OL].https://www.waecgh.org,2020 - 02 - 10.

85. Ministry of Education. Republic of Côte d'Ivoire[EB/OL].http://www. education.gouv.ci/,2020 - 03 - 26.

86. S'Inscrire A Luao. Universite Alassane Ouattara. Republic of Côte d'Ivoire [EB/OL] http://www.univ-ao.edu.ci/etudes/nouveau-etudiant.php,2020 - 03 - 26.

87. Examinations. The West Africa Examinations Council, Cooperate Site: Liberia[EB/OL].https://liberiawaec.org/,2020 - 03 - 07.

88. Procedures for Admission. University of Liberia[EB/OL]. https://ul.edu. lr/process-and-procedure-for-admission/,2020 - 04 - 20.

89. Education and Literacy, Mali. Unesco. [EB/OL].http://uis.unesco.org/country/ML,2020 - 04 - 02.

90. Direction de l'Enseignement Fondamental. Ministère de l'Enseignement Fondamental et de la Réforme de l'Education Nationale, République Islanmique de Mauritanie[EB/OL].http://www.education.gov.mr,2020 - 04 - 02.

91. Formations. Université de Nouakchott Al-Aasriya[EB/OL]. http://www. una.mr/fr/node/63,2020 - 03 - 15.

92. Our Exams. National Examinations Council, Nigeria[EB/OL]. https://www.neco.gov.ng/about-neco/,2020 - 04 - 05.

93. Exams. THE WEST AFRICAN EXAMINATIONS COUNCIL[EB/OL].

http://www.waecnigeria.org/,2020 - 04 - 05.

94. Our Exams. National Examinations Council. Nigeria[EB/OL]. http://www. mynecoexams.com/ourexaminations.html? ssce,2020 - 02 - 17.

95. Ministry of Basic and Senior Secondary Education Sierra Leone[EB/OL]. https://mbsse.gov.sl/, 2020 - 02 - 17.

96. The West Africa Examinations Council(Sierra Leone)[EB/OL].https:// www.waecsierra-leone.org/ResultChecker/,2020 - 02 - 17.

97. Admissions. University of Sierra Leone [EB/OL]. https://usl.edu.sl/ admissions/,2020 - 02 - 17.

98. Minisere de l'Education Nationale.Senegal[EB/OL].http://www.education. gouv.sn/,2020 - 02 - 19.

99. Minisere de l'Enseignement Superieur de la Recherche, et de l'Innovation. Senegal[EB/OL].http://www.mesr.gouv.sn/,2020 - 02 - 19.

100. Ministére de l'Enseignement Supérieur et de la Recherche Scientifique. Algeria[EB/OL]. https://www.mesrs.dz/,2020 - 02 - 22.

101. نظام التعليم في مصر(تقرير مفصل)- وزارة التربية والتعليم الفني . [EB/OL]. https://www. egyptsonline.com/2019/07/Education-System-In-Egypt.html,2019 - 08 - 09.

102. Ministry of Education, Egypt [EB/OL]. http://portal.moe.gov.eg/eng/ Pages/default.aspx,2020 - 04 - 20.

103. Ministry of Higher Education and Scientific Research. Egypt[EB/OL]. http://portal.mohesr.gov.eg/en-us/Pages/default.aspx,2020 - 04 - 10.

104. National Center for Quality Assurance and Accreditation for Education & Training Institutes. Lybia[EB/OL]. https://qaa.ly/,2020 - 04 - 12.

105. 摩洛哥将加强中等和技术教育 [EB/OL]. http://www.people.com.cn/GB/ channel2/19/20000423/46782.html,2020 - 04 - 14.

106. Ministry of National Education, Vocational Training Higher Education and Scientific Research. Kingdom of Morocco[EB/OL].http://men.gov.ma/ en/pages/accueil.aspx, 2020 - 02 - 25.

107. Ministry of Education. Sudan[EB/OL]. http://www.moe.gov.sd/, 2020 - 02 - 25.

108. Ministry of Higher Education and Scientific Research. Sudan[EB/OL]. http://mohe.gov.sd/index.php/en/pages/details/68/1,2020 - 02 - 25.

109. تطور التعليم في السودان التقرير الوطني International Bureau of Education.UNESCO [EB/OL]. http：//www. ibe. unesco. org/fileadmin/user _ upload/archive/ National_Reports/ICE_2008/sudan_NR08_ara.pdf，2020 - 04 - 05.

110. Système éducatif tunisien. Wikipédia l'Encyclopédie Libre [EB/OL]. https：//fr. wikipedia. org/wiki/Syst% C3% A8me _% C3% A9ducatif _ tunisien，2020 - 03 - 21.

111. Admission Requirements. TunisiaEducation. info [EB/OL]. http：//www. tunisiaeducation. info/Tests/tunisian-baccalaureate-examination. html， 2020 -03 - 21.

112. Ministère de l'Enseignement Primaire，Secondaire et de l'Alphabétisation. République du Congo[EB/OL]. http：//www.menpsa.org/，2020 - 04 - 06

113. Inscription. Universite Libre du Congo[EB/OL].https：//universitelibreducongo. org/inscription.html，，2020 - 04 - 06.

114. Congo，Democratic Republic of the. National Collegiate Athletic Association [EB/OL]. http：//fs. ncaa. org/Docs/eligibility _ center/International _ Information/Guide/Countries/CongoDemRepofthe.pdf，2020 - 04 - 08.

115. Enseignement Supérieur. Ministére de l'Enseignement Supérieur，de la Recherche Scientifique et du Transfert des Technologies[EB/OL]. http：// www.enseignement-superieur.gouv.ga/＃，2020 - 05 - 20.

116. Examens. MINISTÈRE DE L'EDUCATION NATIONALE，CHARGE DE LA FORMATION CIVIQUE. Gabon [EB/OL]. http：//www. education-nationale.gouv.ga/，2020 - 04 - 15.

117. Education System. Ministère de l'Education de Base. Cameroon[EB/OL]. http：//www.minedub.cm/index.php? id＝76&L＝1，2020 - 04 - 06.

118. State Universities. Ministère de lEnseignement Supérieur. Cameroon[EB/ OL]. https：//www. minesup. gov. cm/site/index. php/universites-detat/， 2020 - 05 - 08.

119. Exams. Ministry of Secondary Education. Cameroon [EB/OL]. http：// www. minesec. gov. cm/en/accueil/direction-des-examens-et-concours-decc/，2020 - 04 - 06.

120. Université de N'djamena. Chad [EB/OL]. http：//univ-ndjamena. org/， 2020 -04 - 20.